U0892655

『一带一路』贸易纠纷非诉讼解决机制研究

倪楠 著

长安经济法学文库 17

法律出版社
LAW PRESS · CHINA
北京

图书在版编目(CIP)数据

"一带一路"贸易纠纷非诉讼解决机制研究 / 倪楠著. -- 北京 : 法律出版社, 2020(2022.6 重印)
(长安经济法学文库)
ISBN 978 - 7 - 5197 - 5089 - 3

Ⅰ. ①一… Ⅱ. ①倪… Ⅲ. ①国际贸易-经济纠纷-研究 Ⅳ. ①D996.1

中国版本图书馆 CIP 数据核字(2020)第 210720 号

"一带一路"贸易纠纷非诉讼解决机制研究
"YIDAIYILU" MAOYI JIUFEN FEISUSONG JIEJUE JIZHI YANJIU

倪 楠 著

策划编辑 沈小英
责任编辑 沈小英 程王刚 王美懿
装帧设计 贾丹丹

出版发行 法律出版社
编辑统筹 法治与经济出版分社
责任校对 晁明慧 王 皓
责任印制 吕亚莉
经 销 新华书店

开本 710 毫米×1000 毫米 1/16
印张 13 字数 275 千
版本 2020 年 11 月第 1 版
印次 2022 年 6 月第 2 次印刷
印刷 北京虎彩文化传播有限公司

地址:北京市丰台区莲花池西里 7 号(100073)
网址:www.lawpress.com.cn
投稿邮箱:info@lawpress.com.cn
举报盗版邮箱:jbwq@lawpress.com.cn

销售电话:010 - 83938349
客服电话:010 - 83938350
咨询电话:010 - 63939796

版权所有·侵权必究

书号:ISBN 978 - 7 - 5197 - 5089 - 3
定价:86.00 元

凡购买本社图书,如有印装错误,我社负责退换。电话:010 - 83938349

顾问　（以姓氏笔画为序）

刘文华　李昌麒　杨紫烜

肖乾刚　吴志攀　张士元

徐　杰　盛杰民　漆多俊

编审委员会

主任　强　力

委员　（以姓氏笔画为序）

义海忠　王全兴　王兴运
甘培忠　卢代富　史际春
冯彦君　朱慈蕴　刘大洪
刘丹冰　孙昊亮　李永宁
李集合　杨　巧　杨　松
杨为乔　吴　弘　时建中
邱　本　张守文　张炳淳
岳彩申　施天涛　顾功耘
徐孟洲　郭　捷　郭富青
黄　勇　曹　燕　符启林
程信和　傅　瑜　谢德成
强　力

经邦济世　长治久安

（总序）

长安，作为一个地理名词，是指位于渭河平原中部，东经 108.9°、北纬 34.2°的关中平原地区。西汉至北周时期的长安城，位于今天西安市西北侧的龙首原，而隋唐长安城则坐落在今天的西安市区。长安，对于华人来说，似乎天然地带着浓厚的历史印记，成为一种中华文明的图腾与中国古代历史象征。这不仅仅是因为曾有 13 个古代王朝在这里定都，延续近千年的古都历史；更在于这自秦岭北坡向渭河平原上铺展开来的历史长卷中浸透的周秦风骨与汉唐血脉，在当时历史背景下所能达至的人类思想文化的交流、包容的自由境界，以及以文景之治、贞观之治、开元之治为代表的社会文明、安定、经济繁荣的程度。正如古斯塔夫·拉德布鲁赫所言："每一种法律思想都不可避免地带有它得以型塑的'历史气候'的标记，大多从一开始就被不知不觉地限定在历史可能性的界限之内，正是在此意义上它们与事物的性质相关联。"长安也不例外，我们无意人为地去美化和拔高长安在历史文化上的地位和意义，然而，就与其紧密联系的特定历史时期而言，我们应当肯定古人的历史格局与视野。因此，我们在将这套丛书命名为"长安经济法学文库"时便带有了这种单纯的自傲与深深的自省。

西北政法大学创立于战火纷飞的 1937 年的红都延安，1949 年南迁西安，即历史文化古城长安。一路走来，历经陕北公学、延安大学、西北人民革命大学、中央政法干校西北分校、西安政法学院、西北政法学院,今天的西北政法大学有新、老2个校区。老校区坐落于古城西安大雁塔旁的长安南路上,谓之雁塔校区;新校区位于秦岭北麓的长安区韦郭路上,谓之长安校区。经济法学院是西北政法大学12个学院之一,创建于1985年8月,原名经济法系,是经司法部批准的全国首批设立的经济法系之一。1999年5月更名为法学二系(经济法方向)。2006年11月学校更名为大学之后成立经济法学院。经济法学院现有教职员工67人,其中专业课教师54人,教辅人员14人;教授9人,副教授22人;博士8人,博士在读14人。我院现设有1个法学(经济法方向)本科专业和经济法学、环境与资源保护法、知识产权法学、劳动与社会保障法学4个硕士学位点;设经济法学、知识产权法学、环境与资源保护法学、财税金融法学、劳动与社会保障法学、企业法与合同法学6个教研室;经济法学、房地产法学、金融法学、知识产权法学、环境与资源保护法学、法律经济学、劳动与社会保障法学、动物保护法学等22个研究中心。目前,已形成了在国内法学界具有重要影响的7个研究方向,即劳动与社会保障法研究方向、知识产权法与科技法研究方向、环境与资源保护法研究方向、金融法研究方向、房地产法研究方向、企业法研究方向、动物保护法学方向。目前,从综合实力上来讲,西北政法大学经济法学院已经成为全国有重要影响力的法学院。

“长安经济法学文库”是西北政法大学经济法学院遴选本院教师的优秀研究成果,资助出版的一套学术丛书。其选题涵盖了目前我院的经济法、劳动与社会保障法、环境资源法、知识产权法及企业公司法5个学科。这套丛书的出版,首先,得益于经济法学院近年来在科研学术水平上的不断提高和积累。学术研究是学校教学的基础,而创新则是学术研究的灵魂所在。经济法学院教师在学术研究中努力前行,追求创新,成果颇丰。在最近5年中共发表学术论文500多篇,其中被核心期刊、中国人民大学书报资料中心《复印报刊资料》等刊物转载、转摘计123余篇;出版学术专著17部;获省部级奖励及其他获奖共29项;目前承担科研项目共55项,其中国家级项目7项,省部级项目16项,厅级、校级项目26项。同时,我院教师出版教材26部,获省部级优秀教学成果奖2项。其次,丛书的出版也得益于经济法重点学科的建设。近年来,经济法学院始终把学科建设作为龙头工作来抓,取得了良好的效果。我院经济法学学科1995年被评为司法部重点学科,2001年被评为省级重点学科。经济法学课程2003年被评为陕西省首届省级精品课程,金融法学、知识产权法学课程2006年被评为省级精品课程,劳动和社会保障法学课程在2010年5月被评为国家级精品课程,是当时全国唯一的劳动与社会保障法学的精品课程。再次,丛书的出版也得益于经济法学院的人才培养计划。经济法学院实施传、帮、带的人才培养模式,支持、鼓励青年教师学业和教学科研水平提升。近3年来,专业教师中获得博士学位的有6名,博士在读的有14名。收入本文库的部分著作就是他们的博士学位论文中的精品。最后,丛书的出版也得益于法律出版社对西北政法大学经济法学院的支持和帮助。

经济法学是经世济民、安邦致用的学科,经济法学院则应是培养人才、创新学术和服务社会的园地。故而"经邦济世法魂系之,智识无涯学脉永续"是我们的办院宗旨。"长安经济法学文库"汇聚近年来西北政法大学经济法学院的科研成果,展示了经济法学院教师的教学科研能力,正是对我们学院宗旨的诠释。

公元前200年(汉高祖七年)2月,西汉朝廷正式迁入长安,"长安"之用意在于"欲其子孙长安都于此也"。而在2200多年后的今天,当我们编纂这套"长安经济法学文库"时,已经没有了封建帝王千秋万代家天下的美梦黄粱,取而代之的是现代社会主义法律人对于"经邦济世、长治久安"和谐社会的期冀。我想这是对"长安经济法学文库"最美好的祝福,也是对伟大祖国的最美好的祝福。

强　力*
长安静雅斋
2010年7月1日

* 西北政法大学经济法学院院长,教授。

前　言

丝绸之路是起始于古代中国，连接亚洲、非洲和欧洲的古代陆上商业贸易路线，最初的作用是运输古代中国出产的丝绸、瓷器等商品，后来成为中外经济、政治、文化等诸多方面交流的主要道路。1877 年德国地质地理学家李希霍芬在其著作《中国》一书中，把“从公元前 114 年至公元 127 年间，中国与中亚、中国与印度间以丝绸贸易为媒介的这条西域交通道路”命名为“丝绸之路”，这一名词很快被学术界和大众接受，并正式运用。其后，德国历史学家赫尔曼在 20 世纪初出版的《中国与叙利亚之间的古代丝绸之路》一书中，根据新发现的文物考古资料，进一步把丝绸之路延伸到地中海西岸和小亚细亚，确定了丝绸之路的基本内涵，它是中国古代经过中亚通往南亚、西亚以及欧洲、北非的陆上贸易交往的通道。根据古籍记载，最早出现的丝绸之路并非只有一条，其不仅包括“陆上丝绸之路”“海上丝绸之路”，还有“草原丝绸之路”和“南方丝绸之路”。其中，最为人们熟知的是“陆上丝绸之路”和“海上丝绸之路”，“陆上丝绸之路”把中国和古罗马两个文明古国相连接，“海上丝绸之路”成为亚洲国家的海上纽带。

2013 年 9 月 7 日，习近平总书记在出访中亚国家期间，首次提出共建“丝绸之路经济带”；同年 10 月习近平总书记访问东盟国家时，提出共同建设“21 世纪海上丝绸之路”，二者共同构成了“一带一路”重大倡议。“丝绸之路经济带”和“21 世纪海上丝绸之路”是我国为应对复杂多变的世界格局，主动创造与欧亚深入合作的新机遇、新平台，最终实现“一带一路”沿线国家共同发展、共同致富，为

“一带一路”沿线人民谋福利。“一带一路”建设是沿线各国开放合作的宏大经济愿景,需各国携手努力,朝着互利互惠、共同安全的目标前行。努力实现区域基础设施更加完善,安全高效的陆海空通道网络基本形成,互联互通达到新水平;投资贸易便利化水平进一步提升,高标准自由贸易区网络基本形成,经济联系更加紧密,政治互信更加深入;人文交流更加广泛深入,不同文明互鉴共荣,各国人民相知相交、和平友好。“一带一路”是一条互尊互信之路、一条合作共赢之路、一条文明互鉴之路。2013 年 11 月,党的十八届三中全会通过的《中共中央关于全面深化改革若干重大问题的决定》明确指出:“加快同周边国家和区域基础设施互联互通建设,推进丝绸之路经济带、海上丝绸之路建设,形成全方位开放新格局。”至此,“丝绸之路”在经过了百年的沉寂之后,再次回到了我们的视野。7 年来,全球 124 个国家、29 个国际组织积极支持和参与“一带一路”建设。2017 年 3 月 17 日,联合国安理会以 15 票赞成,一致通过关于阿富汗问题第 2344 号决议,呼吁国际社会凝聚援助阿富汗共识,通过“一带一路”建设等加强区域经济合作,敦促各方为“一带一路”建设提供安全保障环境、加强发展政策战略对接、推进互联互通务实合作。经过“一带一路”沿线国家的不断努力和世界各国的不断参与,“一带一路”建设已经从理念转化为行动,从愿景转变为现实。从 2013 年至今,“一带一路”沿线国家的设施联通不断加强,贸易畅通不断提升,资金融通不断扩大。“一带一路”正伴随着互联网经济的高速发展再次起航,通过各方的努力,必将成为世界经济新的增长点、新的合作平台。

但我们也看到,自我国提出建设“丝绸之路经济带”和“21 世纪海上丝绸之路”的构想以来,随着“一带一路”经济带的不断建设,该区域内的人员、商品、资本、技术和服务的流动加剧,各国之间、地区之间、企业之间以及国民之间都将面临不断增加的经济纠纷和贸易冲突。“一带一路”发展已不简单地只是一个经济问题,现今更加突出地表现为一个法律问题。如何构建“一带一路”沿线国家所普遍接受的贸易纠纷解决机制已成为更好地推动“一带一路”倡议可持续发展的重要保障。然而,从“一带一路”沿线 65 个国家(包括中国)的政治、经济和法律制度发展状况来看,各国之间都存在较大的差异。从政治上看,一些国家地缘政治紧张、国内矛盾尖锐以及不同民族、种族、宗教冲突频发;从经济上看,少数国家属于发达经济体,而大部分国家仍处于发展中和欠发达的经济水平;从法律上看,沿线国家中不仅有大陆法系国家,同时还有英美法系和伊斯兰法系国家,即使在大陆法系国家之间法律体系也存在较大差别。从传统的国内法理论来看,争端的解决最终要依靠诉讼的方式,诉讼基于国家主权,是国家管辖权的一种体现。而在“一带一路”跨境贸易纠纷中,如果通过诉讼解决纠纷,各国都要处理大量的涉外司法管辖的国际冲突、国际平行诉讼以及境外当事人身份查明、证据审查、证人作证等问题，即使最终法院作出判决，依然要面临沿线各国对司法判决的相互承认与执行、司法文书送达，以及司法协助请求等问题。因此，通过国内立法来解决"一带一路"中的贸易纠纷问题在现阶段具有较大难度。同时，我们也看到，按照现有国际通行的争端解决机制解决"一带一路"贸易纠纷问题，如多边投资担保机构、国际投资争端解决中心以及世界贸易组织所建立的贸易纠纷处理机制等，由于受到这些机制预先设定争议受理条件的限制，解决"一带一路"贸易纠纷也存在很大的局限性。多边投资担保机构的业务范围，仅限于承保非商业性风险和提供促进性以及咨询性服务；国际投资争端解决中心的案件一般是一方为缔约国，一方为另一缔约国的国民，而争议的内容主要涉及缔约国是否违反了保护其他缔约国国民（投资人）的国际义务；世界贸易组织也仅解决成员国之间的贸易纠纷。因此，现阶段，"一带一路"沿线国家在贸易纠纷中尚未建立起符合"一带一路"沿线国家国情和实际情况的有针对性的法律保障机制，这也将成为"一带一路"倡议长期发展的短板。

为了克服传统诉讼中所表现出的问题，依法及时化解"一带一路"建设中不断出现的贸易纠纷，我们提出构建"一带一路"贸易纠纷在线非诉讼解决机制。该机制借助网络平台，通过诉讼以外的其他方式解决"一带一路"沿线国家间产生的贸易纠纷。在线非诉讼解决机制包括在线仲裁、在线调解、在线申诉以及在线和解4种解决方式，是以现代网络技术为基础，通过网络技术的应用来克服"一带一路"沿线各国之间在地域上的距离，且该机制的应用充分尊重沿线各国在政治、法律、文化、宗教等因素上的差异，也充分体现参与者的自主选择权，满足现代经济对争议纠纷解决快捷、高效和方便的要求。"一带一路"贸易纠纷在线非诉讼解决机制是"一带一路"法律保障机制的重要组成部分，对该问题的研究有利于更好地推动"一带一路"相关领域的法律保障机制研究，对于进一步加强区域经济合作具有重要意义。

本书为2016年陕西省社科联基金项目"'一带一路'贸易纠纷在线非诉讼解决机制研究"（项目编号：2016Z035）、2016年陕西省科技厅科技新星项目"一带一路贸易纠纷在线非诉讼解决机制研究"（项目编号：2016KJXX－38）的核心研究成果，是西安市社会科学规划办基金项目"丝绸之路经济带的法治保障建设研究"（项目编号：16F88）、2016年丝绸之路区域合作与发展法律研究院"陕西省自贸区专项""丝绸之路经济带贸易纠纷在线非诉讼解决机制研究"（项目编号：SRZ2016203）的阶段性研究成果，由法律出版社出版。

本书共分为8章。

第一章为“一带一路”倡议的演进过程。本章介绍了该书的写作背景,详细介绍了历史上的“一带一路”,“一带一路”倡议提出的背景、原则、意义以及合作机制。搜集整理了自倡议提出至今我国与“一带一路”沿线国家共同建设过程中的标志性事件并探讨了其重要意义。

第二章为“一带一路”沿线国家的政治、经济和法律状况。研究“一带一路”法律问题的基础是国别研究,本章归纳总结了“一带一路”沿线各个国家的政治、经济和社会发展状况,分析了沿线国家国内法的适用情况,试图勾勒出一个完整的“一带一路”沿线国家政治、经济和法律文化基本发展状况的图谱。

第三章为国际现行贸易争端解决机制对“一带一路”贸易纠纷的解决。以现行的争端解决机制多边投资担保机构、国际投资争端解决中心以及世界贸易组织所建立的贸易纠纷处理机制为视角,分析主流贸易纠纷解决机制在处理“一带一路”贸易纠纷时存在的问题和制约条件。

第四章为现有国内法律处理“一带一路”贸易纠纷的相关规定。介绍了我国现今在处理“一带一路”贸易纠纷时所适用的相关法律以及目前正在运行的解决贸易纠纷的处理机制。

第五章为在线非诉讼纠纷解决机制。作为本书法律研究内容的技术基础,本章详细研究了在线非诉讼解决机制的产生、发展、类型以及该机制在非诉讼纠纷解决机制中的运行状况和优缺点,并通过实证研究,分析了在线非诉讼解决机制在我国的发展状况和发展中面临的困境。

第六章为构建我国“一带一路”贸易纠纷在线非诉讼解决机制。构建“一带一路”贸易纠纷在线非诉讼解决机制是本书研究的核心内容,构建“一带一路”贸易纠纷在线非诉讼解决机制是现阶段破解“一带一路”贸易纠纷不断增长的一种探索,也是构建多元化纠纷解决机制的一部分。本章分析了将非诉讼解决机制引入“一带一路”的可行性,对比分析了所构建的非诉讼纠纷解决机制与 ODR 机制的本质不同,详细介绍了我国现有的以在线非诉讼纠纷技术为基础的诉讼解决方式。

第七章为构建“一带一路”贸易纠纷在线非诉讼解决机制的法律对策。构建非诉讼解决机制并不能一蹴而就,我们既要在现有的法律框架下构建,又要符合“一带一路”沿线国家的实际情况,更要尊重沿线国家的风俗习惯和法律文化传统。因此,本章从总体上对“一带一路”在线非诉讼解决机制进行了顶层设计,在总体设计下提出了建设在线仲裁、在线调解、在线投诉的法律对策,并对因此而产生的相关法律问题进行配套研究。

第八章为陕西省在构建“一带一路”法律保障体系中的地位和作用。陕西是丝绸之路的起点,近些年来在国家西部大开发的带动下,实现了飞跃式的发展。目前,陕西省已成为内陆与"一带一路"沿线国家经济贸易的中心。随着中国(陕西)自贸区的建立,陕西省必将在"一带一路"的建设中发挥重大作用。本章探讨了陕西省在解决"一带一路"贸易纠纷中的作用,分析了陕西省成为"一带一路"贸易纠纷解决机制实践中心的可行性。

本书是作者自2013年研究"一带一路"贸易纠纷非诉讼解决机制以来的总结性研究成果。8年来,作者先后发表多篇论文阐述"一带一路"贸易纠纷非诉讼解决机制的构建,有幸都被中国人民大学书报资料中心《复印报刊资料》转载,撰写的政策建议经省级领导批示部分内容已被相关部门采纳。本书在撰写过程中,依然遇到了极大的困难和诸多挑战。这主要是因为:一是作者受语言能力的限制,对"一带一路"沿线各国的国别研究还不够深入、精准,只能是泛泛而谈,没有深入文化的精髓。二是作者受惯性法律思维的影响,对一些法律问题的认识存在一定的局限。"一带一路"沿线国家不仅有大陆法系、英美法系还有伊斯兰法系,即使是大陆法系也有诸多不同,这为研究带来了意想不到的困难。三是提出构建"一带一路"贸易纠纷非诉讼解决机制时,正处于"一带一路"大建设、大发展时期,人们更多地都在关心经济的增长。四是作者自身在学术和写作水平上还有许多需要提高和磨炼的地方,书中一些表达还不够严谨,一些相关问题国内研究文献较少,大多以政策和会议的形式呈现,最终只能进行一定的编纂和分析。五是作为一名青年教师,常常不被家人理解,家人常常抱怨,白天上课、晚上写文章、放假写书稿、过年申报课题,生活单调无趣。孩子年少叛逆,升学压力大,还需要督促陪伴上各种辅导班,这也让本已忙碌的撰写过程雪上加霜。但幸好有很多学生帮助,进行资料整理和翻译工作,学生的热情和希望自己有一个自强不息的导师的坚定信念,常常成为激励写作的一剂良药。本书还有很多不足之处,还有很多研究不够深入的地方,再次诚恳地希望广大读者给予指正。

倪 楠

2021年9月30日

目　录

第一章　“一带一路”倡议的演进过程 …… 1
一、历史上的“一带一路” …… 1
二、“一带一路”倡议的提出及其背景 …… 6
三、“一带一路”倡议的原则 …… 12
四、“一带一路”大事记 …… 15
五、“一带一路”倡议的合作机制 …… 26
六、“一带一路”倡议提出的意义 …… 28

第二章　“一带一路”沿线国家的政治、经济和法律状况 …… 33
一、“一带一路”沿线国家的政治状况 …… 33
二、“一带一路”沿线国家的经济状况 …… 35
三、“一带一路”沿线国家的法律状况 …… 85

第三章　国际现行贸易争端解决机制对“一带一路”贸易纠纷的解决 …… 93
一、传统国际贸易争端的类型 …… 93
二、传统国际贸易争端解决机制 …… 95
三、传统国际贸易争端解决机制在处理“一带一路”贸易纠纷时存在的问题 …… 105

第四章　现有国内法律处理“一带一路”贸易纠纷的相关规定 …… 115
一、“一带一路”贸易中面临的风险和挑战 …… 116
二、“一带一路”贸易中主要贸易纠纷的类型 …… 118

三、我国现有处理“一带一路”贸易纠纷的解决机制 …… 121

第五章　在线非诉讼纠纷解决机制 …… 127
一、在线非诉讼纠纷解决机制的产生 …… 127
二、在线非诉讼纠纷解决机制的含义 …… 129
三、在线非诉讼纠纷解决机制的类型 …… 130
四、不同类型在线非诉讼纠纷解决机制的历史演进 …… 135
五、在线非诉讼纠纷解决平台的特点 …… 139
六、在线非诉讼纠纷解决机制的优势 …… 139
七、在线非诉讼纠纷解决机制在中国面临的问题 …… 142

第六章　构建我国“一带一路”贸易纠纷在线非诉讼解决机制 …… 147
一、引入的必要性及可行性 …… 148
二、以往研究成果与该机制的区别 …… 152
三、我国现有非诉讼纠纷解决机制的类型和基本状况 …… 155
四、我国现有的以 ODR 技术为基础的诉讼解决方式 …… 161

第七章　构建“一带一路”贸易纠纷在线非诉讼解决机制的法律对策 …… 164
一、建立纠纷解决中心，实现顶层设计 …… 164
二、创设纠纷解决规则，搭建运行机制 …… 167
三、以仲裁为突破口，对现有仲裁机制进行改革和创新 …… 169
四、创设在线仲裁规则及在线调解机制 …… 172
五、研究纠纷解决机制的配套制度，形成无缝对接 …… 174

第八章　陕西省在构建“一带一路”法律保障体系中的地位和作用 …… 177
一、陕西省在构建“一带一路”法律保障体系中的优势 …… 177
二、陕西省在“一带一路”建设中对法律保障机制的探索 …… 183
三、陕西省组建“一带一路”在线贸易争端解决中心的可行性 …… 187

后　记 …… 198

第一章 “一带一路”倡议的演进过程

一、历史上的“一带一路”

“丝绸之路”在人类历史长河的交汇点上熠熠生辉，可以说“丝绸之路”是人类历史的一大创举，是人们打通封锁状态的一种重要尝试，也是不同区域、不同民族开展经济、政治和文化交流的一条重要通道。“一带一路”是“丝绸之路经济带”和“21 世纪海上丝绸之路”的简称，是“丝绸之路”在新的人类历史时期的全新表达。在古代，“丝绸之路”除了我们今天所常说的“陆上丝绸之路”和“海上丝绸之路”外，还有“南方丝绸之路”和“草原丝绸之路”。

南方丝绸之路亦称西南丝绸之路，或称丛林丝绸之路。1936 年，在阿富汗喀布尔以北考古发掘出许多中国丝绸，这些丝绸有可能是从中国成都途经云南，再从缅甸、印度和巴基斯坦运到印巴次大陆，然后转手到达中亚。① 英国人哈维的《缅甸史》、霍尔的《东南亚史》等著作中也有记载，公元前 2 世纪以来，中国经缅甸的商业通道：循伊洛瓦底江为一道；循萨尔温江为一道；尚有一道循亲敦江经曼尼坡乘马需 3 月乃至阿富汗。商人在这些贸易发达的地区以中国丝绸等名产换取缅甸的宝石、翡翠、木棉、印度的犀角、象牙甚至是欧洲的黄金等珍品。②《三国志》中亦有载：“大秦道既从海北陆通，又循海而南，与交趾七郡外

① 参见段渝：《南方丝绸之路与中西文化交流》，载《中国社会科学报》2014 年第 633 期。

② 参见秦树才编著：《云岭金江话货殖——云南民族商贸》，云南教育出版社 2000 年版，第 240 页。

夷比，又有水道通益州、永昌，故永昌出异物。”①众多文献证明，早在张骞出使西域开辟北方丝绸之路200年前，西南先民们就已打通了一条对外的陆路交通线，其通线目的据推测应该是贸易蜀锦；古蜀国的丝绸品种繁多，其中蜀锦驰名中外。《史记》多次提到“蜀布”等“蜀物”，其实就是蜀地生产的丝绸，由蜀人商贾长途贩运到印度出售，再转口贸易到中亚、西亚和欧洲地中海地区。② 因此，这条由四川为起点，经云南出缅甸、印度、巴基斯坦至中亚、西亚的中西交通古道就被称为“南方丝绸之路”。

草原丝绸之路，据中国古书《穆天子传》记载：公元前924年，西周国王姬满即位；其喜欢远游，足迹遍及神州大地。他曾巡行到西域，把中原的丝绸等物赠给当地少数民族部落酋长。从古长安出发，途经内蒙古大草原和宁夏、甘肃、新疆等地，翻越葱岭（今帕米尔高原），抵达今日的吉尔吉斯斯坦。这是一条开辟最早的丝绸之路，要比张骞通西域的时间早800年左右。③ 在蒙古草原南端的鄂尔多斯地区发现大量黄金与青铜质地野兽风格的装饰品，其中以内蒙古杭锦旗阿鲁柴登地区出土的鹰形金冠、四虎噬牛纹金饰牌、虎形镶宝石金饰、金项圈、金耳坠最为典型，这是草原丝绸之路东端开通的重要标志。在蒙古国诺言乌拉、高乐毛都匈奴墓葬中出土的玉饰件、漆耳觞、汉式铜镜以及棺椁葬具，还有写有汉字的丝绸等文物，都是草原丝绸之路上商品交换与文化交流的重要实物例证。魏晋时期，鲜卑族的南迁基本是以草原丝绸之路为依托，可以说草原丝绸之路的延展与鲜卑族的汉化有着千丝万缕的历史联系。草原丝绸之路在蒙元时期发展与繁荣达到顶峰。元朝正式建立驿站制度，以上都、大都为中心，设置帖里干、木怜、纳怜三条主要驿路，构筑了连通漠北至西伯利亚、西经中亚达欧洲、东抵东北、南通中原的发达交通网络。草原丝绸之路既是政令、军令上传下达的重要通道，也是对外进行商贸往来的主要线路。这3条通往欧洲的驿路，构成元代草原丝绸之路最为重要的组成部分。④ 草原丝绸之路由关内京畿北上塞上大同云中或中受降域的阴山道、塞上至回鹘、突厥牙帐哈尔和林的参天可汗道以及由哈拉和林往西经阿尔泰山、南俄草原等地横跨欧亚大陆的西段组成。沿线经过的辽上京（今巴林左旗辽上京遗址）、元上都（今正蓝旗元上都遗址）、集宁路（今集宁路古城遗址）、天德军（今丰州古城遗址）、德宁路（今敖伦苏木古城遗址）、哈喇浩特（今额济纳旗黑城遗址）、哈拉和林（今蒙古国前杭爱省哈拉和林遗址）、讹答剌（哈萨克斯坦奇姆肯

① （晋）陈寿撰：《三国志》卷三十《乌丸、鲜卑、东夷传》，天津古籍出版社2009年版，第486页。

② 参见段渝：《南方丝绸之路与中西文化交流》，载《中国社会科学报》2014年第633期。

③ 参见彼得·弗兰科潘：《丝绸之路：一部全新的世界史》，邵旭东、孙芳译，浙江大学出版社2016年版，第13～45页。

④ 《元史·地理志》记载：“北方立站：帖里干、木怜、纳怜等一百一十九站。”

特市)、托克马克(今吉尔吉斯斯坦托克马克市)等众多古代城市,是青铜时代以来沟通欧亚大陆主要的商贸大动脉之一,它是集系统性、综合性、群组性于一身具有突出普遍价值的世界文化遗产,也是庞大而又具影响力的文化线路。①

而今天我们常说的“丝绸之路”,主要指的是“陆上丝绸之路”和“海上丝绸之路”的统称。丝绸之路从运输方式上,主要分为陆上丝绸之路和海上丝绸之路。

陆上丝绸之路,起自古都长安(今西安),经河西走廊、中亚国家、阿富汗、伊朗、伊拉克、叙利亚等而达地中海,以罗马为终点,全长6440公里。这条路被认为是连结亚欧大陆的古代东西方文明的交汇之路,而丝绸则是最具代表性的货物。北线:珲春—吉林—长春—满洲里—俄罗斯—欧洲。② 建元二年(公元前139年),张骞率领100余人向西域进发,途中被匈奴俘获,滞留了10余年,终于寻机逃脱,西行数十日到达大宛。③ 之后张骞继续西迁,在西域待了一年多东返,途中又被匈奴扣留了一年多,后适逢匈奴单于死,国内大乱,于元朔三年(公元前126年)趁机回到大汉,受到汉武帝的热情接待,被封为太中大夫。④ 元狩四年(公元前119年),张骞再次出使西域,目的是招引乌孙回河西故地,并与西域各国联系。张骞到达乌孙,并未达成目的,于元鼎二年(公元前115年)偕同乌孙使者返抵长安,同时被张骞派往西域其他国家的副使也陆续回国。乌孙使者见大汉人众富厚,回国归报后乌孙渐渐与大汉交往密切,其后数年,张骞通使大夏。从此,西汉与西北诸国开始联系频繁起来,张骞凿空西域,丝绸之路正式开通,汉武帝以军功封其为博望侯。⑤ 为了加强通商管理,西域都护府设立,这也标志着陆上丝绸之路进入繁荣时代。天凤三年(公元16年),西域诸国断绝了与新莽政权的联系,丝绸之路中断。永元九年(公元97年),东汉军事家班超曾派副使甘英出使大秦国(罗马帝国),一直到达条支海(今波斯湾),临大海欲渡,由于安息海商的婉言阻拦,未能实

---

① 参见《贺丞相墓铭》卷十六。

② 参见刘卫东等:《“一带一路”战略研究》,商务印书馆2017年版,第197~199页。

③ 参见(汉)司马迁撰:《史记·卷一百二十三·大宛列传第六十三》:“张骞,汉中人。建元中为郎。是时天子问匈奴降者,皆言匈奴破月氏王,以其头为饮器,月氏遁逃而常怨仇匈奴,无与共击之。汉方欲事灭胡,闻此言,因欲通使。道必更匈奴中,乃募能使者。骞以郎应募,使月氏,与堂邑氏胡奴甘父俱出陇西。经匈奴,匈奴得之,传诣单于。单于留之,曰:‘月氏在吾北,汉何以得往使?吾欲使越,汉肯听我乎?’留骞十馀岁,与妻,有子,然骞持汉节不失。”

④ 参见(汉)司马迁撰:《史记·卷一百二十三·大宛列传第六十三》:“留岁馀,还,并南山,欲从羌中归,复为匈奴所得。留岁馀,单于死,左谷蠡王攻其太子自立,国内乱,骞与胡妻及堂邑父俱亡归汉。汉拜骞为太中大夫,堂邑父为奉使君。”

⑤ 参见(汉)司马迁撰:《史记·卷一百二十三·大宛列传第六十三》:“乌孙使既见汉人众富厚,归报其国,其国乃益重汉。其後岁馀,骞所遣使通大夏之属者皆颇与其人俱来,於是西北国始通於汉矣。然张骞凿空,其後使往者皆称博望侯。”

现，但这是首次突破安息国的阻拦，将丝绸之路从亚洲延伸到了欧洲，再次打通已经衰落的丝绸之路。① 丝绸之路再次进入繁荣时期，而在安史之乱后，唐朝衰落，战火不断，丝绸、瓷器等主要商品产量大打折扣，丝绸之路随之再次步入低谷。

海上丝绸之路，是指古代中国与世界其他地区进行经济文化交流交往的海上通道。2000 多年前，一条以中国广东徐闻港、合浦港等港口为起点的海上丝绸之路成就了世界性的贸易网络。古代海上丝绸之路从中国东南沿海，经过中南半岛和南海诸国，穿过印度洋，进入红海，抵达东非和欧洲，成为中国与外国贸易往来和文化交流的海上大通道，并推动了沿线各国的共同发展。中国输往世界各地的主要货物，从丝绸到瓷器与茶叶，形成一股持续吹向全球的东方文明之风。尤其是在宋元时期，中国造船技术和航海技术的大幅提升以及指南针的航海运用，全面提升了商船远航能力，私人海上贸易也得到发展。这一时期，中国同世界 60 多个国家有着直接的“海上丝路”商贸往来，引发了大航海时代的热潮。明代郑和远航的成功，标志着海上丝绸之路发展到了极盛时期。②

中国境内海上丝绸之路主要有广州、泉州、宁波 3 个主港和扬州、福州等其他支线港组成。广州是世界海上交通史上唯一 2000 多年长盛不衰的大港，从 3 世纪 30 年代起，广州已成为海上丝绸之路的主港。唐宋时期，随着我国造船、航海技术的发展，我国通往东南亚、马六甲海峡、印度洋、红海，以及非洲大陆的航路纷纷开通并延伸，海上丝绸之路最终替代陆上丝绸之路，成为我国对外交往的主要通道；随着中国南方的进一步开发和经济重心的南移，从广州、泉州、杭州等地出发的海上航路日益发达，越走越远，从南洋到阿拉伯海，甚至远达非洲东海岸，广州成为中国第一大港。明初、清初海禁，广州长时间处于“一口通商”地位。元代时，在经济上采用重商主义政策，鼓励海外贸易，同中国贸易的国家和地区已扩大到亚、非、欧、美各大洲，并制定了堪称中国历史上第一部系统性较强的外贸管理法则，海上丝绸之路发展也进入鼎盛时期，泉州成为中国第一大港，并与埃及的亚历山大港并称为“世界第一大港”，后因明清海禁而衰落。联合国教科文组织所承认的海上丝绸之路的起点便是泉州。东汉初年，宁波地区已与日本有了交往，到了唐朝，成为中国的大港之一，两宋时，靠北的外贸港先后为辽、金所占，或受战事影响，外贸大量转移到宁波。福州作为唐中期至五代时期“海上丝绸之路”的重要启

① 《后汉书·西域传》：“永元九年，都护班超遣甘英使大秦，抵条支，临大海欲渡，而安息西界船人谓英曰：海水广大，往来者逢善风三月乃得渡，若遇迟风，亦有二岁者，故入海人皆齐赍三岁粮。海中善使人思土恋慕，数有死亡者，英闻之乃止。”

② 参见南宇：《西北丝绸之路五省区跨区域旅游合作开发战略研究》，科学出版社 2012 年版，第 101 ~103 页。

泊地之一,成为沟通中国与海外文化交流和商贸往来的重要通道。明清两代,由于政府实行海禁政策,广州成为中国唯一对外开放的贸易大港。广州的海上丝绸之路贸易比唐、宋两代获得更大的发展,形成了空前的全球性大循环贸易,并一直延续至鸦片战争前夕而不衰。明代中期以后,闭关锁国政策不断推行,而世界范围内造船技术、航海技术日新月异,海上霸主纷纷崛起,海上交通不断发展,最终导致丝绸之路贸易全面走向衰落。1842 年鸦片战争之后,随着国门被西方列强用坚船利炮强行打开,通商口岸逐步开放后,陆上丝绸之路彻底为海上丝绸之路所取代。鸦片战争后,中国海权丧失,沿海口岸被迫开放,成为西方倾销商品的市场。从此,海上丝绸之路一蹶不振,进入了衰落期。这种状况贯穿整个民国时期,直至新中国成立前夕。

由于航海技术以及交通工具的落后,对于大多数的古代人来说,世界就只有眼前这么大,而对于眼望天下的帝王来说,疆域扩大的渴望才是使臣交流和冒险家揭开新征程的根本原因。2000 年前,中国手工制造的丝绸已在迦太基和地中海周围其他城市的权贵之间形成潮流,产自印度的调味品也出现在了新疆和罗马的厨房,阿富汗北部的建筑雕刻着希腊的文字,中亚的汗血宝马飞驰在中国的疆场,这些经贸的不断往来,悄悄地推动着“丝绸之路”沿线的融合。随着贸易额的不断加大和道路的畅通,思想文化的传播变得更为简单,尤其是犹太教、基督教和佛教的交流变得更加活跃,丝绸之路的文化和宗教交织在一起,在“丝绸之路”沿线国生根发芽。而伴随着历史的推演,秩序和文明交替前行,当罗马和波斯不断纷争的时候,谁又会想到阿拉伯半岛自立门户,将两者取而代之。历史总是无情地向前推演,文艺复兴过后,欧洲在人类历史舞台上首次成为世界的中心,随之而来的便是征服和战争的洗礼。欧洲用枪炮席卷了丝绸之路近 400 年的财富,也宣告了丝绸之路的衰亡。随着时间的推移,“丝绸之路”迎来了第一次世界大战、第二次世界大战以及冷战,“丝绸之路”沿线国家也在战争中选择着不同的生存方式,这条上千年的道路也因为意识形态、宗教、文化、政治以及社会发展速度的不同而割裂了。当然,世界历史告诉我们分久必合、合久必分,进入 21 世纪后“丝绸之路”沿线各国因发展的需要,发出“新丝路”复兴的呼声,“丝绸之路”沿线国家共同发展、共同富裕成为人们的新期盼,在欧美被金融危机不断肆虐之后,亚洲又重新成为世界关注的焦点,成为世界新的增长点,这为新“丝绸之路”的复兴打下了坚实的基础。①

---

① 参见中国现代国际关系研究院编:《世界大变局》,时事出版社 2010 年版,第 337 ~ 362 页。

二、“一带一路”倡议的提出及其背景

(一)“一带一路”倡议的提出

2013年9月7日,中国国家主席习近平在哈萨克斯坦纳扎尔巴耶夫大学发表题为《弘扬人民友谊　共创美好未来》的重要演讲时表示,为了使欧亚各国经济联系更加紧密、相互合作更加深入、发展空间更加广阔,我们可以用创新的合作模式,共同建设“丝绸之路经济带”,以点带面,从线到片,逐步形成区域大合作。这是我国首次提出共建“丝绸之路经济带”的构想。

2013年10月3日,中国国家主席习近平在印度尼西亚国会发表题为《携手建设中国—东盟命运共同体》的重要演讲时提出,中国愿在平等互利基础上扩大对东盟国家开放,提高中国—东盟自由贸易区水平,使双方贸易额在2020年达到1万亿美元。中国致力于加强同东盟国家互联互通建设,倡议筹建亚洲基础设施投资银行,愿同东盟国家发展好海洋合作伙伴关系,共同建设21世纪“海上丝绸之路”。这是我国首次提出“海上丝绸之路”的倡议。

2013年12月10~13日,中共中央总书记习近平在中央经济工作会议上发表重要讲话强调,推进“丝绸之路经济带”建设,抓紧制定战略规划,加强基础设施互联互通建设。建设“21世纪海上丝绸之路”,加强海上通道互联互通建设,拉紧相互利益纽带,至此,我国开始全面深化推进“丝绸之路经济带”和“海上丝绸之路”的建设工作。

自2013年9月和10月,中国国家主席习近平在出访中亚和东南亚国家期间,先后提出的共建“丝绸之路经济带”和“21世纪海上丝绸之路”的重大倡议,得到国际社会高度关注。倡议提出两个符合欧亚大陆经济整合的构想,即丝绸之路经济带和21世纪海上丝绸之路,两者合称“一带一路”倡议。2015年9月23日,据国家发改委消息,国家发展改革委同外交部、商务部等部门对“一带一路”英文译法进行了规范。在对外公文中,统一将“丝绸之路经济带和21世纪海上丝绸之路”的英文全称译为the Silk Road Economic Belt and the 21st-Century Maritime Silk Road,“一带一路”简称译为the Belt and Road,英文缩写用B&R。

具体来看,丝绸之路经济带倡议涵盖东南亚、东北亚区域的经济整合,希望该区域更好地融合为一体直通欧洲,最终形成欧亚大陆经济整合的大趋势。21世纪海上丝绸之路经济带从海上联通欧、亚、非3个大陆,和丝绸之路经济带形成一个海上、陆地的闭环。丝绸之路经济带圈定:新疆、重庆、陕西、甘肃、宁夏、青海、内蒙古、黑龙江、吉林、辽宁、广西、云南、西藏13个省(自治区、直辖市)。21世纪海上丝绸之路圈定:上海、福建、广东、浙江、海南5个省(直辖市),共计18个省、自

治区、直辖市。

经国务院授权,国家发展改革委、外交部、商务部于2015年3月28日联合发布了《推动共建丝绸之路经济带和21世纪海上丝绸之路的愿景与行动》。推进“一带一路”建设,中国将充分发挥国内各地区比较优势,实行更加积极主动的开放战略,加强东中西互动合作,全面提升开放型经济水平。

第一,西北、东北地区。发挥新疆独特的区位优势和向西开放重要窗口作用,深化与中亚、南亚、西亚国家交流合作,形成丝绸之路经济带上重要的交通枢纽、商贸物流和文化科教中心,打造丝绸之路经济带核心区。发挥陕西、甘肃综合经济文化和宁夏、青海民族人文优势,打造西安内陆型改革开放新高地,加快兰州、西宁开发开放,推进宁夏内陆开放型经济试验区建设,形成面向中亚、南亚、西亚国家的通道、商贸物流枢纽、重要产业和人文交流基地。发挥内蒙古联通俄蒙的区位优势,完善黑龙江对俄铁路通道和区域铁路网,以及黑龙江、吉林、辽宁与俄远东地区陆海联运合作,推进构建北京—莫斯科欧亚高速运输走廊,建设向北开放的重要窗口。

第二,西南地区。发挥广西与东盟国家陆海相邻的独特优势,加快北部湾经济区和珠江—西江经济带开放发展,构建面向东盟区域的国际通道,打造西南、中南地区开放发展新的战略支点,形成21世纪海上丝绸之路与丝绸之路经济带有机衔接的重要门户。发挥云南区位优势,推进与周边国家的国际运输通道建设,打造大湄公河次区域经济合作新高地,建设成为面向南亚、东南亚的辐射中心。推进西藏与尼泊尔等国家边境贸易和旅游文化合作。

第三,沿海和我国港澳台地区。利用长三角、珠三角、海峡西岸、环渤海等经济区开放程度高、经济实力强、辐射带动作用大的优势,加快推进中国(上海)自由贸易试验区建设,支持福建建设21世纪海上丝绸之路核心区。充分发挥深圳前海、广州南沙、珠海横琴、福建平潭等开放合作区作用,深化与港澳台合作,打造粤港澳大湾区。推进浙江海洋经济发展示范区、福建海峡蓝色经济试验区和舟山群岛新区建设,加大海南国际旅游岛开发开放力度。加强上海、天津、宁波、舟山、广州、深圳、湛江、汕头、青岛、烟台、大连、福州、厦门、泉州、海口、三亚等沿海城市港口建设,强化上海、广州等国际枢纽机场功能。以扩大开放倒逼深层次改革,创新开放型经济体制机制,加大科技创新力度,形成参与和引领国际合作竞争新优势,成为“一带一路”特别是21世纪海上丝绸之路建设的排头兵和主力军。发挥海外侨胞以及我国香港、澳门特别行政区独特优势、作用,积极参与和助力“一带一路”建设。为我国台湾地区参与“一带一路”建设作出妥善安排。

第四,内陆地区。利用内陆纵深广阔、人力资源丰富、产业基础较好优势,依托长江中游城市群、成渝城市群、中原城市群、呼包鄂榆城市群、哈长城市群等重点区域，推动区域互动合作和产业集聚发展，打造重庆西部开发开放重要支撑和成都、郑州、武汉、长沙、南昌、合肥等内陆开放型经济高地。加快推动长江中上游地区和俄罗斯伏尔加河沿岸联邦区的合作。建立中欧通道铁路运输、口岸通关协调机制，打造“中欧班列”品牌，建设沟通境内外、连接东中西的运输通道。支持郑州、西安等内陆城市建设航空港、国际陆港，加强内陆口岸与沿海、沿边口岸通关合作，开展跨境贸易电子商务服务试点。优化海关特殊监管区域布局，创新加工贸易模式，深化与沿线国家的产业合作。

根据《推动共建丝绸之路经济带和21世纪海上丝绸之路的愿景与行动》提出：发挥新疆独特的区位优势和向西开放的重要窗口作用，深化与中亚、南亚、西亚国家交流合作，形成丝绸之路经济带上重要的交通枢纽、商贸物流和文化科教中心，打造丝绸之路经济带核心区。现阶段，“一带一路”倡议涉及的国家除中国外，主要有亚洲42国、中东欧16国、独联体7国、非洲1国，共65国。

(1)东亚1国：

蒙古国。

(2)东盟10国：

新加坡、马来西亚、印度尼西亚、缅甸、泰国、老挝、柬埔寨、越南、文莱和菲律宾。

(3)西亚18国：

伊朗、伊拉克、土耳其、叙利亚、约旦、黎巴嫩、以色列、巴勒斯坦、沙特阿拉伯、也门、阿曼、阿联酋、卡塔尔、科威特、巴林、希腊、塞浦路斯和埃及的西奈半岛。

(4)南亚8国：

印度、巴基斯坦、孟加拉国、阿富汗、斯里兰卡、马尔代夫、尼泊尔和不丹。

(5)中亚5国：

哈萨克斯坦、乌兹别克斯坦、土库曼斯坦、塔吉克斯坦和吉尔吉斯斯坦。

(6)独联体7国：

俄罗斯、乌克兰、白俄罗斯、格鲁吉亚、阿塞拜疆、亚美尼亚和摩尔多瓦。

(7)中东欧16国：

波兰、立陶宛、爱沙尼亚、拉脱维亚、捷克、斯洛伐克、匈牙利、斯洛文尼亚、克罗地亚、波黑、黑山、塞尔维亚、阿尔巴尼亚、罗马尼亚、保加利亚和马其顿。

(二)“一带一路”倡议提出的背景

当今世界正发生复杂深刻的变化，国际金融危机深层次影响继续显现，世界经济缓慢复苏、发展分化，国际投资贸易格局和多边投资贸易规则深刻调整，各国面临的发展问题依然严峻。共建“一带一路”顺应世界多极化、经济全球化、文化多样化、社会信息化的潮流，秉持开放的区域合作精神，致力于维护全球自由贸易体系和开放型世界经济。共建“一带一路”旨在促进经济要素有序自由流动、资源高效配置和市场深度融合，推动沿线各国实现经济政策协调，开展更大范围、更高水平、更深层次的区域合作，共同打造开放、包容、均衡、普惠的区域经济合作架构。共建“一带一路”符合国际社会的根本利益，彰显人类社会共同理想和美好追求，是国际合作以及全球治理新模式的积极探索，将为世界和平发展增添新的正能量。共建“一带一路”致力于亚欧非大陆及附近海洋的互联互通，建立和加强沿线各国互联互通伙伴关系，构建全方位、多层次、复合型的互联互通网络，实现沿线各国多元、自主、平衡、可持续的发展。“一带一路”的互联互通项目将推动沿线各国发展战略的对接与耦合，发掘区域内市场的潜力，促进投资和消费，创造需求和就业，增进沿线各国人民的人文交流与文明互鉴，让各国人民相逢相知、互信互敬，共享和谐、安宁、富裕的生活。当前，中国经济和世界经济高度关联。中国将始终如一地坚持对外开放的基本国策，构建全方位开放新格局，深度融入世界经济体系。推进“一带一路”建设既是中国扩大和深化对外开放的需要，也是加强和亚欧非及世界各国互利合作的需要，中国愿意在力所能及的范围内承担更多责任义务，为人类和平发展作出更大的贡献。

1. 国内改革步入深水区，对外开放面临调整转向，经济发展处于换挡期、阵痛期、消化期“三期叠加”的新阶段，社会改革和发展到了攻坚克难、爬坡过坎的关键期。当前，我国经济的阶段性特征就是“三期”叠加。所谓“三期”，即增长速度进入换挡期，这是由经济发展的客观规律所决定的；结构调整面临阵痛期，这是加快经济发展方式转变的主动选择；前期刺激政策消化期，这是化解多年来积累的深层次矛盾的必经阶段。正是在这样的背景下，党的十八大后，党中央提出了改革开放再出发、深化改革、扩大开放新方略，重新定位经济发展“新常态”，实现国民经济从高速增长到常态平稳增长的“软着陆”，维持可持续发展和适度增长。这就需要统筹国内、国际两大资源和市场，寻求新的经济发展驱动力和增长点。习近平总书记挂帅的中央深化改革领导小组等总揽全局的顶层设计决策机构的成立，足以表明中央再举改革开放大旗、应对国内国际挑战的决心和勇气。从当年改革初期的“摸着石头过河”，到积极应对、主动出击，体现了历史的变迁，时代的进步，决策者的魄力和勇气，也反映了问题之复杂、困难之巨大、挑战之严峻、任务之艰巨。①

2. 世界经济全球化、区域经济一体化加快推进，全球经济增长、贸易、投资格

① 参见胡鞍钢等：《“丝绸之路经济带”：战略内涵、定位和实现路径》，载《新疆师范大学学报》(哲学社会科学版)2014 年第 2 期。

局发生深刻调整，世界经济到了转型升级的关键阶段，需要进一步激发区域内的发展活力与合作潜力。自2008年全球金融危机以来，全球产业结构进入了深度调整期，世界经济复苏缓慢，发达国家增长乏力，经济增长速度不断回落；世界工业生产收缩，制造业处于下行期，原先具有全球产业竞争优势的工业化国家普遍出现了结构性失衡，新兴经济体加剧了全球工业竞争，发展中国家的制造业发展速度有所下滑；世界资本流动减速，金融资产增长缓慢，发达经济体对外投资一蹶不振，原先专注于资本输出的国家开始将目光转向国内，使全球资本跨境流动大幅下挫，新兴与发展中经济体资本市场动荡加剧，投资回报率普遍下降；经济增长的疲软严重拖累世界贸易的增长，世界贸易持续低迷，出口形势急剧恶化，世界商品与服务贸易的出口正在经历深度调整。世界经济结构的这些变化和调整，呈现如下特征：(1)世界经济增长格局发生变化，过去几十年引领着全球经济增长的发达经济体，受困于高额的政府债务、投资机会的缺乏、欧债危机的冲击、产业创新的缓慢、紧缩的货币环境、居高不下的失业率等因素，在全球经济增长中的主导作用已经发生动摇，而新兴与发展中经济体始终保持着较高增长率，逐渐成为稳定经济增长的主要力量；(2)世界工业生产格局出现分化，发达经济体工业增长减速，部分产业空心化，而新兴与发展中国家工业增长表现不俗，但作为工业增长引擎的制造业要想在全球工业生产格局中凸显领导力，仍尚待时日；(3)世界资本流动格局发生逆转，原来的发达资本输出国大幅减少境外投资，加速全球资本的回流，恶化了发展中国家融资环境，偿还外债能力减弱，金融体系的不稳定加剧；(4)世界贸易格局进一步分化，美国、欧盟、亚洲发展中国家在刺激政策的作用下商品出口增长较快，日本出口形势则急剧恶化，而在商品进口方面，亚洲发展中国家增长强劲，继续保持领先，美国和欧盟进口则持续乏力疲软。长期以来，我国以发达经济体国家为主要开放对象的格局，需要调整。与此同时，随着经济全球化步伐，区域经济一体化进程加快，我国周边的东盟、中亚、南亚等发展中国家地区资源丰富，潜力巨大，亟须通过合作激活发展动力。①

3. 经济的高速增长使中国成为世界能源进口和消费大国，原油进口来源和运输渠道比较集中和单一，这种原油进口格局，使我国原油进口潜在的“马六甲之困”日益突出，能源安全形势加剧。在当今国际舞台上，原油领域的竞争已经超过了纯商业的范围，甚至成了世界大国经济、军事、政治斗争的重要武器。研究表明，自1996年以来中国原油进口量快速增长，原油进口依存度飙升，进口主要来源

---

① 参见《习近平：决不能在根本问题上出现颠覆性错误》，载新华网，http://news.qq.com/a/20140222/007188_all.htm。

地却愈趋集中。据海关统计,2003~2013年10年间,我国进口原油从9100万吨逐年增加,到2009年突破两亿吨大关,2013年达到2.82亿吨。原油进口来源主要集中在中东国家、非洲的苏丹等地。原油进口量的80%需要经过马六甲海峡,对外依存度高达58%。作为国家重要的战略物资,原油安全保障对国家经济发展和国家安全都有十分重要的意义。当今国际原油市场深受国际政治的影响,原油进口国的原油供应具有很大的不稳定性,原油进口的安全性受到很大挑战。尤其是我国原油进口过度依赖中东地区和马六甲海峡,在中东局势动荡的情况下,我国的能源安全受到严重挑战,潜在威胁加剧。开辟新的原油供应国或地区,开通新的安全输送管道,实现原油进口的多元化,已经是亟待解决的重大战略问题。①

4."中国威胁论"甚嚣尘上,国际舆论尤其是西方主流媒体对中国发展和崛起抱有疑虑、担忧甚至戒备、敌意。早在19世纪末20世纪初,德国威廉二世就提出所谓的"黄祸论"。20世纪50年代中华人民共和国成立之初,美国也曾炒作过"红色威胁"。冷战后,"中国威胁论"又开始在美国、日本、菲律宾等国泛滥起来。对"中国威胁论"释疑解惑,不仅要加强宣传解释,讲好中国故事,做好中国传播,播好中国声音,还要用实际行动昭示天下,向世界宣告中国的和平崛起,中国崛起不以损害别国的利益为代价,不构成对任何国家的威胁。

5.我国凭借改革开放30多年的发展成就和累积的国家综合实力,积极参与建构国际新秩序,提出了一系列新思路、新战略、新机制,倡导成立了许多新的地区或国际组织。在坚持和平共处五项原则、提倡国际关系民主化、促进世界多极化、倡导多边安全机制等前提下,新一届中国领导提出了"亲诚惠容"的睦邻政策,全新的亚洲安全观和亚洲梦,并首倡了"和平合作、开放包容、互学互鉴、互利共赢"的"丝路精神"。同时,我国逐步构建全方位、多层次国际对话渠道和合作机制,积极参与联合国维和、G20、亚太经济合作组织等国际事务,参与协调地区事务,如东盟"10+3"、中日韩领导人峰会、朝核问题六方会谈等机制,树立负责任大国形象;发起并主导上海合作组织、博鳌亚洲论坛、中欧论坛、中东欧合作论坛、中非合作论坛、中阿合作论坛、中国—东盟"10+1"、亚信峰会、金砖国家峰会等对话平台;推行中巴经济走廊、大湄公河次区域经济区等区域合作建设项目,倡设亚洲基础设施投资开发银行、金砖国家投资开发银行、中国—东盟海上合作基金和丝路建设基金;加快自贸区建设和谈判进程,倡导缔结"亚太自贸区"(Free Trade Area of the Asia-Pacific, FTAAP)……而能把这些新思想新理念和对话合作机制落到实处

① 参见林毅夫:《"一带一路"2.0:中国引领下的丝路新格局》,浙江大学出版社2018年版,第33~35页。

又能统领全局的,恰恰是“丝绸之路经济带”和“21 世纪海上丝绸之路”两大构想。无论是和平发展、繁荣进步还是睦邻友好、开放包容这些理念,也无论是政治、外交、军事、安全还是经济、贸易、文化、科技这些领域,都可以在“一带一路”倡议中得到体现,落地生根,发挥实效。

三、“一带一路”倡议的原则

我国在《推动共建丝绸之路经济带和21 世纪海上丝绸之路的愿景与行动》中明确了“一带一路”倡议所坚持的原则:

第一,恪守《联合国宪章》的宗旨和原则,遵守和平共处五项原则。恪守《联合国宪章》的宗旨和原则,是我国参与国际活动以及全部外交行为的根本原则,我国外交代表在数次联合国安理会上以及维和行动中都明确反复强调这一坚定立场。其具体内涵包含众多方面的要求:一是要坚持追求合作共赢。在合作中创造更大机遇,化解风险挑战,实现共同发展,在平等基础上追求共赢。二是要遵循国际法治,反对将一己私利凌驾于他国之上,反对肆意歪曲国际法,反对“合则用、不合则弃”的霸权逻辑,反对“长臂管辖”和单边制裁。三是要秉持公平正义。国际上的事情,要大家商量着办。要坚持相互尊重主权、独立和领土完整,尊重各国自主选择的发展道路。四是要坚持采取有效行动。《联合国宪章》要落到实处,讲求实效。联合国安理会要始终从维护世界和平的大局出发,增强互信,增进团结,避免将有关问题政治化。和平共处五项原则,周恩来总理1953 年在接见印度代表团时首次提出,这是国际关系史上的重大创举,为推动建立公正合理的新型国际关系作出了历史性贡献。这也表明中国确定了独立自主的和平外交路线。① 可以说,从1953 年至今的大半个世纪里,和平共处五项原则不仅成为中国奉行独立自主和平外交政策的基础,而且被世界上绝大多数国家接受,成为规范国际关系的重要准则。

第二,坚持开放合作。“一带一路”相关的国家基于但不限于古代丝绸之路的范围,各国和国际、地区组织均可参与,让共建成果惠及更广泛的区域。在2018 年11 月5 日举行的首届中国国际进口博览会上,习近平主席就关于坚持开放合作作了十分详细的解读,习近平主席用了“三个坚持”明确了开放合作对“一带一路”全体参与国的共同要求:一是坚持开放融通,拓展互利合作空间。开放带来进步,封

---

① 参见习近平:《弘扬和平共处五项原则 建设合作共赢美好世界——在和平共处五项原则发表60 周年纪念大会上的讲话》,载人民网,http://politics. people. com. cn/n/2014/0629/c1024 - 25213364. html。

闭必然落后。国际贸易和投资等经贸往来,植根于各国优势互补、互通有无的需要。纵观国际经贸发展史,深刻验证了“相通则共进,相闭则后退”的规律。各国削减壁垒、扩大开放,国际经贸就能打通血脉;如果以邻为壑、孤立封闭,国际经贸就会气滞血瘀,世界经济也难以健康发展。各国应该坚持开放的政策取向,旗帜鲜明反对保护主义、单边主义,提升多边和双边开放水平,推动各国经济联动融通,共同建设开放型世界经济。各国应该加强宏观经济政策协调,减少负面外溢效应,合力促进世界经济增长。各国应该推动构建公正、合理、透明的国际经贸规则体系,推进贸易和投资自由化便利化,促进全球经济进一步开放、交流、融合。二是坚持创新引领,加快新旧动能转换。创新是第一动力,只有敢于创新、勇于变革,才能突破世界经济发展“瓶颈”。世界经济刚刚走出国际金融危机阴影,回升态势尚不稳固,迫切需要各国共同推动科技创新、培育新的增长点。造福人类是科技创新最强大的动力。在休戚与共的地球村,共享创新成果,是国际社会的一致呼声和现实选择。各国应该把握新一轮科技革命和产业变革带来的机遇,加强数字经济、人工智能、纳米技术等前沿领域合作,共同打造新技术、新产业、新业态、新模式。三是坚持包容普惠,推动各国共同发展。“一花独放不是春,百花齐放春满园。”追求幸福生活是各国人民共同愿望。人类社会要持续进步,各国就应该坚持要开放不要封闭,要合作不要对抗,要共赢不要独占。在经济全球化深入发展的今天,弱肉强食、赢者通吃是一条越走越窄的死胡同,包容普惠、互利共赢才是越走越宽的人间正道。各国应该超越差异和分歧,发挥各自优势,推动包容发展,携手应对全人类共同面临的风险和挑战,落实2030年可持续发展议程,减少全球发展不平衡,推动经济全球化朝着更加开放、包容、普惠、平衡、共赢的方向发展,让各国人民共享经济全球化和世界经济增长成果。① 该项原则明确了所有“一带一路”沿线国在开放合作中应有的担当,并从激发进口潜力、持续放宽市场准入、营造国际一流营商环境、打造对外开放新高地5个方面向中国“一带一路”相关建设提出了挑战,进一步推动多边和双边合作深入发展。

第三,坚持和谐包容。倡导文明宽容,尊重各国发展道路和模式的选择,加强不同文明之间的对话,求同存异、兼容并蓄、和平共处、共生共荣。“和谐”“包容”是中国文化的内核部分,是中华文明的鲜明特点。历史经验表明,中华文明正是在同其他文明交流互鉴中不断丰富发展,亚洲众多文明亦是交相辉映、相得益彰,同时与世界文明互通有无、携手前行。实践证明,文明互鉴与人类发展相伴而生,

① 参见《习近平对推动“一带一路”建设提出五点意见》,载新华网,http://www.xinhuanet.com/world/2017-05/14/c_129604239.htm。

是让世界变得更美好的必由之路。该项原则强调不同文明没有优劣之分,只有特色之别。要了解各种文明的真谛,必须秉持平等、谦虚、包容的态度,开放包容、互学互鉴。

第四,坚持市场运作。遵循市场规律和国际通行规则,充分发挥市场在资源配置中的决定性作用和各类企业的主体作用,同时发挥好政府的作用。这一原则是在我国经济体制改革的宝贵经验之上进行提炼的财富,无论是针对国内经济市场,还是面向全球经济市场,都应当尊重市场的抉择并信任市场的能动作用,给予国内企业和国外企业足够的交流合作空间,扩大市场为各国企业构建联系的渠道。企业是“一带一路”建设的主体,我国政府应鼓励、支持国有企业和民营企业,利用国际国内两种资源两个市场,掌握国际国内两种规则,积极参与“一带一路”沿线国家基础设施建设和产业投资。同时,政府要为社会资本和民间力量的参与提供支持、引导、服务和保障,共同打造“一带一路”沿线国家多主体、全方位、跨领域的互利合作新平台。

第五,坚持互利共赢。兼顾各方利益和关切,寻求利益契合点和合作最大公约数,体现各方智慧和创意,各施所长,各尽所能,把各方优势和潜力充分发挥出来。坚持互利共赢的必要性体现在4个方面:一是各国维持持续合作愿望的本质支撑。“一带一路”倡议之所以能够在国际社会得到强烈反响,并不仅仅是因为其符合中国当下的发展趋势以及大国担当,还在于其符合各国在世界经济潮流下的发展需求。正是这份需求吸引各方参与其中,所以要把持这份来之不易的共同参与和彼此合作,就必须保证合作的内容符合双方的利益需要,否则,合作的持续就很难得到保证。二是各国合作水平的根本保证。“一带一路”的主要合作内容被概括为“五通”,即政策沟通、设施联通、贸易畅通、资金融通和民心相通。足见要想使合作达到共赢水平,需要合作双方在众多方面的鼎力协作,如果双方缺乏合作共赢的共同意识,合作质量必然难以保障。三是合作风险的有效防范。“一带一路”是涉及地域及范围巨大的人类壮举,在如此庞大的全球经济合作运行中,经济风险、政治风险以及社会风险是必然存在的,这些风险的出现必然导致经济体系、政治局势和社会环境的剧烈变动,并最终影响到合作双方的协议执行。只有双方坚持互利共赢,将彼此利益绑在一起,同心协力才能在应对风险时相对从容,有效地维护合作质量。四是合作环境不断优化的强力助推。“一带一路”各个沿线国家的具体国情均有不同,合作环境极为复杂,推动不同地区且国情差距较大的沿线国家进行合作颇具难度。所以,要保证“一带一路”健康发展,就必须努力促进各沿线国家合作环境形成优化趋势,坚持互利共赢。

四、“一带一路”大事记

表1-1 2014年6月~2020年6月“一带一路”大事记

时间		事件	意义
2014年	6月5日	在中阿合作论坛第六届部长级会议开幕式上，习近平指出，“一带一路”是互利共赢之路，将带动各国经济更加紧密结合起来，推动各国基础设施建设和体制机制创新，创造新的经济和就业增长点，增强各国经济内生动力和抗风险能力。中国同阿拉伯国家因为丝绸之路相知相交，我们是共建“一带一路”的天然合作伙伴	中阿共建“一带一路”的天然伙伴
	9月18日	在印度世界事务委员会的演讲上，习近平指出，一个和平稳定、发展繁荣的南亚，符合本地区国家和人民利益，也符合中国利益。中国愿同南亚各国和睦相处，愿为南亚发展添砖加瓦。中国提出“一带一路”倡议，就是要以加强传统陆海丝绸之路沿线国家互联互通，实现经济共荣、贸易互补、民心相通。中国希望以“一带一路”为双翼，同南亚国家一道实现腾飞	以“一带一路”为双翼，同南亚国家一道实现腾飞
	11月4日	习近平在主持召开中央财经领导小组第八次会议时强调，加快推进丝绸之路经济带和21世纪海上丝绸之路建设。习近平在讲话中指出，“一带一路”贯穿欧亚大陆，东边连接亚太经济圈，西边进入欧洲经济圈。无论是发展经济、改善民生，还是应对危机、加快调整，许多沿线国家同我国有着共同利益。“一带一路”倡议，有利于扩大和深化对外开放	许多沿线国家同我国有着共同利益
	11月9日	在亚太经合组织工商领导人峰会开幕式上，习近平发表演讲指出，中国还将出资400亿美元成立丝路基金，为“一带一路”沿线国家基础设施建设、资源开发、产业合作等有关项目提供投融资支持。我们愿同大家一道努力，推动亚洲基础设施投资银行及早投入运作，成为各方在互联互通、金融等领域开展合作的新平台	中国出资400亿美元成立丝路基金
	12月5日	习近平在中共中央政治局第十九次集体学习时强调，加快实施自由贸易区战略是一项复杂的系统工程。要加强顶层设计、谋划大棋局，既要谋子更要谋势，逐步构筑起立足周边、辐射“一带一路”、面向全球的自由贸易区网络，积极同“一带一路”沿线国家和地区商建自由贸易区，使我国与沿线国家合作更加紧密、往来更加便利、利益更加融合	加快实施自由贸易区战略

续表

时间		事件	意义
2015 年	3 月 9 日	习近平到广西代表团参加审议，在肯定广西一年来工作后指出，随着国家推进“一带一路”建设，广西在国家对外开放大格局中的地位更加凸显，迎来了历史性的发展机遇。要加快形成面向国内国际的开放合作新格局，把转方式调结构摆到更加重要位置，做好对外开放这篇大文章，实行更加积极主动的开放战略，构建更有活力的开放型经济体系，扩大和深化同东盟的开放合作，构筑沿海沿江沿边全方位对外开放平台	实行更加积极主动的开放战略
	3 月 9 ~ 29 日	习近平出席博鳌亚洲论坛 2015 年年会开幕式并发表主旨演讲，指出，“一带一路”建设秉持的是共商、共建、共享原则，不是封闭的，而是开放包容的；不是中国一家的独奏，而是沿线国家的合唱。“一带一路”建设、亚洲基础设施投资银行都是开放的，我们欢迎沿线国家和亚洲国家积极参与，也张开臂膀欢迎五大洲朋友共襄盛举	确立“一带一路”的发展原则
	4 月 21 日	习近平在巴基斯坦议会发表演讲并指出，中国提出建设丝绸之路经济带和 21 世纪海上丝绸之路倡议，是在新形势下扩大全方位开放的重要举措，也是要致力于使更多国家共享发展机遇和成果。我们希望同“一带一路”沿线国家加强合作，实现道路联通、贸易畅通、资金融通、政策沟通、民心相通，共同打造开放合作平台，为地区可持续发展提供新动力	共同打造开放合作平台
	7 月 9 日	习近平出席金砖国家领导人第七次会晤并发表重要讲话。在讨论全球政治与经济问题时，习近平强调，要改革和完善全球经济治理，推动更多国家支持金砖国家新开发银行、应急储备安排、“一带一路”、亚洲基础设施投资银行、丝路基金等倡议，为世界经济增长和国际金融货币体系改革提供动力。要建立新型的全球发展伙伴关系，敦促发达国家承担应有责任，帮助发展中国家增强发展能力，缩小南北差距，加强南南合作，在互利共赢基础上实现联合自强	建立新型的全球发展伙伴关系

续表

时间		事件	意义
	9月2日	习近平在人民大会堂会见韩国总统朴槿惠，在双方交谈中，习近平指出，韩方“欧亚合作倡议”同“一带一路”建设契合，中方欢迎韩方积极参与“一带一路”建设和亚洲基础设施投资银行工作。双方要加大对中韩人文交流投入，重点办好中国旅游年和韩国旅游年	韩方参与“一带一路”建设和亚投行工作
	11月18日	习近平在菲律宾马尼拉出席亚太经合组织工商领导人峰会时发表的题为《发挥亚太引领作用　应对世界经济挑战》的主旨演讲中强调，我们坚持开放的区域主义，同域内外许多国家签署合作协议，实现政策和发展战略对接，促进经济要素有序自由流动、资源高效配置、市场深度融合。通过“一带一路”建设，我们将开展更大范围、更高水平、更深层次的区域合作，共同打造开放、包容、均衡、普惠的区域合作架构	共同打造开放、包容、均衡、普惠的区域合作架构
		习近平在埃及《金字塔报》发表题为《让中阿友谊如尼罗河水奔涌向前》的署名文章。文章中说：“一带一路”追求的是百花齐放的大利，不是一枝独秀的小利。中国拥有广阔市场、充裕资金、先进技术、优势产能，提出了创新、协调、绿色、开放、共享的发展理念	“一带一路”追求的是百花齐放的大利
2016年	1月21日	习近平的中东之访，5天内开展40多场活动。中沙共签署14项合作文件，中埃共签署21项合作文件，中伊共签署17项合作文件。这些合作文件涵盖经贸、能源、金融、通信、航空航天、气候变化等诸多领域，上天入海，连东接西，大大拓展了务实合作的广度和深度	中东开局之访：“一带一路”花开沙、埃、伊
	3月21日	习近平成功访问捷克，不到3个月时间，习近平又再次来到中东欧国家塞尔维亚和波兰。中国与中东欧合作升温，与“一带一路”建设逐渐深入相关	两访中东欧：“一带一路”急速升温
	3月28日	站在新的历史起点上，习近平在丝绸之路故地上发表重要演讲，全面总结3年来“一带一路”取得的成果，系统提出了下阶段发展思路，向世界宣示了推动“一带一路”向更高水平、更广阔空间迈进的决心和信心	“一带一路”，是中东欧大地走向繁荣的又一次历史机遇

续表

时间		事件	意义
	10月10日	习近平开启亚洲之旅，推动“一带一路”更多开花结果。习近平对柬埔寨和孟加拉国进行国事访问，在印度果阿同尼泊尔、斯里兰卡、缅甸等国领导人开展双边会晤等	亚洲经略行：“一带一路”越走越宽
	11月23日	习近平出席亚太经济合作组织利马峰会并访问拉美三国，“一带一路”再次成为拉美各界热议的焦点话题	拉美收官行：搭建“一带一路”新平台
2017年	3月17日	联合国安理会以15票赞成，一致通过关于阿富汗问题第2344号决议，呼吁国际社会凝聚援助阿富汗共识，通过“一带一路”建设等加强区域经济合作，敦促各方为“一带一路”建设提供安全保障环境、加强发展政策战略对接、推进互联互通务实合作等	“一带一路”写入联合国决议
	3月21日	中国“一带一路”网由推进“一带一路”建设工作领导小组办公室作为指导单位，国家信息中心主办，为沿线各国企业、社团组织和公民积极参与“一带一路”建设提供信息服务和互动交流	国家“一带一路”官网上线
	3月23~26日	博鳌亚洲论坛2017年年会将“一带一路”设置为四大主题板块之首，成为各方关注的焦点。参加本届论坛年会的国内外嘉宾认为，“一带一路”倡议体现出共商、共建、共享的开放包容理念，有利于改革和再造国际贸易投资规则，完善金融货币制度，营造更加公平合理的政治经济新秩序框架	“一带一路”成博鳌论坛热点
	3月27日	国务院总理李克强访问新西兰，两国政府签署了《中华人民共和国政府和新西兰政府关于加强“一带一路”倡议合作的安排备忘录》，新西兰成为首个签署“一带一路”合作协议的发达国家	新西兰与中国签署“一带一路”合作协议
	4月1日	辽宁、浙江、河南、湖北、四川、陕西、重庆7地自贸区挂牌成立，是我国成立的第三批自贸区。中国基本形成以“1+3+7”自贸区为骨架、东中西协调、陆海统筹的全方位和高水平区域开放新格局，并为加快实施“一带一路”倡议提供重要支撑	中国新增7个自由贸易试验区

续表

时间		事件	意义
	4月10日	中缅原油管道起点为马德岛，途经缅甸多个地区，经中国云南省瑞丽市进入中国境内，缅甸段全长771公里，设置站场5座，设计年输量2200万吨。作为“一带一路”倡议在缅实施的先导项目——中缅油气管道项目的一部分，这一工程投运正在实现造福两国人民的愿景	中缅原油管道正式投入运行
	4月20日	中国、白俄罗斯、德国、哈萨克斯坦、蒙古、波兰、俄罗斯7国铁路部门正式签署《关于深化中欧班列合作协议》。这是中国铁路第一次与“一带一路”沿线主要国家铁路签署有关中欧班列开行方面的合作协议	七国铁路部门签署《关于深化中欧班列合作协议》
	5月13日	中格自贸协定是我国与欧亚地区国家签署的第一个自贸协定，也是“一带一路”倡议提出后我国启动并达成的第一个自贸协定。根据该协定，双方对绝大多数货物贸易产品相互取消了关税，对众多服务部门相互作出了高质量的市场开放承诺，并完善了知识产权、环境保护、电子商务和竞争等规则。该协定已在2018年1月1日正式生效	中国与格鲁吉亚签署自贸协定
	5月14~15日	“一带一路”国际合作高峰论坛是“一带一路”框架下最高规格的国际活动，也是中华人民共和国成立以来由中国首倡、中国主办的层级最高、规模最大的多边外交活动。来自29个国家的国家元首、政府首脑与会，来自130多个国家和70多个国际组织的1500多名代表参会，形成了76大项、270多项具体成果。中国政府与蒙古国、巴基斯坦、尼泊尔、克罗地亚、黑山、波黑、阿尔巴尼亚、东帝汶、新加坡、缅甸、马来西亚签署了政府间“一带一路”合作谅解备忘录	“一带一路”国际合作高峰论坛举办
	5月31日	全长约472公里，合同总额38亿美元的蒙内铁路被称为肯尼亚的“世纪工程”。它西起东非第一大港蒙巴萨，东至肯尼亚首都内罗毕，是肯尼亚百年以来最大的民生工程。它是一条采用中国技术、中国标准、中国装备、中国运营管理的国际干线铁路，是中国铁路建设全产业落地的标志性项目	蒙内铁路正式通车

续表

时间		事件	意义
	6月8日	萨希瓦尔电站自2015年7月31日开工建设，是中巴经济走廊优先实施项目，也是“一带一路”倡议的重点工程之一。萨希瓦尔电站已成为迄今为止中巴经济走廊建设速度最快、装机容量最大、技术领先、节能环保的高效清洁燃煤电站，被巴基斯坦政府誉为“巴电力建设史上的奇迹”	中巴经济走廊首个大型能源项目投产
	6月14日	习近平在会见卢森堡首相贝泰尔时，提到了“空中丝绸之路”的概念，表示中方支持建设郑州—卢森堡“空中丝绸之路”。这标志着郑州—卢森堡“双枢纽”合作模式由河南方案正式上升为国家战略，“一带一路”建设覆盖的维度愈加广泛，不仅连接大陆与海洋，还在蔚蓝天空中架起新的合作桥梁	首次提出“空中丝绸之路”的概念
	6月20日	国家发展改革委、海洋局联合发布《“一带一路”建设海上合作设想》，提出共同建设中国—印度洋—非洲—地中海、中国—大洋洲—南太平洋，以及中国—北冰洋—欧洲三大蓝色经济通道。这是中国政府首次就推进“一带一路”建设海上合作提出中国方案，也是“一带一路”国际合作高峰论坛的成果之一	中国首提“一带一路”海上合作设想
	7月3日	“冰上丝绸之路”系穿越北极圈，连接北美、东亚和西欧三大经济中心的海运航道。7月初，在对俄罗斯进行国事访问之际，习近平对中俄共建北极航道的“邀约”进行了积极回应，希望双方共同开发和利用海上通道特别是北极航道，打造“冰上丝绸之路”。“北极航道”也正是《“一带一路”建设海上合作设想》中明确的“一带一路”三大主要海上通道之一	中俄就打造“冰上丝绸之路”达成共识
	7月24日	作为区域性国际非政府、非营利性社会组织，亚洲金融合作协会将致力于搭建亚洲金融机构交流合作平台，同时通过治理结构制度安排，便利全体会员共同治理协会，共享协会服务及成果	亚洲金融合作协会成立
	9月8日	国家发展改革委主任何立峰会见了黎巴嫩经济和贸易部长扈里，双方就共建“一带一路”、进行规划对接、深化产能与投资、金融、贸易合作以及人文交流等深入交换了意见，并代表两国政府签署了《关于共同推进丝绸之路经济带与21世纪海上丝绸之路建设的谅解备忘录》	中国与黎巴嫩签署“一带一路”合作文件

续表

时间		事件	意义
	10月24日	10月18~24日,中国共产党第十九次代表大会在北京举行。坚持正确义利观,推动构建人类命运共同体,遵循共商共建共享原则,推进“一带一路”建设等内容写入党章。这体现了中国共产党高度重视“一带一路”建设、坚定推进“一带一路”国际合作的决心和信心,同时也彰显了“一带一路”建设的重要性,意味着“一带一路”建设将不是一个短期工程	“一带一路”写入党章
	11月12日	11月10~13日,习近平应邀对越南进行国事访问并出席亚太经济合作组织第25次领导人非正式会议。在与越共中央总书记阮富仲举行会谈后,两国领导人共同见证了共建“一带一路”和“两廊一圈”合作备忘录以及产能、能源、跨境经济合作区、电子商务、人力资源、经贸、金融、文化、卫生、新闻、社会科学、边防等领域合作文件的签署	中越签署共建“一带一路”和“两廊一圈”合作备忘录
	11月13日	11月13~14日,习近平对老挝进行国事访问。访问结束后两国发表了联合声明,指出要加快中国“一带一路”倡议同老挝“变陆锁国为陆联国”战略对接,落实好此访问期间签署的关于加强基础设施领域合作的谅解备忘录,加快推进中老铁路等标志性项目,并以此为依托共建中老经济走廊	中老将共建经济走廊
	11月17日	摩洛哥外长访华期间,两国外长共同签署《中华人民共和国政府与摩洛哥政府关于共同推进丝绸之路经济带和21世纪海上丝绸之路的谅解备忘录》,摩洛哥成为非洲西北部首个签署该文件的阿拉伯国家	中国与摩洛哥签署共建“一带一路”合作文件
	11月17日	6月13日,中国同巴拿马正式建立外交关系,在建交5个月后,巴拿马总统巴雷拉访华,并同中国签署了《关于共同推进丝绸之路经济带和21世纪海上丝绸之路建设的谅解备忘录》,宣告加入“一带一路朋友圈”。巴拿马支持“一带一路”倡议,并提出一些基建合作项目建议	中国与巴拿马签署“一带一路”合作文件

续表

时间		事件	意义
	11月26~29日	国务院总理李克强赴匈牙利出席第6次中国—中东欧国家领导人会晤。会晤期间，中国与爱沙尼亚、立陶宛、斯洛文尼亚三国签署合作文件，实现了共建“一带一路”倡议对中东欧16国的全覆盖	“一带一路”倡议实现对中东欧全覆盖
	12月3日	在第四届世界互联网大会上，中国、老挝、沙特、塞尔维亚、泰国、土耳其、阿联酋等国家相关部门共同发起《“一带一路”数字经济国际合作倡议》，称将致力于实现互联互通的“数字丝绸之路”，打造互利共赢的“利益共同体”和共同发展繁荣的“命运共同体”。这标志着“一带一路”数字经济合作开启了新篇章	共同发起《“一带一路”数字经济国际合作倡议》
	12月7日	中马自贸协定是我国商签的第16个自贸协定，也是马尔代夫对外签署的首个双边自贸协定。双方同意最终实现零关税的产品税目数和进口额占比均接近96%，我国对马出口的绝大部分工业品及花卉、蔬菜等农产品将从中获益。马方绝大部分水产品等优势出口产品也将享受零关税待遇	中国与马尔代夫签署自由贸易协定
	12月8日	亚马尔液化天然气项目是中国提出“一带一路”倡议后实施的首个海外特大型项目，也是全球最大的北极LNG（液化天然气）项目，建成之后，中国每年可以从这个项目获得400万吨的液化气。亚马尔项目的建设不仅新增了北部海上运来天然气，同时开辟的北极航道成功实现了北冰洋运输，为“冰上丝绸之路”战略的实施提供了重要的支点	中俄亚马尔项目首条LNG生产线投产
	12月19日	亚洲基础设施投资银行19日宣布批准库克群岛、瓦努阿图、白俄罗斯和厄瓜多尔4个经济体的加入申请，实现了自2016年开业以来的第4次扩容。亚投行2016年开业时共有57个成员。2017年3月、5月和7月，该机构先后进行3次扩容，成员增加到84个，从亚洲拓展至全球	亚投行再度扩容，成员数增至84个
	12月21日	中泰铁路是泰国第一条标准轨高速铁路，是两国务实合作的旗舰项目，也是两国在“一带一路”框架下重要的互联互通项目。一期工程连接首都曼谷与东北部的呵叻府，二期工程则将把这条铁路延伸至与老挝首都万象一河之隔的廊开府，并实现与中老铁路磨丁至万象段的连接	中泰铁路一期工程正式开工

续表

时间		事件	意义
2018年	1月21~22日	中拉论坛第二届部长会议于1月21~22日在智利圣地亚哥举行。本次会议通过了《圣地亚哥宣言》《中国与拉共体成员国优先领域合作共同行动计划(2019~2021)》和《“一带一路”特别声明》3份成果文件,集中反映了下阶段双方深化合作、同谋发展的明确意愿,制定了重点领域合作的具体措施	中拉发布《“一带一路”特别声明》
	6月29日	2018年年初,习近平主持召开中央全面深化改革领导小组会议,审议通过了《关于建立“一带一路”国际商事争端解决机制和机构的意见》。该意见指出,最高人民法院在广东省深圳市设立“第一国际商事法庭”,在陕西省西安市设立“第二国际商事法庭”,受理当事人之间的跨境商事纠纷案件。最高人民法院民事审判第四庭负责协调并指导两个国际商事法庭工作	深圳、西安两个国际商事法庭挂牌
	8月27日	习近平出席座谈会并发表重要讲话强调,共建“一带一路”顺应了全球治理体系变革的内在要求,彰显了同舟共济、权责共担的命运共同体意识,为完善全球治理体系变革提供了新思路新方案。我们要坚持对话协商、共建共享、合作共赢、交流互鉴,同沿线国家谋求合作的最大公约数,推动各国加强政治互信、经济互融、人文互通,一步一个脚印推进实施,一点一滴抓出成果,推动共建“一带一路”走深走实,推动构建人类命运共同体	推进“一带一路”建设工作5周年座谈会召开
	9月3日	2018年峰会,中非双方见证签署的各类合作协议近150份,特别是28个国家和非盟委员会同中方签署共建“一带一路”合作文件,掀起了又一波支持参与“一带一路”建设的热潮,扩展了“一带一路”的朋友圈。峰会通过了《关于构建更加紧密的中非命运共同体的北京宣言》和《中非合作论坛—北京行动计划(2019~2021年)》两个重要成果文件,推出了以实施“八大行动”为核心的上百项全面深化中非合作的新举措	中非合作论坛北京峰会召开

续表

时间		事件	意义
	11月5～10日	首届中国国际进口博览会包括展会和论坛两个部分。展会即国家贸易投资综合展和企业商业展，论坛即虹桥国际经贸论坛。参展面积达到4.5万平方米，占企业展总展览面积的16.5%；参展展品涵盖了农产品、日用消费品、服装服饰等多个门类。截至2018年11月10日中午12时，第一届中国国际进口博览会累计进场达80万人。首届进博会吸引了全球172个国家、地区和国际组织参会，3600多家企业参展。按一年计，累积意向成交578.3亿美元	首届中国国际进口博览会举行
2019年	3月23日	国家主席习近平在罗马同意大利总理孔特会谈。会谈后，两国领导人共同见证签署和交换中意关于共同推进“一带一路”建设的谅解备忘录、关于中国流失文物返还等双边合作文件。意大利成为首个加入“一带一路”倡议的七国集团（G7）成员	中意签订“一带一路”合作文件
	4月18日	34个国家和地区税务部门在浙江乌镇共同签署《“一带一路”税收征管合作机制谅解备忘录》，标志着“一带一路”税收征管合作机制正式成立。当天，以“共建一带一路：加强税收合作，改善营商环境”为主题的首届“一带一路”税收征管合作论坛在乌镇开幕，这是首次由中国税务部门主导发起并主办的高级别国际税收会议。此次论坛为期3天，围绕加强税收征管能力建设、坚持税收法治、提高税收确定性等议题，来自85个国家和地区的税务官员以及16个国际组织、多家学术机构和跨国企业代表出席论坛并展开讨论	“一带一路”税收征管合作机制建立
	4月22日	第二届“一带一路”国际合作高峰论坛召开在即，经推进“一带一路”建设工作领导小组批准，领导小组办公室22日发表《共建“一带一路”倡议：进展、贡献与展望》报告	《共建“一带一路”倡议：进展、贡献与展望》发布

续表

时间		事件	意义
	4月25～27日	第二届"一带一路"国际合作高峰论坛开幕式在北京举行,论坛主要由开幕式、圆桌峰会和高级别会议共3个部分组成。国家主席习近平出席开幕式并发表主旨演讲;4月27日,在北京雁栖湖国际会议中心举行圆桌峰会,国家主席习近平主持会议并致开幕辞。第二届"一带一路"国际合作高峰论坛为应对全球性挑战汇聚各方共识、发挥各方智慧和力量,搭建了"一带一路"多边对话合作平台,形成了共6大类283项成果,通过了《第二届"一带一路"国际合作高峰论坛圆桌峰会联合公报》	第二届"一带一路"国际合作高峰论坛举行
	6月17日	第十次中英财金对话期间,中国发展改革委宁吉喆副主任与英国国际贸易部投资部长斯图尔特在胡春华副总理和英国财政大臣哈蒙德的见证下签署中英《关于开展第三方市场合作的谅解备忘录》。继法国、意大利、奥地利等国之后,英国成为与中国正式开展第三方市场合作的欧洲又一重要国家。根据该备忘录,双方将积极推动中英两国企业、机构按照企业主体、市场原则在第三方市场开展务实合作,并重点推动基础设施领域的投融资合作项目	中英签署第三方市场合作谅解备忘录
	11月5～10日	第二届中国国际进口博览会在中国上海国家会展中心举行。国家主席习近平出席在上海举办的第二届中国国际进口博览会暨虹桥国际经济论坛开幕式及相关活动,并发表主旨演讲。据初步统计,全球或中国大陆首发新产品、新技术或服务391件,高于首届。专业观众注册超过50万人,其中包括7000多位境外采购商,超过首届,采购商国际化程度进一步提高;采购商专业性更强,其中,境内企业中来自制造业的占32%,来自批发和零售业的占25%。此次进博会交易采购成果,按一年计,累计意向成交711.3亿美元,比首届增长23%。共举办380多场配套活动。其中,国家部委的政策解读类活动12场	第二届中国国际进口博览会举行
	12月2日	中国和俄罗斯两国元首分别在北京和索契下达指令,共同见证中俄东线天然气管道投产通气。这条输气管道总长8000多公里,是当今世界最长的天然气输气管道。俄罗斯境内约3000公里,中国境内途经9个省(区、市),全长5111公里,其中需要新建3371公里,利用已建管道1740公里	中俄东线天然气管道投产通气

续表

时间		事件	意义
2020 年	3 月 2 日	中国人民银行发布公告称，“一带一路”银行间常态化合作机制(Belt and Road Bankers Roundtable，BRBR)发布《支持中国等国家抗击新冠肺炎疫情的倡议》，呼吁“一带一路”金融机构为全球抗击疫情、保持经济稳定增长作出积极贡献。该倡议肯定了中国抗击疫情的巨大努力和有力措施，对中国战胜疫情和保持经济发展长期向好充满信心。同时呼吁和支持国际社会加强团结合作，携手应对这一共同挑战。并倡导国际社会在世界卫生组织框架内加强协作，共同维护地区和国际公共卫生安全	“一带一路”银行间常态化合作机制倡议支持机制
	6 月 2 日	36 个国家(地区)以及 7 个国际组织负责人就进一步深化经验分享、平台应用以及科技支撑等达成共识。“一带一路”税收征管合作机制成员已增加至 36 个	“一带一路”税收征管合作机制举行视频会议
	6 月 3 日	同步挂牌的 11 个海南自贸港重点园区包括海口江东新区、洋浦经济开发区、博鳌乐城国际医疗旅游先行区、海口国家高新技术产业开发区、海口综合保税区、三亚崖州湾科技城、三亚中央商务区、文昌国际航天城、陵水黎安国际教育创新试验区、海南生态软件园和海口复兴城互联网信息产业园	海南自由贸易港建设正式拉开序幕

五、“一带一路”倡议的合作机制

(一)多边合作机制

加强双边合作，开展多层次、多渠道沟通磋商，推动双边关系全面发展。推动签署合作备忘录或合作规划，建设一批双边合作示范。建立完善双边联合工作机制，研究推进“一带一路”建设的实施方案、行动路线图。充分发挥现有联委会、混委会、协委会、指导委员会、管理委员会等双边机制作用，协调推动合作项目实施。强化多边合作机制作用，发挥上海合作组织(Shanghai Cooperation Organization，SCO)、中国—东盟“10 + 1”、亚太经合组织(Asia-Pacific Economic Cooperation，APEC)、亚欧会议(Asia-Europe Meeting，ASEM)、亚洲合作对话(Asia Cooperation Dialogue，ACD)、亚信会议(Conference on Interaction and Confidence Building Measures in Asia，CICA)、大湄公河次区域(The Greater Mekong sub region，GMS)经济合作、中亚区域经济合作(Central Asian Regional Economic Cooperation

Organization，CAREC）等多边合作机制作用，相关国家加强沟通，让更多国家和地区参与“一带一路”建设。继续发挥沿线各国区域、次区域相关国际论坛、展会以及博鳌亚洲论坛、中国—东盟博览会、中国—亚欧博览会、欧亚经济论坛、中国国际投资贸易洽谈会，以及中国—南亚博览会、中国—阿拉伯博览会、中国西部国际博览会、中国—俄罗斯博览会、前海合作论坛等平台的建设性作用。支持沿线国家地方、民间挖掘“一带一路”历史文化遗产，联合举办专项投资、贸易、文化交流活动，办好丝绸之路（敦煌）国际文化博览会、丝绸之路国际电影节和图书展。倡议建立“一带一路”国际高峰论坛。推动“一带一路”交通线的铺开，与白俄罗斯、德国、哈萨克斯坦、蒙古、波兰、俄罗斯的铁路部门共同签署班列合作协议。主办举行首届暨第二届“一带一路”国际高峰合作论坛。提出“冰上丝绸之路”，积极倡导开展北极航道合作。联合 7 国共同发布“一带一路”数字经济国际合作倡议。

（二）多边开展“一带一路”合作机制

建立“一带一路”国际争端解决机制并在深圳、西安分别成立第一、第二国际商事法庭。主办举行首届及第二届中国国际进口博览会。共商建立“一带一路”税收征管合作机制。倡议建立“一带一路”银行间常态化合作机制。对“一带一路”的卫星发射进行了规划和研究，未来 3 ~ 5 年，将发射多颗通信卫星，实现“一带一路”途经国家的通信信号也将逐步实现全覆盖。倡议并设立亚洲基础设施投资银行，目前已具有 100 个成员国，于 2019 年 10 月 24 日竣工的北京亚洲金融大厦作为该多边金融机构总部的永久办公场所，随着其不断强化使用本地货币融资能力，为印度、印度尼西亚、泰国、土耳其和俄罗斯等国提供本地货币融资方案。提供资金、技术多方面的支持，通过中亚管道接入西气东输管道，覆盖国内 25 个省市和香港特别行政区的用户，造福 5 亿多人。通过安排股权投资、项目贷款、出口信贷和提供融资咨询服务，我国企业成功帮助 EPC 项目完成融资。协助乌克兰成立“一带一路”贸易投资促进中心，与巴基斯坦合作形成“中巴经济走廊”。建立“一带一路”绿色发展国际联盟、“一带一路”新闻合作联盟、“一带一路”律师联盟等合作组织。主持成立“一带一路”国际智库合作委员会。最高人民法院发布《关于人民法院进一步为“一带一路”建设提供司法服务和保障的意见》和 6 个涉“一带一路”建设指导性案例等。成功举办首届中意、中奥第三方市场合作论坛，并举行中奥第三方市场合作工作组第一次会议。发布中英双语版《第三方市场合作指南和案例》。签署中国进出口银行与瑞穗银行、渣打银行等同业机构“一带一路”项下第三方市场合作协议。

（三）多边开发融资合作中心

财政部联合亚洲基础设施投资银行、亚洲开发银行、拉美开发银行、欧洲复兴开发银行等成立多边开发融资合作中心。国开行牵头成立中拉开发性金融合作机制。主持成立亚洲金融合作协会“一带一路”金融合作委员会。中日韩—东盟成立“10+3”银行联合体并共同签署《中日韩—东盟银行联合体合作谅解备忘录》。中国银行多机构多币种“一带一路”主题债券在港上市。上交所市场推出以“一带一路”项目公司债券为参考债务的民营企业债券融资支持工具,深交所出台“一带一路”债务上市挂牌的具体制度安排。主持召开“一带一路”绿色投资原则第一次全体会议,签署支持该原则的机构已达33家。中国工商银行发行全球首支绿色“一带一路”银行间常态化合作债券。财政部发布《“一带一路”债务可持续性分析框架》,推动参与国家加强债务管理能力和投融资科学决策能力。

六、“一带一路”倡议提出的意义

近几年,我国对内改革和对外开放都面临着新的突破。2019年,第二届“一带一路”国际合作高峰论坛成功举办并取得丰硕成果,从各个领域来看,2019年都是“一带一路”发展的收获之年:一是“一带一路”铺开范围,进一步扩大并向西欧方向延展,多领域多方面多参与的合作机制加快建立,第三方市场合作完成突破。2019年以来,西欧已经有数十个国家与我国签署共建“一带一路”的相关合作文件,意大利更是成为首个加入“一带一路”倡议的G7成员国,“一带一路”建设在西欧世界取得了空前的认可。截至2019年11月底,我国已与137个国家和30个国际组织签署199份“一带一路”合作文件。随着参与共建国家范围的进一步扩大,重点区域和重点领域对接合作不断深化,合作机制加快建立。同时,第三方市场合作稳步推进,国家、企业层面的多个合作机制和项目合作意向相继达成,全方位多层次合作体系逐步建立。① 二是以中巴经济走廊、中蒙俄经济走廊、中国—中南半岛经济走廊、新亚欧大陆桥、孟中印缅经济走廊、海上丝绸之路六大经济走廊为统领,与周边国家关键基础设施互联互通项目建设扎实推进,西部陆海新通道建设正在成为助力南向互联互通的新引擎。三是国内外运输合作机制助力提升中欧班列运营水平,中欧班列重箱率和返程问题得到有效解决,西部陆海新通道铁海联运班列成为新增长点。中欧班列的国际运输合作和国内协调机制逐步发挥作用,运输组织得到加强和优化,班列运营规模和质量显著提高,整车进出口成为新的增长点。同时,中欧班列实现常态化运邮,“门到门”运输、“班列超市”以及特种运输等新型服务业态不断涌现,行业创新力显著增强。四是我国对沿线国家

① 参见曹忠祥等:《走向2020的“一带一路”建设:新进展、新形势和新举措》,载《大陆桥视野》2020年第4期。

投资有所下滑，但对沿线国家贸易涨幅明显，对我国外贸发展支撑作用继续增强，自贸区建设步伐也有所加快。五是多双边金融合作机制日益扩展，投融资渠道不断丰富，金融机构服务“一带一路”建设的能力不断提升。2020年伊始，全球暴发新冠肺炎疫情，世界经济低速运行，我国也面临巨大的经济下行压力。但是从前4个月“一带一路”沿线国家的运行来看，“一带一路”沿线国家经济并未受到全球经济增长低位运行的负面影响，增长趋势稳定，“一带一路”建设发展前景值得期待。

我国正逐步从商品和要素流动型开放向规则等制度型开放转变，对外开放合作格局及体制机制建设日趋完善，为下一步“一带一路”建设提供了有效的平台支撑及制度保障。① 为适应国际经济新格局的新变化，习近平主席提出“一带一路”的构想，不仅明确了对外开放的新路径，也指明了中国经济新的增长点。

1. 巩固中国同中亚和东南亚的合作基础，顺应中国与国际经济全面合作的需要。丝绸之路经济带核心理念是加强同中亚和东南亚国家的经贸合作，中国同中亚及东南亚各国历史上有着共同的发展经历，文化相通，合作基础坚固。中国新一轮的改革开放举措有利于通过共建“一带一路”丝绸之路形成对外开放新的增长点，所以关键是处理好中国与中亚及东南亚国家的关系，发挥好上合组织和中国—东盟自贸区在推动诸边合作中的积极作用，加强互联互通，优势互补，共同发展，共同受益，打造好同西部邻邦及东南亚邻国的友好合作关系。

同时，“一带一路”地区经济的发展也顺应了中国与国际经济全面合作的需要。一是我国长期存在一定程度上的东、中、西部的区域失衡。“一带一路”中“一带”起始于西部，经过西部通向西亚和欧洲，这必将使我国对外开放的地理格局发生重大调整，由中西部地区作为新的牵动者承担着开发与振兴占国土面积2/3广大区域的重任，与东部地区一起承担着中国“走出去”的重任。二是顺应中国要素流动转型和国际产业转移的需要。“一带一路”建设恰好顺应了中国要素流动新趋势，“一带一路”倡议通过政策沟通、道路联通、贸易畅通、货币流通、民心相通这“五通”，将中国的生产要素，尤其是优质的过剩产能输送出去，让沿“带”沿“路”的发展中国家和地区共享中国发展的成果。三是顺应中国与其他经济合作国家结构转变的需要。当前，中国的经济面临转型升级、淘汰落后产能重任。长期建设形成的一些产能需要出路，而目前世界上仍然有许多处于发展中的国家也面临当初中国同样的难题。通过“一带一路”建设，帮助这些国家和地区进行道路、桥

① 参见曹忠祥等：《走向2020的“一带一路”建设：新进展、新形势和新举措》，载《大陆桥视野》2020年第4期。

梁、港口等基础设施建设，帮助其发展一些产业，如纺织服装、家电，甚至汽车制造、钢铁、电力等，提高经济发展的水平和生产能力，就顺应了中国产业技术升级的需要。四是顺应国际经贸合作与经贸机制转型的需要。近年来，国际经贸机制正在发生深刻变化并有新的动向，“一带一路”倡议与中国自由贸易区战略是紧密联系的。有资料显示，目前我国在建自贸区，涉及32个国家和地区。在建的自由贸易区中，大部分是处于“一带一路”沿线上。在“一带一路”经济高速发展中，中国的自由贸易区必将随着“一带一路”倡议的实施成为中国对外开放和吸引外资新的增长点。①

2.逐步形成两个辐射作用，加快带动中西部改革开放。海上丝绸之路经济带和陆上丝绸之路经济带以中国加强与周边国家的合作为基础，逐步形成连接东欧、西亚和东南亚的交通运输网络，为相关国家经济发展和人员往来提供便利；海上丝绸之路经济带不仅可以巩固和发展我国同东南亚的经贸关系，同时可以逐步辐射到南亚和非洲等地区。共建丝绸之路经济带的倡议之所以深受中亚各国的欢迎和赞同，是因为在已有的上合组织框架下，加快推进丝绸之路经济带建设具有良好的基础。同时，丝绸之路经济带的振兴势必会形成对阿拉伯和东欧国家的辐射作用，其结果有利于新的欧亚商贸通道和经济发展带的形成。对中国来说，可以带动内陆沿边向西开放，相当于扩大西部的发展空间，有利于增强中国的影响力，可谓一举多得。

“一带一路”建设的纵深发展，必将带动中西部加快改革开放。中国改革开放的实践表明，开放所到之处，经济即进入活跃发展阶段。西部大开发和中部崛起形成于2000年之后，同东部沿海相比起步较晚，必须加快对外开放。十八届三中全会提出的推动内陆沿边开放的要求，有针对性地提出了新的重要内容，只要加快推动和落实，将进一步激活内陆和沿边地区的经济发展活力，结合我国周边外交的发展重点，通过开放实现体制和机制的创新，全面提升内陆和沿边开放性经济水平。“丝绸之路经济带”可以成为扩大中西部开放、打造中西部经济升级版的主引擎。

3.促进东部地区的转型升级和对外投资，改善世界经济赤字现状。我国东部地区经过30多年的率先对外开放，已形成了贸易驱动型的外向型增长模式。目前，企业面临经济结构转型和海外投资加快发展的新阶段，加快同东南亚的互联互通，加快企业产品结构的升级至关重要。东部省份应寻求与东南亚国家合作的

---

① 参见《“一带一路”战略的意义、机遇与挑战》，载人民网，http://politics.people.com.cn/n/2015/0402/c70731-26789933.html。

新支点，加大经贸合作力度，以点带面，形成联动发展的新局面。①

从世界经济看，“一带一路”还有改善世界经济赤字的功能。一是弥补治理赤字。国际金融危机以来，全球自由贸易体系遭遇严重挑战，多边贸易谈判迟迟没有进展，区域经济一体化进程遭遇重重困境，发达国家内顾倾向加强，“逆全球化”思潮在欧美国家泛起，排外情绪日益抬头，全球经济治理举步维艰，贸易和投资规则和机制碎片化严重。经济全球化正在失去动力，各国在开放还是闭关自守彷徨之际，中国提出了“一带一路”倡议，指明了新型经济全球化发展的方向，为世界提供了全新公共产品，为全球弥补治理赤字。二是弥补发展赤字。第二次世界大战后，西方主导的国际秩序有利于发达国家而不利于发展中国家，经济全球化的治理规则主要体现了发达国家的意志，发展中国家长期遭受不平等和不公平的待遇。世界的发展鸿沟从整体看，并未因部分新兴经济体的崛起而缩小，反而日益扩大，其根源就在于广大发展中国家为资本主导和西方推动的经济全球化所边缘化，没有充分享受到技术进步和经济全球化的好处。“一带一路”建设，其重点在亚欧大陆，直面中亚和中东贫穷落后的现实挑战，以交通、能源、通信、农业等基础建设和互联互通为先导和抓手，让沿线国家搭上中国经济发展的“快车便车”，破解消除贫困和共同发展难题。“一带一路”通过沿线国家共同发展、共享繁荣，缩小发展的鸿沟，弥补发展赤字。三是弥补和平赤字。“一带一路”沿线地区由于长期没有解决贫困与发展问题，不少国家成为战乱和冲突、恐怖主义、难民移民等诸多问题的策源地。直到今天，阿富汗、巴基斯坦等国的恐怖主义依然严重，也门、叙利亚战火纷纷，在如今各国相互联系、相互依存程度空前加深的世界，没有任何一个国家能够独善其身或者独自应对。“一带一路”通过对接各国彼此政策，在全球范围内整合经济要素和发展资源，形成合力，促进沿线各国共同发展。通过发展这个解决一切问题的总钥匙，破解战乱、恐怖主义、难民移民等难题，促进世界和平与安宁，弥补世界的和平赤字。

4. 支持维护多边主义、多边治理，助力于世界和平。当今国际社会，单边主义、霸权政治不断抬头，国际社会普遍倡议奉行合作和多边主义外交政策。

多边是“众行”之路，“一带一路”倡议实施以来，实实在在造福沿线人民，为沿线国家走向富强和文明创造了机会。推动多边主义、维护多边主义是全球治理体系完善和稳定的基石，“一带一路”倡议是中国为推动国际合作、促进共同发展提供的国际公共产品，是携手构建人类命运共同体的重要路径。习近平总书记指

---

① 参见国家信息中心“一带一路”大数据中心：《“一带一路”大数据报告》（2017），商务印书馆 2017 年版，第 423～435 页。

出,“一带一路”倡议丰富了国际经济合作理念和多边主义内涵,为促进世界经济增长、实现共同发展提供了重要途径。原有的全球化发展模式,在2020年全球新冠肺炎疫情下暴露出许多问题,从规则的制定,到国际产业分工体系,再到大型跨国企业主导的国际市场对国际资源的配置,不仅引发全球化在世界市场和有关国家内部收入分配体系的不平衡、不均衡、不平等问题,还成为导致逆全球化民粹主义兴起和有关国家长期动荡的直接诱因。

和平与发展是时代的主题,更是各国普通民众的呼声,各国有责任提出、对接发展倡议,破解全球化发展不平衡、不平等问题,走包容发展的新全球化发展之路。“一带一路”是新全球化时代的重大发展倡议,聚焦发展这个不同国家、不同文明关注的重大问题、民心问题。“一带一路”的建设与发展,将携手各国更加均衡配置全球市场资源,让全球化发展更加均衡,全球化规则更加完善,全球治理机制更加健全,以联合国为核心和基础的全球治理体系将得到加强。

5. 推广绿色美好生活,承担维护全球环境责任。中国在与相关国家共建“一带一路”过程中,注重加强生态环境保护合作,推动低碳、环保和绿色发展理念,走出了一条绿色发展之路。中国企业在“一带一路”建设中致力于采用清洁生产技术。在南非,中国企业投资的曼巴水泥厂采用先进的污水处理和余热发电技术,节电40%,单位能耗远低于南非同行业平均水平。在埃塞俄比亚,中国援建的中埃皮革工业联合实验室采用中方自有知识产权的3项技术工艺和1项制革废水治理技术。其中,铬鞣废液循环利用技术可减少99%以上的重金属排放,同时节约25%以上的铬鞣剂使用量,每年节约铬鞣剂及废水处理成本2000余万元人民币。这既消除铬鞣废液对环境的污染,又变废为宝、增加效益,填补了埃塞俄比亚乃至整个非洲的空白。中国企业十分关注当地野生动物保护。蒙内铁路项目穿过肯尼亚最大的野生动物保护区——察沃国家公园,为保护当地生态环境,中国企业采取了相应措施:一是全线设置14处动物通道、600处涵洞和61处桥梁,确保长颈鹿等大型动物正常迁徙。二是注重施工细节,天黑以后杜绝施工,并安装隔音装置,禁止车辆鸣笛。三是制定解救动物应急预案,遇到野生动物遇险及时实施解救,从而最大限度避免对野生动物正常生活的干扰。种种举措不断证明中国所倡导的“一带一路”建设不仅是谋世界经济的整体发展、通力合作,也是中国在自身综合国力和国际地位提升后的“大国担当”的实际体现。①

---

① 参见顾学明:《高质量发展,“一带一路”建设的全球意义》,载欧亚丝绸之路网,http://www.oysczl.com/2019/04/23/2700.html。

第二章 “一带一路”沿线国家的政治、经济和法律状况

中国在与“一带一路”沿线国家贸易交往中，必然受到沿线国家政治、经济和法律文化的影响。“一带一路”横跨欧亚，涉及的国家众多，由于在历史传统、经济发展和社会文化方面存在差异，因此各国在政治、经济和法律方面存在不同成为一种必然，这也导致“一带一路”沿线国家存在各种政治体制和不同的政治制度。特别是一些国家的政局动荡导致该国在国家安全和社会稳定发展方面存在极大的不确定性。“一带一路”沿线国家之间的经济发展状况存在较大差异，有发达国家，也有发展中国家，但总体来看，大多数沿线国家属于发展中国家。“一带一路”沿线国家按照法系的不同可以分为大陆法系、英美法系以及伊斯兰法系。法系上的不同，导致国家与国家之间、国家与国民之间以及不同国家的企业之间在经济往来和贸易争端解决上存在法律适用冲突。更好地了解“一带一路”沿线国家的政治、经济和法律文化状况，有利于更好地促进相关贸易的繁荣，保护投资人的合法利益，也更有利于推动“一带一路”的可持续发展。

一、“一带一路”沿线国家的政治状况

政治稳定程度，社会文明状况、公务员廉洁程度、法治文明水平以及劳动力价格常常是吸引投资的重要因素。但是在这些因素中，政治的稳定往往占据主导地位，也是经贸往来的基础。由于历史传统、经济发展和社会文化的

差异,“一带一路”沿线国家分别形成了各自的政治体制,主要包括总统制、议会共和制、君主制、君主立宪制、人民代表大会制和主席团制。政体上的多样复杂,必然加大“一带一路”沿线各国之间对不同文化和社会发展状况的理解难度,特别是一些沿线国家尚处于社会和经济结构转型时期,中东、中亚和南亚这些地区目前就是这样的情况。

“一带一路”沿线国家政体多样,有“总统制”“议会共和制”“君主制”“君主立宪制”“人民代表大会制”和“主席团制”6 种政体。总统制是资产阶级民主共和国的一种政权组织形式,指由选民分别选举行政和立法机关,由总统担任国家元首,同时担任政府首脑的政治制度。其特点是以总统为行政首脑,行政机关隶属于总统。行政首脑总揽行政权力,政府官员由总统任命,向总统负责。议会共和制是议会居于国家的政治中心地位,并通过议会来组织和监督政府的政治制度。议会拥有立法、组织和监督政府等权力。政府对议会负责,作为国家元首的总统只是名誉虚位,几乎没有实权。君主制是以君主为国家元首的政体形式。在君主制下,君主一般是世袭的,终身任职。君主制是人类历史上最古老、最普遍的政体形式。君主制可分为无限君主制和有限君主制。无限君主制的典型是君主专制。有限君主制包括等级君主制和君主立宪制。君主立宪制是君主统而不治,议会成为国家权力中心。议会拥有立法权、财政权和对行政的监督权。中央政府及其内阁是最高国家行政机关,内阁由占议会多数席位的政党组成。人民代表大会制是社会主义国家特有的政治制度,是人民民主专政的政权组织形式。人民代表大会制度是遵循民主集中制原则,由选民直接或间接选举代表组成人民代表大会作为国家权力机关,统一管理国家事务的政治制度。主席团制是波黑的国体,主席团由 3 人组成,每人各属一个民族,任期为 4 年,4 年中每人轮流就任 8 个月主席团主席的职位。主席团成员由人民直选。主席团有权提名部长会议主席,由议会通过。部长会议主席负责任命各部长。在“一带一路”沿线国家中,总统制国家 29 个,集中分布在中亚和东欧,多数为苏联加盟共和国,主要为俄罗斯、乌克兰、白俄罗斯、格鲁吉亚等。俄罗斯实行的是联邦民主制。以俄罗斯联邦宪法和法律为基础行使职能。总统是国家元首,拥有最高行政权力,有权任命包括总理在内的高级官员。联邦最高法院是审理民事、刑事、行政和其他案件的最高司法机关。联邦总检察院对犯罪案件侦查过程中的合法性进行法律监督,支持对刑事案件提起公诉,以及为维护国家利益、公民的权利和自由而向法院提起诉讼。议会共和制国家 25 个,主要集中在南亚和中欧(土耳其正在经历由议会共和制向总统制的转变),其中包括印度、巴基斯坦、孟加拉国、阿尔巴尼亚、罗马尼亚等国。印度是一个资本主义联邦制共和国,总统是国家元首,但其职责是象征性的,实权由总理掌握。印度采取英国式的议会民主制。公民不分种族、性别、出身、宗教信仰,在法律面前一律平等。总统为国家元首和武装部队的统帅,由联邦议会及邦议会组成选举团选出,每届任期5年。总统依照以总理为首的部长会议的决议行使职权。① 君主立宪制国家7个,主要分布在东南亚和西亚,分别为泰国、马来西亚、柬埔寨、不丹、约旦、巴林和西班牙(巴林在2002年完成政治改革后实行两院制,但王室依然掌握国家权力),其中的柬埔寨,是君主立宪制国家。国王是终身制国家元首、武装力量最高统帅、国家统一和永存的象征。君主制国家6个,除文莱外,沙特阿拉伯、阿联酋、阿曼、科威特和卡塔尔均为海湾阿拉伯国家,这6国也全部为伊斯兰国家。这6国是以伊斯兰教为国教和多数居民信奉伊斯兰教的国家。以沙特阿拉伯为例,沙特阿拉伯是君主制王国,国王行使最高行政权和司法权,有权任命、解散或改组内阁,有权废、立王储,解散内阁,有权批准和否决内阁会议决议及外国签订的条约、协议。② 位于中国的两个邻国,老挝和越南实行人民代表大会制。波黑则实行主席团制,由波斯尼亚、塞尔维亚和克罗地亚三族共治。波黑在国家最高管理者的制度上与众不同,它一共拥有3位总统,采用轮班制度管理国家,其境内有波黑联邦、塞族共和国和波尔奇科特区3个部分,而前两者又同时管理后者。从政治体制上来讲,国家、联邦和特区是3种完全不同的政体,但是现在的波黑却把它结合在一起,这种现象在全世界也是独一无二的。由三族每方选出一位总统,权力完全相同,每人主持工作8个月。

二、“一带一路”沿线国家的经济状况

“一带一路”沿线国家如果按照区域经济进行划分,可以分为东南亚、南亚、西亚、东亚、中亚、北非、中东欧等地区,这些地区的国家之间不仅存在政治上的差异,也存在经济上的巨大差异。2015年5月27日,中诚信国际信用评级有限责任公司发布《“一带一路”沿线国家主权信用风险报告》,报告显示,沿线国家主权信用状况不容乐观,其中半数信用级别未达投资级别,且部分沿线国家存在主权级别下调风险。③ 2020年东方金诚主权团队发布《2020年“一带一路”沿线国家主权

---

① 参见中华人民共和国外交部:《印度国家概况》,载中华人民共和国外交部门户网站2019年10月11日,https://www.fmprc.gov.cn/web/。

② 参见中华人民共和国外交部:《沙特阿拉伯国家概况》,载中华人民共和国外交部门户网站2019年4月30日,https://www.fmprc.gov.cn/web/。

③ 参见中诚信国际信用评级有限责任公司:《中诚信信用评级中诚信国际发布“一带一路”沿线国家主权信用报告》,载中国财经新闻网,http://www.prcfe.com/web/meyw/2015-06/02/content_1191164.htm。

信用风险展望》,研究表明“一带一路”沿线国家政治稳定性与政府能力、经济实力、金融实力远低于全球平均水平,较低的政府负债率使其财政实力与全球平均水平相当,部分国家较低的外债负担以及外汇储备对短期外债良好的覆盖能力令其外债保障能力略高于全球平均水平。①

(一)南亚

该地区深受恐怖主义和分裂势力的严重威胁,普遍面临经济增速缓慢、基础设施严重不足、能源短缺、货币疲软、通货膨胀压力居高不下等问题。其中,印度财政赤字率居高不下,经济增长速度出现减缓趋势。巴基斯坦能源短缺问题严重,经济增长乏力,物价水平畸高。

(二)东南亚

东南亚地区 11 国,是世界经济增速较快的地区之一,但多数面临在国家政治上深化转型的挑战,因此,该地区国家普遍存在经济转型的巨大压力,在经济领域也存在诸多不确定因素。东南亚各国的经济风险主要表现为:一是经济结构单一,内生动力不强;二是过于依赖外资,抗外部冲击能力较弱。②

(三)中亚地区

中亚地区由于总体政治形势比较稳定,经济有向好的趋势,但近年来受到国际能源价格的波动以及新兴市场国家增长乏力等因素的影响,经济增长较为缓慢。中亚各国也积极寻求经济发展,其中,哈萨克斯坦采取经济多元化发展战略;乌兹别克斯坦主张提高对外开放程度;土库曼斯坦则继续加大对基础设施建设投资力度。

(四)西亚地区

该地区战乱不断,经济长期处在不稳定状态。在过去几十年间,中亚西亚依靠丰富的资源储备在大国较量的夹缝中缓慢发展,如今仍然面临诸多发展瓶颈,特别是局势动荡,导致经济发展速度相对缓慢。③ 同时,西亚也是世界的石油宝库,主要分布在波斯湾及其沿岸地区,沙特阿拉伯、伊拉克、伊朗、科威特等是主要产油国。西亚国家中,国家之间的经济发展与国内人民生活水平差距较大。

(五)中东欧地区

欧洲债务危机以来,中东欧经历了外资撤离、经济衰退以及经济增长速度迅

---

① 参见亚布力中国企业家论坛:《“一带一路”国家投资合作常见的风险》,载新浪财经 2020 年 2 月 22 日,https://baijiahao.baidu.com/s?id=1659228950917430199&wfr=spider&for=pc。

② 参见中国出口信用保险公司:《“一带一路”65 个国家风险状况分析》,载《丝路经济》2017 年第 4 期。

③ 参见胡正塬:《中亚西亚地区经济形势分析与展望》,载《国际经济分析与展望》(2015～2016)2016 年第 2 期。

速下降的问题。其中,乌克兰国内政治局势动荡,经济增长动力不强,前景堪忧。俄罗斯国内政治状况较为平缓,但经济增长速度显出疲态。降低对传统能源、资源行业的依赖,通过服务业发展经济是其着眼的重点,并以此提升国内经济实力,促进经济发展。

总体来看,“一带一路”沿线国家经济发展较为落后、经济发展方式比较粗放、生态环境相对脆弱的现状已成为地区可持续发展的“瓶颈”,但也同时为地区开展绿色发展领域的经济技术国际合作提供了难得的契机、巨大的潜力和广阔的空间。沿线地区既是发展水平落后区,又是发展方式粗放区。“一带一路”沿线国家经济发展水平较低,国内生产总值总量约占世界的1/3,人均国内生产总值只有世界平均水平的一半左右。在经济结构中,农业和工业增加值比重明显高于世界平均水平,而服务业增加值比重则明显低于世界平均水平。但是沿线地区在过去的20多年里保持快速的增长态势,其国内生产总值年均增长率约为世界平均增长率的2倍,成为世界经济比较有活力的地区。与此同时,该地区经济发展方式比较粗放。单位国内生产总值能耗、原木消耗、物质消费和二氧化碳排放高出世界平均水平的一半以上,单位国内生产总值钢材消耗、水泥消耗、有色金属消耗、水耗、臭氧层消耗物质是世界平均水平的2倍或2倍以上。“一带一路”沿线既是世界矿产资源的集中生产区,也是世界矿产资源的集中消费区。

该地区总体上矿产资源比较丰富,互补性较强。就能源供应和消费而言,该地区提供了世界57.9%的石油、54.2%的天然气和70.5%的煤炭、47.9%的发电量。但是该地区也消费了世界50.8%的一次能源,包括41.1%的原油、47.1%的天然气、72.2%的煤炭、40.1%的水电。就钢铁而言,该地区生产了世界71.8%的粗钢,但消费了世界70.7%的粗钢和70.3%的成品钢材。就水泥而言,该地区生产量占世界的81.8%,而消费量则占世界的83.2%。就有色金属而言,该地区生产了世界71.1%的精炼铝、62.8%的精炼铜、59.4%的精炼铅、54.7%的精炼镍、81.4%的精炼锡和63.8%的精炼镉,与之对应的消费比例则分别为65.2%、63.2%、59.9%、61.5%、61.8%和36.3%。另外,该地区分别生产和消费了世界40.3%和43.6%的纸和纸板,50.9%和52.4%的原木。再次,该地区既是人类活动强烈区,又是生态环境脆弱区。该地区国土面积不到世界的40%,人口却占世界的70%以上。人口密度比世界平均水平高出一半以上。除了是世界上自然资源的集中生产区外,该地区年境内水资源量只有世界的35.7%,但年水资源开采量占世界的66.5%,同时用去了世界60%以上的化肥,因此对水资源和水环境的压力高于世界平均水平。该地区还排放了世界55%以上的二氧化碳和温室气体。该地区的生态环境也比较脆弱。其中有不少国家处于干旱、半干旱环境。其森林覆盖率低于世界平均水平。有世界 39.1% 的哺乳类物种、32.2% 的鸟类、28.9% 的鱼类和 27.8% 的高等植物受到威胁。该地区的人均生态足迹虽然低于世界平均水平,但也超出了生态承载力的 80% 以上。①

(六)“一带一路”沿线主要国家的发展状况

1. 奥地利(The Republic of Austria, Die Republik Österreich)

奥地利国土面积 83,878 平方公里,首都维也纳(Vienna),人口 188.72 万,全国总人口 881.75 万(2017 年 11 月 14 日),其中外国人 138.96 万,占总人口的 15.76%。少数民族有斯洛文尼亚人、克罗地亚人和匈牙利人,约占总人口的 0.5%。官方语言为德语,61.4% 的人口信奉天主教。奥地利位于中欧南部的内陆国,东邻匈牙利和斯洛伐克,南接斯洛文尼亚和意大利,西连瑞士和列支敦士登,北与德国和捷克接壤。奥地利地处欧洲心脏位置,通过奥地利联邦铁路的四通八达的网络与周边邻国紧密相连,成为欧洲铁路网的一部分。主要枢纽火车站,如维也纳、萨尔茨堡、格拉茨、因斯布鲁克等有频密的火车前往奥地利各地,以及其邻国的主要城市。全国各类公路总长约 12.45 万公里,其中高速公路和快速路 2180 公里。交通网密布。②

奥地利总统是国家元首,普选产生,任期 6 年。总理为政府首脑,任期 5 年。议会由国民议会和联邦议会组成,国民议会制定法律,主持新政府的就职仪式,可通过不信任表决罢免联邦政府及其成员。联邦议会代表各州的利益,有权将国民议会通过的法律提案驳回,但如国民议会坚持原案,联邦议会不得再提异议。奥地利外交政策的基点是以和平中立为基础,以欧盟为依托,积极推动欧盟深化和扩大,在重大国际问题上与欧盟协调一致。重视加强同周边邻国特别是中东欧国家关系,保持和深化同大国关系,谋求在国际事务中发挥独特作用。中国与奥地利于 1971 年 5 月 28 日建交。至 20 世纪 80 年代末,中奥关系稳定发展。2018 年 4 月,奥总统范德贝伦、总理库尔茨和四位联邦部长对华进行国事访问并出席博鳌亚洲论坛年会,双方在此访期间建立中奥友好战略伙伴关系。③

中国与奥地利正式签署《关于未来就共建“一带一路”倡议开展合作的联合声明》,支持两国企业就“一带一路”框架下的具体项目合作进行交流并共同推动,实

---

① 参见冯维江、徐秀军:《“一带一路”:迈向治理现代化的大战略》,机械工业出版社 2016 年版,第 358 ~ 362 页。

② 参见中华人民共和国外交部:《奥地利国家概况》,载中华人民共和国外交部门户网站 2015 年 5 月 11 日,https://www.fmprc.gov.cn/web。

③ 参见中华人民共和国外交部:《奥地利同中国的关系》,载中华人民共和国外交部门户网站 2020 年 8 月 25 日,https://www.fmprc.gov.cn/web/。

现互利共赢。2019年4月,中奥领导人就提升中国赴奥地利游客人数和双边贸易额两大目标达成了一致。双方商定通过以下5个步骤实现:第一,优化航班——在中国为奥地利航空公司增加新航班。第二,旅游业——奥地利国家旅行社加大在华的宣传力度。在这方面,尤其应当关注自由行游客,使他们愿意在奥地利停留更久并了解整个国家。第三,支付业务——奥地利与中国网络巨头阿里巴巴和腾讯集团加强金融业务合作,因为中国游客在旅游时也习惯于通过手机支付购物。第四,冬季奥运会——中国将于2022年举办冬季奥运会。奥地利企业发现这其中有很大的商业潜力,而且奥地利企业还能提供专业技术支持。第五,共同的出口信贷——两国希望共同确保在奥地利、中国以及第三国的信贷。奥地利监督银行和中国进出口银行应借此推动中国和奥地利企业在国外的联合项目。①

2. 巴拿马(The Republic of Panama, la República de Panamá)

巴拿马面积7.55万平方公里,首都巴拿马城(Panama City,Ciudad de Panamá),人口88万。全国总人口393万。印欧混血种人占65%,其他依次为非裔12%、欧裔10%、华裔7%、印第安人6%。西班牙语为官方语言,85%的居民信奉天主教。巴拿马位于中美洲地峡,东连哥伦比亚,南濒太平洋,西接哥斯达黎加,北临加勒比海。巴拿马运河从北至南连通大西洋和太平洋。巴拿马是海运大国,巴拿马运河担负着全世界5%的贸易货运。巴拿马大小港口有15个。克里斯托瓦尔港是最大港口,巴尔沃亚港为第二大港。这两大港占巴拿马国际贸易运输的75%。瓦尔蒙特港为渔港。巴拿马是拉美空运中心之一,最大的托库门(原名奥马尔·托里霍斯)国际机场,每天可起降100多架飞机。②

1501年,巴拿马被西班牙据为殖民地;1821年,加入大哥伦比亚共和国;1903年,脱离哥伦比亚独立。1903年,与美国签订《运河条约》,美国取得修建和经营巴拿马运河的永久垄断权和运河区的永久占领和使用权。1914年,巴拿马运河完工。1977年,巴美签署《新运河条约》和《关于运河永久中立和经营的条约》,规定两国共同管理运河,条约期满后巴拿马收回运河区主权,同时保证运河永久中立,对一切国家的船只开放。1999年,巴拿马收回运河区主权。巴拿马现行宪法于1972年生效,历经1978年、1983年、1994年、2004年四次修改。规定国家“三权分立”,总统为国家元首,通过直接选举产生,任期5年,不得连任,但可隔届竞选。1994年,巴拿马修宪取消军队,建立警察部队。2004年,再次修宪将国民议会更名

① 参见《奥地利媒体:奥总理认为参与“一带一路”很明智》,载参考消息2019年4月30日,https://baijiahao.baidu.com/s?id=1632207855968218059&wfr=spider&for=pc。

② 参见中华人民共和国外交部:《巴拿马国家概况》,载中华人民共和国外交部门户网站2009年6月3日,https://www.fmprc.gov.cn/web/。

为国民大会，并仅保留一个副总统职位。巴拿马议会国民大会为一院制，行使立法权。巴拿马奉行中立、不结盟的外交政策。现阶段对外政策的基本目标是：维护国家的主权与独立，维护民主；保持运河的中立性；开展有利于国家发展的国际合作。2017 年 6 月 12 日，巴拿马与中国建立外交关系，双方互设大使馆。①

2017 年 11 月，中巴两国政府签署了《关于共同推进丝绸之路经济带和 21 世纪海上丝绸之路建设的谅解备忘录》，旨在通过“一带一路”的统领，加强发展战略对接，把两国互补优势转化为全面合作优势，以高速度、高起点、高标准规划和推进两国合作。巴拿马独特的地缘优势为“一带一路”延伸至拉美及加勒比地区提供了充分可能，“巴拿马是首个签署‘一带一路’合作倡议谅解备忘录的拉美国家。巴拿马的地理位置、巴拿马运河的存在以及巴拿马所拥有的全球性物流平台，为这项倡议的顺利发展以及向拉美及加勒比地区的延伸提供了充分的可能性”。② 2018 年 12 月，“一带一路”中国巴拿马发展智库论坛在巴拿马举行。

3. 印度（The Republic of India）

印度南亚次大陆最大国家，面积约 298 万平方公里（不包括中印边境印占区和克什米尔印度实际控制区等），面积居世界第 7 位。印度首都新德里（New Delhi），人口 2500 万，总人口 13.5 亿（世界银行 2020 年统计数据），居世界第 2 位。印度东北部同中国、尼泊尔、不丹接壤，孟加拉国夹在东北国土之间，东部与缅甸为邻，东南部与斯里兰卡隔海相望，西北部与巴基斯坦交界。东临孟加拉湾，西濒阿拉伯海，海岸线长 5560 公里。铁路运输是印度最主要运输手段，铁路里程长为 64，015 公里，仅次于中国。水上运输方面，主要港口有 12 个，孟买港为最大港口，1/5 海运和 1/2 集装箱运输经此港，海上运输能力居世界第 18 位。空运方面，有国际机场 5 个，分别位于德里、孟买、加尔各答、钦奈和特里凡特琅。国内机场 92 个。③

印度是世界四大文明古国之一，印度为联邦制国家，采取英国式的议会民主制。印度联邦议会由总统和两院组成。总统为国家元首和武装部队的统帅，由议会两院及各邦议会当选议员组成选举团选出，任期 5 年，依照以总理为首的部长会议的建议行使职权。印度为不结盟运动创始国之一，历届政府均强调不结盟是

---

① 参见新华社：《中华人民共和国和巴拿马共和国建交》，载新华网，http://www.xinhanet.com/2017-06/13/c_1121133589.htm。

② 中央国际广播电视总台：《巴拿马驻华大使：巴拿马为“一带一路”延伸至拉美提供充分可能》，载国际在线 2020 年 1 月 16 日，https://baijiahao.baidu.com/s?id=1655848963793500275&wfr=spider&for=pc。

③ 中华人民共和国驻印度共和国大使馆经济商务处统计。

其外交政策的基础，力争在地区和国际事务中发挥重要作用。印度也是金砖国家集团成员之一。2017年6月9日，印度正式加入上海经济合作组织。1950年4月1日，中印建交，双方在边界问题上依然分歧很大。

2013年下半年，印度民间针对如何认识“一带一路”、中国推进“一带一路”的目的、“一带一路”对印度有哪些影响展开了全国范围的讨论和争论，但政府保持沉默，既未表明愿积极参与，也没对“一带一路”表示拒绝。2014年9月，习近平主席访问印度，印总理莫迪在自己的家乡古吉拉特邦隆重接待习主席。习近平访问印前夕在印主流媒体发表署名文章，提议中印“共同推动孟中印缅经济走廊建设，探讨丝绸之路经济带和21世纪海上丝绸之路倡议，引领亚洲经济可持续增长”。2017年5月，北京举行“一带一路”国际合作高峰论坛前夕，印度外交部发言人公开发声，代表印度政府正式表达了出于对中巴经济走廊和克什米尔问题的关切，印度不能接受“忽视其主权和领土完整”的项目，从官方层面表示了对“一带一路”的拒绝态度。①

4. 新西兰(New Zealand)

新西兰约27万平方公里，首都惠灵顿(Wellington)，新西兰人口有492万(2019年6月)。其中，欧洲移民后裔占74%，毛利人占15%，亚裔占12%，太平洋岛国裔占7%。官方语言为英语、毛利语。48.9%的居民信奉基督教新教和天主教。新西兰位于太平洋西南部，西隔塔斯曼海与澳大利亚相望，相距1600公里。由南岛、北岛及一些小岛组成，南、北两岛被库克海峡相隔。全境多山，山地和丘陵占全国面积的75%以上，平原狭小。河流短而湍急，航运不便，但水利资源丰富。交通运输发达，通讯联络通畅。新西兰的进出口货物主要靠海运，但空运在对外贸易中的重要性日增。②

新西兰无成文宪法，其宪法是由英国议会和新西兰议会先后通过的一系列法律和修正案以及英国枢密院的某些决定所构成。一院制，仅设众议院，成立于1854年。议员由普选产生，任期3年，强调对外政策的根本目的是维护世界、特别是太平洋地区的和平，以保障新西兰主权与安全，维护经济利益。中国与新西兰自1972年12月22日建交后，双边关系发展顺利，两国领导人保持频繁互访与

---

① 参见中国周边安全研究中心：《印度对“一带一路”的态度变化及其战略应对》，载搜狐新闻网2010年8月30日，https://www.sohu.com/a/250563192_619333。

② 参见中华人民共和国外交部：《新西兰国家概况》，载中华人民共和国外交部门户网站2014年10月31日，https://www.fmprc.gov.cn/web/。

接触。①

2017年新西兰与我国签署“一带一路”合作备忘录，但并未正式签署“一带一路”合作文件。2018年，新中关系委员会根据新西兰外交贸易部授权，在广泛征求相关利益攸关方意见后形成了“一带一路”专题报告。报告结合新西兰优势，从新西兰的角度出发，提出从贸易便利化、联通南美枢纽、创新和创意等四大优先合作领域推进“一带一路”合作，为新中关系发展和务实合作提供新助力。②

5. 黑山(Montenegro)

黑山面积1.38万平方公里，首都为波德戈里察(Podgorica)，人口18万(2014年)，全国约63万人。位于欧洲巴尔干半岛中西部，东南与阿尔巴尼亚为邻，东北部与塞尔维亚相连，西北与波黑和克罗地亚接壤，西南部地区濒临亚得里亚海，海岸线长293公里。铁路总长250公里，共有48个车站。公路总长7624公里。由中国企业承建的南北高速公路项目正在进行。空运方面，有2个机场，分别是波德戈里察机场和蒂瓦特机场，连接欧洲和中东30多个目的地。水运方面，巴尔港为黑山主要港口，可停泊大型远洋轮船。总吞吐量为106万吨。③

20世纪90年代初，南斯拉夫联邦解体，黑山和塞尔维亚两共和国联合组成南斯拉夫联盟共和国。2003年2月4日，南斯拉夫联盟共和国议会通过《塞尔维亚和黑山宪法宪章》，改国名为塞尔维亚和黑山。2006年5月，黑山就国家独立举行公民投票并获通过。同年6月3日，黑山正式宣布独立。黑山独立后首部宪法于2007年10月19日经议会审议通过，并于22日正式生效。奉行睦邻友好政策，致力于促进地区和平与稳定。2017年6月正式加入北约。中国和黑山两国人民之间有着传统友谊，双方于2006年建立了外交关系，并不断深化经济、政治领域的交流互信。④

2017年9月，黑山总理马尔科维奇表示，“一带一路”倡议为黑山提供了发展机遇，让黑山有机会与该框架内的国家共同发展，帮助黑山实现自身战略目标和发展愿景。“一带一路”倡议框架下的“16+1合作”进一步为黑山的经济发展提供了良好的机会。“16+1合作”是中国发起的一项旨在加强和扩大与中东欧国家合作的倡议，黑山也参与其中。南北高速公路是黑山第一条高速公路，全长约180

① 参见《专访：新西兰应抓住“一带一路”带来的历史机遇》，载人民网，http://world.people.com.cn/n1/2019/0418/c1002-31037257.html。

② 中华人民共和国驻新西兰大使馆经济商务处统计。

③ 参见中华人民共和国外交部：《黑山国家概况》，载中华人民共和国外交部门户网站2013年3月20日，https://www.fmprc.gov.cn/web/。

④ 中华人民共和国驻黑山大使馆经济商务处统计。

公里,共分5段建设。根据黑山政府规划,全长41公里的斯莫科瓦茨—马泰舍沃段优先建设,由中国交通建设股份有限公司、中国路桥工程有限责任公司承建,合同额达8.09亿欧元。①

6.立陶宛(The Republic of Lithuania)

立陶宛面积6.53万平方公里,首都维尔纽斯(VILNIUS),面积401平方公里,人口54.3万,全国总人口285万。立陶宛位于波罗的海东岸,北接拉脱维亚,东连白俄罗斯,南邻波兰,西濒波罗的海和俄罗斯加里宁格勒州。交通体系完备,铁路网与欧洲及苏联各加盟共和国连成一体,并拥有发达的公路网,有E28、E67、E77、E85、E262、E272等6条欧洲公路干线经过;克莱佩达港是立最大海港,与世界200多个港口通航。国内交通运输以公路、铁路为主。主要国际机场:维尔纽斯机场、考纳斯机场、帕兰加机场。②

立陶宛为议会制国家,议会是国家最高立法机关,实行一院制。1991年9月14日,中立两国建立外交关系,2012年中立关系发展顺利,各领域合作日益深化。2018年1月,立议长普兰茨凯蒂斯随北欧和波罗的海国家议长集体访华,习近平主席、杨洁篪国务委员集体会见,张德江委员长集体会谈。③ 2017年6月底,中欧班列首次停靠立陶宛后进入欧洲。我国和立陶宛正在酝酿签署《“一带一路”建设合作备忘录》。

7.巴勒斯坦(The State of Palestine)

巴勒斯坦根据1947年11月联合国关于巴勒斯坦分治的第181号决议,在巴勒斯坦地区建立的阿拉伯国面积为1.15万平方公里。但由于当时阿拉伯国家反对该决议,阿拉伯国未能建立。1988年11月,巴勒斯坦全国委员会第19次特别会议通过《独立宣言》,宣布耶路撒冷为巴勒斯坦首都。目前巴勒斯坦总统府等政府主要部门均设在拉马拉。巴勒斯坦约1200万人,其中加沙地带和约旦河西岸人口为481万(2016年3月),其余为在外的难民和侨民。通用阿拉伯语,主要信仰伊斯兰教。巴勒斯坦民族权力机构管辖区内没有铁路,一切运输全靠公路,汽车完成。主要是公路,有各类公路5146.9公里。2000年以后由于巴以爆发冲突,

---

① 参见人民网:《黑山驻华大使:“一带一路”倡议惠及全世界人民》,载人民网国际频道,http://world.people.com.cn/n1/2019/0422/c1002-31043362.html。

② 中华人民共和国驻立陶宛共和国大使馆经济商务处统计。

③ 参见中华人民共和国外交部:《立陶宛国家概况》,载中华人民共和国外交部门户网站2019年6月20日,https://www.fmprc.gov.cn/web/。

巴交通建设陷入停滞。2009 年后道路等基础设施建设有所恢复并得到一定发展。①

巴勒斯坦解放组织的最高权力机构,代表巴境内外的全体巴勒斯坦人。1988 年 11 月 20 日,中国宣布承认巴勒斯坦,两国建交。2016 年 9 月 21 日,应巴勒斯坦政府邀请,全国人大常委会委员长张德江对巴勒斯坦进行了正式友好访问,出席巴勒斯坦总理哈姆达拉举行的欢迎仪式,并与哈姆达拉举行会谈。② 2017 年 8 月中方继续向巴方提供援助,包括在“一带一路”倡议合作框架下帮助巴方实现经济社会发展。

8. 阿富汗(The Islamic Republic of Afghanistan)

阿富汗面积 647,500 平方公里,首都喀布尔(Kabul),人口约 400 万(2017 年),全国人口约 36,378 万。阿富汗是亚洲中西部的内陆国家,北邻土库曼斯坦、乌兹别克斯坦、塔吉克斯坦,西接伊朗,南部和东部连巴基斯坦,东北部凸出的狭长地带与中国接壤。阿富汗是内陆国,无出海口,交通运输主要靠公路和航空。至 20 世纪 70 年代末,阿富汗的交通运输业有了较大的发展,但是仍然比较落后,其中公路是主要的运输系统。迄今为止,阿富汗全国仅有 3 条铁路线。③

2002 年 1 月至 2004 年 1 月,阿富汗过渡政府沿用前国王查希尔颁布的 1964 年宪法。2004 年 1 月 26 日,阿富汗过渡政府总统卡尔扎伊签署颁布新宪法,定阿国名为阿富汗,实行总统制。根据阿宪法,国民议会是国家最高立法机关,由人民院(下院)和长老院(上院)组成。阿富汗重视发展与周边国家关系和参与区域合作。2005 年 10 月,阿富汗成为中亚区域经济合作组织成员,11 月与上海合作组织建立联络组。2012 年 6 月成为上合组织观察员国。④

阿富汗是最不发达国家。历经 30 多年战乱,经济破坏殆尽,交通、通信、工业、教育和农业基础设施遭到的破坏最为严重,生产生活物资短缺,曾有 600 多万人沦为难民。中国是阿富汗重要贸易伙伴,对阿富汗主要出口电器及电子产品、运输设备、机械设备和纺织服装等,进口商品主要为农产品。但随着阿富汗政局动荡、

---

① 参见中华人民共和国外交部:《巴勒斯坦国家概况》,载中华人民共和国外交部门户网站 2008 年 2 月 15 日,https://www.fmprc.gov.cn/web/。

② 参见人民日报:《张德江对巴勒斯坦正式进行友好访问》,载人民网,http://www.people.com.cn./,最后访问日期:2020 年 7 月 7 日。

③ 参见中华人民共和国外交部:《阿富汗国家概况》,载中华人民共和国外交部门户网站 2016 年 9 月 23 日,https://www.fmprc.gov.cn/web/。

④ 参见中华人民共和国外交部:《阿富汗国家概况》,载中华人民共和国外交部门户网站 2017 年 8 月 27 日,https://www.fmprc.gov.cn/web/。

安全形势趋紧,中阿贸易亦陷入低迷。中阿“贸易相通”主要是着眼于未来。若阿富汗局势好转,其过境运输贸易将迅速繁荣,向东亚、南亚、中亚、中东、欧洲等市场的辐射能力亦将得到充分展现,势必成为“丝绸之路经济带”上的重要贸易枢纽。①

9. 巴基斯坦(The Islamic Republic of Pakistan)

巴基斯坦面积796,095平方公里(不包括巴控克什米尔地区)。巴基斯坦首都伊斯兰堡(Islamabad),人口110万(2011年),全国人口1.97亿。巴基斯坦人口数量预计将于2020年达到2.1亿。巴基斯坦位于南亚次大陆西北部。东接印度,东北与中国毗邻,西北与阿富汗交界,西邻伊朗,南濒阿拉伯海。巴基斯坦国内客货运输以公路为主。公路全长26万公里,有各种机动车辆约941.38万辆。巴基斯坦公路客运占客运总量的90%,公路货运占货运总量的96%。铁路全长7791公里。卡拉奇和卡西姆是两个国际港口,承担巴基斯坦国际货运量的95%。②

1947年建国后长期为一院制,1973年宪法颁布后实行两院制,由国民议会(下院)和参议院(上院)组成。国民议会经普选产生,参议院按每省议席均等的原则,由省议会和国民议会遴选产生。巴基斯坦主张独立和不结盟外交政策,着重强调同伊斯兰国家和中国的外交关系。1951年5月21日,中巴两国正式建立外交关系。中巴两国从20世纪50年代起就建立了商业交往关系,两国开展了许多商业贸易业务。中巴两国一直平等相处,双方保持着密切的文化交往。

2018年9月22日,中巴经济走廊首个水电投资项目卡洛特水电站顺利实现大江截流,标志着该走廊优先实施项目进入全面施工阶段。2019年4月,巴基斯坦总理伊姆兰·汗在北京参加第二届“一带一路”国际合作高峰论坛。他在临行前接受中国媒体联合采访时说,从2013年到现在,“一带一路”倡议从概念变成了现实,这令人振奋。中巴经济走廊框架下的22个项目,现在多半已经竣工和投入运营,其余的也将按时竣工和投入运营。这22个项目是巴基斯坦国家发展的重大项目,不但使严重的电力短缺得到有效缓解,而且交通基础设施得到明显改善。现在巴基斯坦有三个经济区,以及正在规划建设的9个工业园区。据有关专家估算,中巴经济走廊22个项目运营后每年缴税对巴基斯坦的财政贡献将超过40亿

---

① 参见张晓兰:《阿富汗经济形势及融入“一带一路”战略的挑战》,载国家信息中心官方网站2018年3月28日,http://www.sic.gov.cn/News/456/8921.htm。

② 中华人民共和国驻巴基斯坦伊斯兰共和国大使馆经济商务处统计。

美元,9个工业园区建成后,每年缴税对巴基斯坦的财政贡献将达数百亿美元。①

10. 克罗地亚(The Republic of Croatia,Republika Hrvatska)

克罗地亚面积56,594平方公里,首都萨格勒布(Zagreb),人口147万(2016年),全国人口417.4万人(2016年)。克罗地亚位于欧洲中南部,巴尔干半岛的西北部。西北和北部分别与斯洛文尼亚和匈牙利接壤,东部和东南部与塞尔维亚、波斯尼亚和黑塞哥维那、黑山为邻,南濒亚得里亚海,岛屿众多,海岸线曲折,长1880公里。铁路总长2604公里。现有各类铁路站点共计554个。2016年客运量为2074.2万人次,货运量为998.5万吨。公路总长26,821公里,其中高速公路1310公里。2017年公路客运量为4956.1万人次,货运量为7232.9万吨。克罗地亚有7个国际机场,2017年有客机22架。2017年客运量为218.1万人次,货运量为2591吨。②

1918年12月,克罗地亚与一些南部斯拉夫民族联合成立塞尔维亚人—克罗地亚人—斯洛文尼亚人王国,1929年改称南斯拉夫王国。1945年,南斯拉夫各族人民赢得反法西斯战争胜利,同年11月29日宣告成立南斯拉夫联邦人民共和国,1963年改称南斯拉夫社会主义联邦共和国,克罗地亚南联邦六个共和国之一。1991年5月底,克罗地亚举行全民公决,赞成克罗地亚独立。同年6月25日,克罗地亚议会通过决议,宣布脱离南斯拉夫社会主义联邦共和国独立。克罗地亚重视发展同大国的友好合作关系;在坚决维护国家利益和平等互利的基础上,同所有国家发展政治、经济、文化等领域的全面关系、融入欧洲经济安全一体化,重视加强同中欧和邻国的关系。1992年5月13日中克两国建交。2005年中克建立全面合作伙伴关系。③

2018年克罗地亚的港口设施已经被“中国+中东欧16国”合作框架所认可。克罗地亚与中国开展了很多合作项目,中国的商品可以通过四个港口运到中东欧国家,其中一个就是克罗地亚的港口,克罗地亚最大的港口里耶卡港口也是由一家中国公司来运营的;从里耶卡到匈牙利布达佩斯的现代化铁路修建都有中国公

---

① 参见《巴基斯坦加入“一带一路”成大赢家:22个项目每年挣40亿美元》,载中国经济网官方网站2019年4月26日,https://baijiahao.baidu.com/s? id = 1631858797992939074&wfr = spider&for = pc。

② 参见中华人民共和国外交部:《克罗地亚国家概况》,载中华人民共和国外交部门户网站2017年8月1日,https://www.fmprc.gov.cn/web/。

③ 参见中华人民共和国外交部:《中国同克罗地亚的关系》,载中华人民共和国外交部门户网站2014年1月1日,https://www.fmprc.gov.cn/web/。

司参与;此外,在“一带一路”框架下还有航空运输方面的合作机会。①

11. 阿曼(The Sultanate of Oman)

阿曼是阿拉伯半岛最古老的国家之一,面积30.95万平方公里,首都马斯喀特(Muscat),人口125.1万,全国总人口467.19万(2019年12月),其中阿曼人265.5万,约占57.5%。伊斯兰教为国教,90%本国穆斯林属伊巴德教派。阿曼位于阿拉伯半岛东南部,与阿联酋、沙特、也门接壤,濒临阿曼湾和阿拉伯海。共建有7407公里现代化沥青公路,24,000公里石子路,13,573公里土路。主要港口有海港卡布斯港、集装箱港赖苏特港和石油运输专用港法赫尔港。②

1978年5月25日,中国、阿曼建交。建交后,两国关系发展顺利,各领域合作不断拓宽。阿曼始终在涉我核心利益和重大关切问题上给予中国支持。两国经贸合作发展顺利。③

阿曼积极响应“一带一路”倡议,也是首批以创始成员国身份加入亚投行的国家。2018年5月,阿曼政府明确提出加强阿中双方产能合作,“阿曼欢迎并支持‘一带一路’倡议,愿积极参与‘一带一路’建设项目”,“以能源资源开发、化工、制造业、海洋产业等领域为重点,以阿曼杜库姆中国产业园为重要载体,持续推进产能与投资合作,不断提升两国务实合作水平”。位于阿曼杜库姆经济特区内的中国—阿曼(杜库姆)产业园成立于2016年。产业园占地近12平方公里,规划总投资670亿元人民币,投产35个项目,是外国投资者在阿曼投资建设的最大产业园。④

12. 也门(The Republic of Yemen)

也门面积55.5万平方公里,首都萨那(Sana'a),人口277.9万,全国总人口2758万(2019年)。也门位于阿拉伯半岛西南端。与沙特、阿曼相邻,濒红海、亚丁湾和阿拉伯海,海岸线长1906公里。公路总长69,263公里,其中柏油路13,678公里,非柏油路55,495公里。也门共有6个国际机场。⑤

---

① 参见彦宇:《一带一路上的克罗地亚》,载中国贸易经济网,http://www.chinatradenews.com.cn/touzi/201807/19/c28111.html。

② 参见中华人民共和国外交部:《阿曼国家概况》,载中华人民共和国外交部门户网站2020年1月13日,https://www.fmprc.gov.cn/web/。

③ 参见中华人民共和国外交部:《中国同阿曼的关系》,载中华人民共和国外交部门户网站2014年1月15日,https://www.fmprc.gov.cn/web/。

④ 参见新华网:《综述:“一带一路”助推中国—阿曼产能合作》,载新华网门户网站,http://www.xinhuanet.com/2019-04/19/c_1124390553.htm/。

⑤ 参见中华人民共和国外交部:《也门国家概况》,载中华人民共和国外交部门户网站2020年2月3日,https://www.fmprc.gov.cn/web/。

也门与中国友谊深厚，一直以来都保持着良好的关系。亚丁更是与中国有特殊渊源，1995年与中国上海结为姐妹城市，让这两个拥有重要港口的沿海城市关系更加紧密。然而近年来持续的冲突让亚丁卷入动荡旋涡，基础设施建设、民生服务等遭到破坏。

13. 约旦(The Hashemite Kingdom of Jordan)

约旦面积8.9万平方公里，首都安曼(Amman)，人口253万，全国人口1000万。约旦位于亚洲西部，阿拉伯半岛西北，西与巴勒斯坦、以色列为邻，北与叙利亚接壤，东北与伊拉克交界，东南和南部与沙特阿拉伯相连，西南一角濒临红海的亚喀巴湾是唯一出海口。截至2014年公路总长8000公里，已基本建成沟通全国城乡的公路网，年运输量达900多万吨。保有汽车约32.15万辆。铁路全长730公里，客运量3.13万人次，货运量378.95万吨。①

自中约两国于1977年4月7日建交以来，两国在政治、经济、军事、文化等各方面相互交流，双方友好互助的双边关系逐步向前。

2018年2月22日，中国广东粤电集团、马来西亚杨忠礼电力公司、爱沙尼亚Enefit电力公司共同投资的约旦最大电站项目——阿塔拉特油页岩循环流化床矿电联营项目在阿塔拉特隆重举行项目融资关闭一周年庆典仪式。约旦2台235兆瓦阿塔拉特油页岩电站项目是中国企业在约旦市场单个项目签约金额最大的工程项目。项目签约金额约22亿美元，其中由中国工商银行、中国银行、中国建设银行和中国进出口银行组成的中资银团为该项目提供融资约16亿美元，中国出口信用保险公司广东分公司为项目提供了出口买方信贷保险。阿塔拉特油页岩电站项目是我国在约旦有史以来最大的经济合作项目，也正成为“一带一路”建设的典范。②

14. 印度尼西亚(Republic of Indonesia)

印度尼西亚陆地面积1,904,443平方公里，首都雅加达(Jakarta)，人口1027.7万，全国人口2.62亿(2019年)，世界第四人口大国。印度尼西亚基础设施建设发展相对滞后，是制约印度尼西亚经济增长和投资环境改善的一个主要“瓶颈”。与此同时，加强基础设施建设也是保证印度尼西亚经济能够年均增长6%的重要因素。印度尼西亚是群岛国家，与邻国直接接壤较少，外界互联互通主要通过海路、航空等方式。全国有179个航空港，其中达到国际标准的有23个。印度尼西亚水

---

① 参见中华人民共和国外交部：《约旦国家概况》，载中华人民共和国外交部门户网站2020年3月20日，https://www.fmprc.gov.cn/web/。

② 中华人民共和国驻约旦哈希姆王国大使馆经济商务处统计。

路运输较发达,水运系统包括岛际运输、传统运输、远洋运输、特别船运。印度尼西亚全国有水运航道21,579千米。①

中印两国于1950年4月13日建交,1967年冻结外交关系,1990年8月8日恢复外交关系。②

2016年1月21日,印度尼西亚雅加达至万隆(雅万)高速铁路开工仪式在西爪哇省瓦利尼举行,标志着中印尼铁路合作取得重大成果。近年来,我国与印度尼西亚双边贸易快速成长,从进出口贸易数据来看,截至2017年12月,中国已成为印度尼西亚第一大出口市场和第一大进口来源地。中国连续7年成为印度尼西亚最大贸易伙伴,且双边贸易上升的趋势显著,仅2018年同比增长34%。③

15. 缅甸(The Republic of the Union of Myanmar)

缅甸面积676,578平方公里,首都内比都(Nay Pyi Taw),全国总人口5288万(2016年)。交通以水运为主,铁路多为窄轨。主要港口有仰光港、勃生港和毛淡棉港,其中仰光港是缅甸最大港口。仰光已开通的主要国际航线有北京、昆明、广州、南宁、中国香港特别行政区、曼谷、清迈、新加坡、吉隆坡、河内、胡志明市、东京、首尔、多哈、法兰克福航线。④

中缅两国是山水相连的友好邻邦,两国人民之间的传统友谊源远流长。⑤ 中缅经贸合作取得长足发展,合作领域从原来单纯的贸易和经援扩展到工程承包、投资和多边合作。双边贸易额逐年递增。文化交流也日益频繁。

“一带一路”建设在缅甸实施的进展主要包括:中缅石油管道、皎漂经济特区、中缅经济走廊、边境经济合作区。2017年11月19日,中国外交部部长王毅在缅甸内比都与缅甸国务资政兼外交部长昂山素季共同会见记者时表示,中方提议建设“人字形”中缅经济走廊,打造三端支撑、三足鼎立的大合作格局。中缅经济走廊是中国“一带一路”倡议中必不可少的一环。缅甸基础设施落后,中缅“人字形”经济走廊建成,将把缅甸最贫穷的地区和最发达的地区连接起来,将重新整合缅甸的经济发展格局,推动缅甸的经济发展。缅甸具有优越的地理位置,西

① 参见中华人民共和国外交部:《印度尼西亚国家概况》,载中华人民共和国外交部门户网站2007年4月12日,https://www.fmprc.gov.cn/web/。

② 参见中华人民共和国外交部:《印度尼西亚国家概况》,载中华人民共和国外交部门户网站2007年4月12日,https://www.fmprc.gov.cn/web/。

③ 中华人民共和国驻印度尼西亚共和国大使馆经济商务处统计。

④ 参见中华人民共和国外交部:《缅甸国家概况》,载中华人民共和国外交部门户网站2017年3月13日,https://www.fmprc.gov.cn/web/。

⑤ 参见中华人民共和国外交部:《缅甸国家概况》,载中华人民共和国外交部门户网站2017年3月13日,https://www.fmprc.gov.cn/web/。

部毗邻孟加拉湾,是中国能够进入印度洋的直接海上通道之一,北部同中国云南省接壤,是“一带一路”建设中陆地与海上走廊的重要连接点,拥有重要的地缘战略优势。缅甸还拥有丰富的自然资源,因此在能源供应体系中发挥着重要的作用。①

16. 马达加斯加(The Republic of Madagascar,La Ré publique de Madagascar)

马达加斯加面积 590,750 平方公里(包括周围岛屿),首都塔那那利佛(Antananarivo),人口约 190 万,总人口约 2520 万(2017 年)。马达加斯加位于非洲大陆以东、印度洋西部,是非洲第一大、世界第四大岛。隔莫桑比克海峡与非洲大陆相望。海岸线长约 5000 公里。水陆交通不发达,铁路为单轨铁路,总长 732 公里。公路总长 49,837 公里,其中柏油路面 5781 公里。内河航道共 3500 公里,但航运仅利用 400 余公里;沿海港口共 18 个。80% 的海运集中在东部港口塔马塔夫,年吞吐量约 140 万吨。②

中马 1972 年 11 月 6 日建交以来,两国友好合作关系发展顺利。建交以来,中马经贸关系和经济技术合作进展顺利,签有相互促进和保护投资协定等,并设立了经济贸易混合委员会。③

马达加斯加是世界第四大岛,地缘位置十分重要,地处印度洋西部和非洲东部航道的中心,既是从太平洋、印度洋到非洲大陆的重要支点,也是中非共建“一带一路”的桥梁和纽带。2017 年两国签署了共建“一带一路”的谅解备忘录,马也成为第一批与中国签署共建“一带一路”谅解备忘录的非洲国家。④

17. 摩洛哥(The Kingdom of Morocco)

摩洛哥面积 45.9 万平方公里(不包括西撒哈拉 26.6 万平方公里),首都拉巴特(Rabat),全国人口 3624 万人(2018 年 8 月)。摩洛哥位于非洲西北端。东、东南接阿尔及利亚,南部为西撒哈拉,西濒大西洋,北隔直布罗陀海峡与西班牙相望,扼地中海入大西洋的门户。海岸线 1700 多公里。公路总长 5 万公里,与欧洲高速公路网连接。铁路总长 1700 公里,并入法国铁路网,由法国国营铁路公司管理。有 2 个港口,主要用于停靠各类游艇,商船则可在锚地短期停泊,有直升机航

① 中华人民共和国驻缅甸联邦共和国大使馆经济商务处统计。

② 参见中华人民共和国外交部:《马达加斯加国家概况》,载中华人民共和国外交部门户网站 2020 年 7 月 3 日,https://www.fmprc.gov.cn/web/。

③ 参见中华人民共和国外交部:《马达加斯加国家概况》,载中华人民共和国外交部门户网站 2018 年 8 月 24 日,https://www.fmprc.gov.cn/web/。

④ 中华人民共和国驻马达加斯加共和国大使馆经济商务处统计。

班往返于法国尼斯和摩纳哥之间。①

早在14世纪,中国与摩洛哥就有往来。2006年2月6日,建立大使级外交关系。自建交以来,中摩关系平稳向前发展。②“一带一路”倡议的提出更是为两国的进一步交往提供了新机遇,摩洛哥已经成为“一带一路”中的一员,并对中国公民免签证。③

18. 埃塞俄比亚(The Federal Democratic Republic of Ethiopia)

埃塞俄比亚面积110.36万平方公里,首都亚的斯亚贝巴(Addis Ababa),人口348万(2012年),全国人口9940万(2015年)。埃塞俄比亚位于非洲东北部内陆国,东与吉布提、索马里毗邻,西同苏丹、南苏丹交界,南与肯尼亚接壤,北接厄立特里亚。2018年1月,正式投入商业运营,全长约760公里,埃塞俄比亚境内长约670公里,是其唯一一条电气化跨国铁路。公路运输占全国总运量的90%。共有40多个机场,其中亚的斯亚贝巴、德雷达瓦和巴赫达尔为国际机场。④

1970年11月24日中埃两国建交。随着埃塞俄比亚和中国之间贸易和投资量的增长,两国之间的经济联系日益紧密。有资料显示,埃塞俄比亚和中国的经贸关系开始于公元前约100年,可以追溯到中国的汉代和埃塞俄比亚的阿克苏姆帝国时期。从1972年开始,两国在各自首都互相开设大使馆时正式建立了关系。两国之间的关系在多年发展中达到了一个新的水平。当前,双边关系是多方面的。许多中国公司都在埃塞俄比亚从事多个开发项目。埃塞俄比亚是“一带一路”沿线重要国家,也是中非产能合作先行先试示范国家。2015年,国家发改委与埃塞俄比亚财政与经济合作部牵头建立了两国产能合作机制,并重点推进亚吉铁路沿线经济带产能合作,着力打造亚吉铁路经济走廊。中国是埃塞俄比亚第一大贸易伙伴、第一大投资来源地和第一大工程承包方。⑤

19. 波斯尼亚和黑塞哥维那(简称波黑,Bosnia and Herzegovina),

波黑面积5.12万平方公里,首都萨拉热窝(Sarajevo),人口29万人(2014

---

① 参见中华人民共和国外交部:《摩洛哥国家概况》,载中华人民共和国外交部门户网站2015年7月9日,https://www.fmprc.gov.cn/web/。

② 参见中华人民共和国外交部:《中国同摩洛哥的关系》,载中华人民共和国外交部门户网站2020年5月5日,https://www.fmprc.gov.cn/web/。

③ 中华人民共和国驻摩洛哥王国大使馆经济商务处统计。

④ 参见中华人民共和国外交部:《埃塞俄比亚国家概况》,载中华人民共和国外交部门户网站2018年5月9日,https://www.fmprc.gov.cn/web/。

⑤ 参见中华人民共和国外交部:《中国同埃塞俄比亚的关系》,载中华人民共和国外交部门户网站2014年4月30日,https://www.fmprc.gov.cn/web/。

年),全国总人口351万(2016年)。位于巴尔干半岛中西部。南、西、北三面与克罗地亚毗连,东与塞尔维亚、黑山为邻。波黑位于南斯拉夫的中心地区,连接南斯拉夫与欧洲的部分重要交通干线,经过波黑。交通运输以铁路和公路为主。截至2016年年底波黑全国注册机动车99.07万辆,其中小汽车86.16万辆,卡车81,463辆,公共汽车4308辆,摩托车11,007辆。全国公路总长24,796公里,其中高速公路129公里。2016年波黑全国公路运输:客运量1650.5万人次,货运量885.4万吨。2016年波黑全国铁路客运量40.9万人次,货运量1315.6万吨。波黑有4个国际机场,分别是萨拉热窝、巴尼亚卢卡、莫斯塔尔和图兹拉。①

1995年4月3日,中国和波黑建立大使级外交关系。两国政府同意互相为彼此履行外交职能方面提供必要支持与协助。

2016年9月,中国与波黑合作的斯坦纳里火电站举行竣工仪式,并实现稳定盈利。波黑可以充分“一带一路”倡议与“16+1合作”机制,加强基础设施建设并吸引外国投资者。同时,中国投资者也可利用波黑对外国投资者实行的优厚税收减免等条件,在此投资建厂,将产品销往西欧市场。②

20. 土库曼斯坦(Turkmenistan)

土库曼斯坦面积49.12万平方公里,首都阿什哈巴德,全国人口562万人(2019年1月)。土库曼斯坦位于中亚西南部,为内陆国家。北部和东北部与哈萨克斯坦、乌兹别克斯坦接壤,西濒里海与阿塞拜疆、俄罗斯相望,南邻伊朗,东南与阿富汗交界。截至2012年土库曼斯坦的公路总长约14,000公里,其中约2/3为最近十几年新建,没有高速公路。土库曼斯坦全国干线铁路总长3127公里,没有电气化铁路。主要铁路有东西铁路干线,全长1170公里。首都阿什哈巴德有国际机场,与十几个国家和地区通航。③

1992年1月6日,土库曼斯坦同中国建立大使级外交关系。自建交以来,两国高层领导人频繁会晤,双边关系持续向好发展,双方在经济、文化等领域的合作持续增多。在“一带一路”工程的推进下,中国已经在土库曼斯坦承包下近百亿的项目,钻井采油采气修铁路大量基础建设工作,双方每年百亿级别的贸易额已经成为土库曼斯坦财政收入不可或缺的一部分。

---

① 参见中华人民共和国外交部:《波黑国家概况》,载中华人民共和国外交部门户网站2009年1月20日,https://www.fmprc.gov.cn/web/。

② 中华人民共和国驻波斯尼亚和黑塞哥维那大使馆经济商务处统计。

③ 参见中华人民共和国外交部:《土库曼斯坦国家概况》,载中华人民共和国外交部门户网站2018年8月29日,https://www.fmprc.gov.cn/web/。

21. 拉脱维亚(The Republic of Latvia)

拉脱维亚面积64,589平方公里,里加(Riga)为该国首都,人口63.8万(2016年),全国总人口190.8万(2019年)。拉脱维亚位于波罗的海东岸,北与爱沙尼亚,南与立陶宛,东与俄罗斯,东南与白俄罗斯接壤。国界线总长1862公里。拉脱维亚国家级公路线总长20,093公里。拉脱维亚内河航线全长350公里。主要海港有里加、文茨皮尔斯和利耶帕亚。拉脱维亚铁路总长1859公里,其中250公里电气化铁路。①

拉脱维亚是独立的民主共和国,议会是国家最高立法机构,总统由议会选举产生。议会是国家最高立法机构,实行一院制。1991年9月12日,拉脱维亚同中国建立大使级外交关系。

1991年恢复独立后,拉脱维亚按西方模式进行经济体制改革,推行私有化和自由市场经济。1998年被正式接纳为世界贸易组织成员。拉脱维亚希望凭借其区域位置和基础设施优势,将自身打造成连接欧亚大陆的物流中心之一,即“一带一路”上的中转站。② 2016年11月,李克强总理正式访拉并出席第5次中国—中东欧国家领导人会晤,这是中拉建交25周年以来中国总理的首次到访。李克强总理的成功访问将中拉关系推向了新的历史起点,为中拉两国在“一带一路”框架下深化合作夯实了政治基础。从访问成果来看,中拉两国在“一带一路”框架下加强多领域合作达成重要共识,拉脱维亚愿积极参与“一带一路”建设的政治意愿更加强烈,积极推动在基础设施、交通物流、清洁炼油、旅游、农产品等领域加强同中国的互利合作,希望成为中国企业进入中东欧市场的门户。可以说,李克强总理对拉脱维亚的访问给中拉合作注入了新的动力,从传统的贸易交往扩大到产能合作、交通物流合作,并扩展到文化、教育、科技、卫生等多个领域。中拉两国在“一带一路”框架下的务实合作潜能将得到深入挖掘。

22. 阿尔巴尼亚(The Republic of Albania)

阿尔巴尼亚面积2.87万平方公里,首都地拉那(Tirana),人口80万(2015年),全国总人口288万(2017年1月)。位于东南欧巴尔干半岛西部,北部和东北部分别与塞尔维亚、黑山和马其顿接壤,南部与希腊为邻,西临亚得里亚海,隔奥特朗托海峡与意大利相望。阿尔巴尼亚以公路运输为主,公路总里程约2.8万公里。铁路线总长为447公里。实际运营铁路线总长为399公里。全国共有都拉

① 参见中华人民共和国外交部:《拉脱维亚国家概况》,载中华人民共和国外交部门户网站2020年3月2日,https://www.fmprc.gov.cn/web/。

② 中华人民共和国驻拉脱维亚共和国大使馆经济商务处统计。

斯、发罗拉、萨兰达和申津4个海港。其中，都拉斯港是最大的海港，承担全国约92.2%的海运业务，同意大利的里雅斯特港和巴里港通航。截至2019年2月，共开通航线27条，在该机场起降的航空公司共15家。①

中国和阿尔巴尼亚于1949年11月23日建交。双方签有《贸易协定》《关于鼓励和相互保护投资协定》《关于对所得和财产避免双重征税和防止偷漏税协定》。1989年成立两国政府间经济技术合作混合委员会。②

中国在阿尔巴尼亚投资不断增加，现已成为阿尔巴尼亚第二大贸易伙伴。中国—中东欧合作机制和“一带一路”倡议作为两个重要的合作平台，不仅把阿中两国紧密地联系在一起，还有助于阿尔巴尼亚加入欧盟的进程。③

23. 爱沙尼亚(The Republic of Estonia)

爱沙尼亚面积45,339平方公里，首都塔林(Tallinn)，始建于1248年丹麦王国统治时期，全国总人口131.9万(2019年)。爱沙尼亚位于波罗的海东岸，东与俄罗斯接壤，南与拉脱维亚相邻，北邻芬兰湾，与芬兰隔海相望，西南濒里加湾，边界线长1445公里，海岸线长3794公里。截至2018年12月爱沙尼亚全国公路总里程16,576公里。爱沙尼亚全国铁路总里程2167公里，其中，公共铁路线1540公里。2016年港口货物吞吐量3359万吨。2016年航空客运量为227万人次，同比增长2.7%；航空货运量为13,932吨。④

1991年9月11日，中爱两国建立大使级外交关系。2006年以来双边关系稳步向好迈进，双方交流合作日渐增多。双方领导高层较为频繁会晤，经济、政治、文化领域互相学习，两国关系向积极良好的方向发展。

爱沙尼亚是中国在欧洲和波罗的海地区的重要合作伙伴，也是中国推进“一带一路”建设和中国—中东欧合作机制的参与者。双方在这些框架下的合作将为两国企业的合作带来更多发展机遇。2016年，中爱双边签订《关于中国从爱沙尼亚输入大西洋鲱鱼和黍鲱检验检疫要求议定书》和《关于爱沙尼亚输华乳品动物卫生和公共卫生条件议定书》；2018年，双方签署《2018～2022年农业领域合作行动计划》和《关于中国从爱沙尼亚输入冷冻禽肉及可食用禽副产品的检验检疫和

---

① 参见中华人民共和国外交部：《阿尔巴尼亚国家概况》，载中华人民共和国外交部门户网站2014年1月15日，https://www.fmprc.gov.cn/web/。

② 参见中华人民共和国外交部：《中国与阿尔巴尼亚的关系》，载中华人民共和国外交部门户网站2020年6月30日，https://www.fmprc.gov.cn/web/。

③ 中华人民共和国驻阿尔巴尼亚共和国大使馆经济商务处统计。

④ 参见中华人民共和国外交部：《爱沙尼亚国家概况》，载中华人民共和国外交部门户网站2020年6月30日，https://www.fmprc.gov.cn/web/。

兽医卫生要求议定书》,开启了爱沙尼亚禽肉产品输华新进程。①

24. 斯洛文尼亚(The Republic of Slovenia)

斯洛文尼亚面积 20,273 平方公里,首都卢布尔雅那(Ljubljana),人口 28.6 万(2019 年),全国人口 208.6 万(2019 年)。斯洛文尼亚位于欧洲中南部,巴尔干半岛西北端。西接意大利,北邻奥地利和匈牙利,东部和南部与克罗地亚接壤,西南濒亚得里亚海。海岸线长 46.6 公里。斯洛文尼亚地理位置较好,许多国际铁路、公路和航空线穿越斯境,电气化铁路和现代化公路占相当大比重。铁路总长 1209 公里,其中干线 576 公里,支线 633 公里,电气化铁路 500 公里。公路总长 38,906 公里,其中高速公路 746 公里。有 3 个港口,分别是科佩尔港、伊佐拉港和皮兰港。②

1992 年 4 月 27 日,中国正式承认斯洛文尼亚,5 月 12 日两国签署建交公报,正式建立外交关系。2016 年两国总理在拉脱维亚里加举行会晤,规划中斯双边关系的发展;中国全国政协副主席王家瑞访斯,进一步加强了两国议会之间的合作;斯洛文尼亚主办中国—中东欧国家林业合作协调机制第一次高级别会议,并成为“16 + 1”林业合作协调机制协调国;两国民航部门签署谅解备忘录等合作文件,相关部门、企业积极筹备直航开通;两国教育部实现互访,签署教育合作谅解备忘录。至 2016 年,中斯双边贸易额达到约 27 亿美元,同比增长 30%。中国已成为斯洛文尼亚在亚洲的最大贸易伙伴。2018 年 7 月,李克强总理在保加利亚索非亚会见出席第七次中国—中东欧国家领导人会晤的斯总理采拉尔。2019 年 4 月,李克强总理在出席中国—中东欧国家领导人杜布罗夫尼克会晤期间同斯总理沙雷茨举行双边会见。③

25. 黎巴嫩(The Republic of Lebanon)

黎巴嫩面积 10,452 平方公里,首都贝鲁特(Beirut),人口约 238.5 万,全国人口约 610 万(2018 年)。黎巴嫩位于亚洲西南部地中海东岸。东、北部邻叙利亚,南界巴勒斯坦、以色列,西濒地中海。海岸线长 220 公里。黎巴嫩境内陆运输以公路为主,在国际运输方面,除有与邻国相通的汽车运输外,海上的船舶运输也较方便,主要有贝鲁特港、的黎波里港和赛达港。贝鲁特港为主要贸易港,1997 年的吞吐量达 585 万吨。贝鲁特国际机场是著名航空港。黎巴嫩公路贯

---

① 中华人民共和国驻爱沙尼亚共和国大使馆经济商务处统计。

② 参见中华人民共和国外交部:《斯洛文尼亚国家概况》,载中华人民共和国外交部门户网站 2020 年 6 月 30 日,https://www.fmprc.gov.cn/web/。

③ 参见中华人民共和国外交部:《中国同斯洛文尼亚的关系》,载中华人民共和国外交部门户网站 2020 年 6 月 30 日,https://www.fmprc.gov.cn/web/。

穿全境，截至2017年黎巴嫩公路全长约7300公里，其中高速或快速公路约530公里。①

中黎两国于1971年11月9日建交，双边关系发展平稳。在双方经济交往中，我国主要出口商品是电器类产品、纺织品、机械设备、汽车类、家具等，进口商品主要是废金属等产品。

2017年9月，国家发展和改革委员会主任何立峰会见了黎巴嫩经济和贸易部长扈里，双方就共建“一带一路”、进行规划对接、深化产能与投资、金融、贸易合作以及人文交流等深入交换了意见。会后，何立峰与扈里代表两国政府签署了《关于共同推进丝绸之路经济带与21世纪海上丝绸之路建设的谅解备忘录》。从2013年至今，中国已连续3年保持黎巴嫩第一大贸易伙伴地位。②

26. 巴林(The Kingdom of Bahrain)

巴林面积767平方公里，首都麦纳麦(Manama)，人口26万，全国人口156.94万(2018年)。巴林位于波斯湾西南部的岛国，界于卡塔尔和沙特阿拉伯之间，与沙特有跨海大桥相连接。巴林境内无铁路。首都和主要城镇有公路相连，各级公路总长3200多公里。巴林是连接东西方的空中交通枢纽，有5个机场。③

1989年4月18日，巴林与中国建交，两国关系发展顺利，双方在政治、经济、文化、新闻等领域合作稳步发展。④

中国提出了“一带一路”倡议，巴林出台了“2030经济发展愿景”，两者在发展理念、发展领域、发展模式上有许多契合之处。两国高层均表示要将两个重大战略紧密对接，以实现合作共赢，共同发展。特别是巴方对“一带一路”倡议秉持的和平合作、开放包容、互学互鉴、互利共赢的丝路精神，共商、共建、共享原则，以及通过政策沟通、设施联通、贸易畅通、资金融通和民心相通，实现全方位互利合作的理念和举措非常认同。巴林社会普遍希望政府加速向东看、向中国看，以搭乘中国经济“顺风车”，加快自身发展。2015年开业的巴林龙城成为中国商品在海湾地区的重要集散地和分销中心。重庆国际阿巴桑玻璃纤维有限公司计划在巴林

---

① 参见中华人民共和国外交部：《黎巴嫩国家概况》，载中华人民共和国外交部门户网站2014年1月15日，https://www.fmprc.gov.cn/web/。

② 参见中华人民共和国驻黎巴嫩共和国大使馆经济商务处统计。

③ 参见中华人民共和国外交部：《巴林国家概况》，载中华人民共和国外交部门户网站2020年6月30日，https://www.fmprc.gov.cn/web/。

④ 参见中华人民共和国外交部：《中国同巴林的关系》，载中华人民共和国外交部门户网站2020年3月30日，https://www.fmprc.gov.cn/web/。

投资5亿美元建设4条生产线，与巴方展开产能合作。与此同时，金锣水务正与巴开展污水处理合作。2016年8月，原中国文化部与巴林文化与文物局正式签署在巴林设立中国文化中心谅解备忘录，这是中国在海湾地区设立的首家中国文化中心。①

27. 埃及(The Arab Republic of Egypt)

埃及面积100.1万平方公里，首都开罗(Cairo)，面积约3085平方公里，人口约990万(2020年)，全国总人口1亿(2020年1月)。埃及跨亚、非两大洲，大部分位于非洲东北部，只有苏伊士运河以东的西奈半岛位于亚洲西南部。交通运输便利，近几年海、陆、空运输能力增长较快。铁路线网由28条线路组成，总长10,008公里，共有796个客运站，日客运量200万人次。公路总长约49,000公里。有7条国际海运航线。内河航线总长约3500公里。有民航飞机55架。全国共有机场30个，其中国际机场11个，开罗机场是重要国际航空站。②

中埃自1956年5月30日建交以来，两国关系一直发展顺利。2016年1月，国家主席习近平和埃及总统塞西共同在卢克索出席中埃建交60周年暨中埃文化年开幕式活动。同年3月，刘延东副总理出席在开罗举办的“丝路新韵”展演活动。③

2014年6月，中国国家主席习近平在中阿合作论坛第六届部长级会议开幕式上提出中阿共建“一带一路”倡议，得到阿拉伯国家积极响应，中阿集体合作进入提质升级的新时代。在阿联酋迪拜以南30多公里的海岸边，坐落着迪拜哈翔清洁燃煤电站的施工现场。这是建设中的中东地区首座清洁燃煤电站，也是“一带一路”框架下中东地区首个有中资企业参与投资、建设和运营的电站项目。④

28. 叙利亚(The Syrian Arab Republic)

叙利亚面积185,180平方公里(包括被以色列占领的戈兰高地约1200平方公里)，首都大马士革(Damascus)，人口450万，全国人口2240万(2019年)。叙利亚位于亚洲大陆西部，地中海东岸。北靠土耳其，东南邻伊拉克，南连约旦，西南与黎巴嫩、以色列接壤，西与塞浦路斯隔海相望。叙利亚国内交通运输以公路为主，

---

① 中华人民共和国驻巴林王国大使馆经济商务处统计。

② 参见中华人民共和国外交部：《埃及国家概况》，载中华人民共和国外交部门户网站2018年8月20日，https://www.fmprc.gov.cn/web。

③ 参见中华人民共和国外交部：《中国同埃及的关系》，载中华人民共和国外交部门户网站2014年1月15日，https://www.fmprc.gov.cn/web/。

④ 参见《疫情持续冲击开罗经济》，载中国经济网2020年6月4日，https://baijiahao.baidu.com/s?id=1668635186792454590&wfr=spider&for=pc。

连接各城镇,并可通往土耳其、伊拉克、约旦和黎巴嫩。铁路总长2798公里。现有拉塔基亚、塔尔图斯等5个港口。除大马士革国际机场外,还有6个省级地方机场。2011年局势动荡后,受外部制裁影响,叙利亚对外航线锐减。①

人民议会是国家立法机构。其职能是:提名共和国总统人选;通过法律;讨论内阁政策;通过国家总预算和发展计划;批准有关国家安全的国际条约和协定;决定大赦;接受和批准议员的辞呈,撤销对内阁成员的信任。叙利亚对外奉行不结盟、反帝、反殖、反对种族主义政策,实行多方位外交政策,主张阿拉伯国家联合自强,以大、小国家一律平等为基础建立国际新秩序,积极支持和参加不结盟运动。1956年8月1日叙利亚与中国建交,2004年6月巴沙尔总统对中国进行国事访问。

2011年叙利亚局势动荡前,经济逐步向社会市场经济转轨。历经8年动荡的叙利亚亟须尽快回到经济和社会发展的正常轨道,"一带一路"倡议涉及的基础设施、公路、电力等行业在叙利亚有很大的发展潜力,叙利亚欢迎中国等友好国家前来投资,推动互利共赢为积极落实"一带一路"国际合作高峰论坛会议举措,进一步加强中国与叙利亚双边务实合作。2017年5月15日,中国驻叙利亚大使齐前进与叙利亚计划与国际合作署署长伊马德·萨布尼分别代表中叙两国政府签署了关于向叙提供无偿援助的经济技术合作协定(上述援助将用于在叙实施人道主义援助项目),以及关于向叙提供紧急粮食援助的换文。齐前进大使还就"一带一路"国际合作高峰论坛、中叙如何在推进共建"一带一路"方面加强合作进行了宣传介绍。②

29. 菲律宾(Republic of the Philippines)

菲律宾面积29.97万平方公里,首都大马尼拉市(Metro Manila),人口1300万(2017年8月),全国人口10,200万(2019年11月)。菲律宾位于亚洲东南部。北隔巴士海峡与中国台湾地区遥遥相对,南和西南隔苏拉威西海、巴拉巴克海峡与印度尼西亚、马来西亚相望,西濒南中国海,东临太平洋。共有大小岛屿7000多个,其中吕宋岛、棉兰佬岛、萨马岛等11个主要岛屿占全国总面积的96%。海岸线长约18,533公里。截至2019年1月菲律宾境内交通运输以公路和海运为主。铁路不发达,集中在吕宋岛。航空运输主要由菲律宾航空公司等航运企业经营,全国各主要岛屿间都有航班。铁路总长1200公里。公路总长约21.6万公里。客

---

① 参见中华人民共和国外交部:《叙利亚国家概况》,载中华人民共和国外交部门户网站2008年2月15日,https://www.fmprc.gov.cn/web/。

② 中华人民共和国驻阿拉伯叙利亚共和国大使馆经济商务处统计。

运量占全国运输总量的90%，货运量占全国运输货运量的65%。水运总长3219公里。全国共有大小港口数百个，商船千余艘。各类机场203个，国内航线遍及40多个城市，与30多个国家签订了国际航运协定。①

1975年6月9日中菲建交。近十几年，胡锦涛主席(2005年)、温家宝总理(2007年)、李克强总理(2017年)、习近平主席(2018年)等国家领导人先后访菲。阿罗约总统(任期内9次访华)、阿基诺三世总统(2011年)、杜特尔特总统(2016年、2017年)先后访华。②

中菲两国经济合作存在良好的基础，且具有较大潜力，值得两国努力实现互利发展。特别是，“一带一路”倡议和菲律宾的“大建特建”计划在具体对接过程中已经转化为在交通、水利、建筑、农业、环境等基础设施等方面的具体项目。此外，中菲两国直航航班不断增加，菲律宾成为更多中国游客的旅游目的地等，不仅提振了菲律宾经济的活力，而且让两国都认识到互惠合作产生的共赢效果。自2016年以来，中国一直是菲律宾的第一大贸易伙伴，第一大进口来源地、第四大出口目的地。③

30. 文莱(Negara Brunei Darussalam)

文莱面积5765平方公里，首都斯里巴加湾市(Bandar Seri Begawan)，位于文莱—摩拉区，面积100.36平方公里，人口约14万，全国42.27万(2018年)。文莱位于加里曼丹岛西北部，北濒南中国海，东南西三面与马来西亚的沙捞越州接壤，并被沙捞越州的林梦分隔为东西两部分。海岸线长约162公里，有33个岛屿，沿海为平原，内地多山地。2017年年底国内公路总里程为3674.2公里。

中国与文莱于1991年9月30日建立外交关系，自建交以来，双边关系持续稳定发展。2013年4月，文莱苏丹对华进行国事访问，两国元首将中国与文莱关系提升为战略合作关系。2019年苏丹又一次成功对中国进行国事访问，两国元首就新时期进一步发展中国与文莱关系达成重要共识。两国各领域交流与合作越来越多，给双方都带来了利益。中国银行(香港)文莱分行于2016年12月正式开业，成为首家在文莱经营的中资银行。2018年11月，中国国家主席习近平在斯里巴加湾同文莱苏丹哈桑纳尔举行会谈。习近平强调，中方视文莱为建设21世纪海

---

① 参见中华人民共和国外交部:《菲律宾国家概况》，载中华人民共和国外交部门户网站2017年11月7日，https://www.fmprc.gov.cn/web/。

② 参见中华人民共和国外交部:《菲律宾国家概况》，载中华人民共和国外交部门户网站2017年11月7日，https://www.fmprc.gov.cn/web/。

③ 参见周士新:《“一带一路”对菲律宾发展意味着什么》，载人民日报网2019年2月22日，https://baijiahao.baidu.com/s?id=1626153269235918994&wfr=spider&for=pc。

上丝绸之路重要合作伙伴,愿将“一带一路”倡议同文莱经济多元化战略相对接。①

31. 阿联酋(The United Arab Emirates)

阿联酋面积83,600平方公里,首都阿布扎比(Abu Dhabi),人口250万,总人口9541万人(2019年)。阿联酋位于阿拉伯半岛东部,北濒波斯湾,海岸线长734公里。西北与卡塔尔为邻,西和南与沙特阿拉伯交界,东和东北与阿曼毗连。阿联酋境内无铁路,各酋长国之间由现代化高速公路相连,交通通信方便。截至2014年,阿联酋有15个港口,308个码头,年货物吞吐量达7亿吨。阿联酋有阿布扎比、迪拜等6个国际机场,10个直升机机场。

1984年11月1日,中国与阿联酋建立外交关系。自建交以来,两国关系持续稳定发展,高层领导会晤频繁,双方在经济、政治、文化领域加强合作。阿联酋还是中国在阿拉伯世界最大的出口市场。2010年中阿双边贸易额为256.9亿美元。2011年前11个月双边贸易额达319亿美元。两国在基础设施建设、金融、人文等领域的合作内涵不断丰富。②

2013年中国提出“一带一路”的倡议,阿联酋是积极响应和参与的中东国家之一,是亚洲基础设施投资银行的创始成员国。阿联酋位于“一带一路”的交汇点,与中国是共建“一带一路”的天然合作伙伴。近年来,双方共建“一带一路”合作越走越实,经贸纽带越拉越紧。阿联酋已连续多年成为中国在阿拉伯国家中第二大贸易伙伴和第一大出口市场,中国则是阿联酋最大贸易伙伴。双方在能源、金融、产能、高新技术等领域合作亮点纷呈,成果喜人。阿布扎比陆海石油区块特许经营权项目、哈利法港集装箱码头、中阿产能合作示范园等项目合作均已取得显著进展。2017年中国赴阿联酋游客数量首次突破100万人次。③

32. 越南(The Socialist Republic of Viet Nam)

越南面积329,556平方公里,首都河内(Ha Noi),面积3340平方公里,人口143.1万人(2019年),全国人口9649万(2019年12月)。越南位于中南半岛东部,北与中国接壤,西与老挝、柬埔寨交界,东面和南面临南海,海岸线长3260多公里。2013年以来交通运输业经过重组,提高服务质量,取得了较好的经济效益。④但交通运输仍为越南经济发展的薄弱环节。

---

① 中华人民共和国驻文莱达鲁萨兰国大使馆经济商务处统计。

② 中华人民共和国外交部:《中国同阿联酋的关系》,载中华人民共和国外交部门户网站2020年4月30日,https://www.fmprc.gov.cn/web/。

③ 中华人民共和国驻阿拉伯联合酋长国领事馆商务处统计。

④ 中华人民共和国外交部:《越南国家概况》,载中华人民共和国外交部门户网站2017年10月31日,https://www.fmprc.gov.cn/web/。

越南现行宪法是第5部宪法，于2013年11月在十三届国会第六次会议上通过，2014年1月1日正式生效，是1946年、1959年、1980年、1992年宪法的继承和发展，体现了越南社会主义过渡时期的国家建设纲领。议会称国会，是国家最高权力机关，任期4年，通常每年举行两次例会。对外关系奉行全方位、多样化的独立自主外交政策，重视发展同周边国家和大国的关系，积极参与地区和国际事务，其对外工作重点是“融入国际社会、搞好周边关系、妥善处理大国关系”。① 中越两国于1950年1月18日建交。

2013年10月，中国国务院总理李克强访问越南，双方同意成立海上、陆上、金融3个联合工作组并于年内启动工作。2015年4月，越共中央总书记阮富仲访华期间表示，越方正积极研究参与21世纪海上丝绸之路建设，希望同中方加强农业、制造业、基础设施、互联互通等领域合作。2015年7月，中国国务院副总理张高丽访问越南，提出推动“一带一路”同“两廊一圈”战略的有效对接，加强产能合作、地方合作、人文交流、管控好海上分歧。11月中国国家主席习近平访越并与越方达成加紧磋商“一带一路”和“两廊一圈”框架内合作，协调推进两国多领域产能合作，集中精力做好大项目建设，大力推进两国边境和金融合作，推动双边贸易均衡可持续发展。2016年9月，越南政府总理阮春福访华，同意与中方加紧推进“一带一路”和“两廊一圈”发展战略对接，打造产能合作新平台，加紧推进基础设施重点合作项目和跨境经济合作区建设。11月全国人大常委会委员长张德江访越，提出加快商谈“一带一路”和“两廊一圈”对接建设合作文本，使合作成果惠及两国和两国人民。2017年1月，越共中央总书记阮富仲访华，同意积极推进“一带一路”倡议和“两廊一圈”构想的对接，加强两国产能合作沟通，有效开展落实《中越关于产能合作项目清单谅解备忘录》，尽早签署《中越跨境经济合作区建设共同总体方案》。2017年5月，越南国家主席陈大光访华并出席“一带一路”国际合作高峰论坛，双方提出将加快商签对接“一带一路”倡议和“两廊一圈”框架合作备忘录。②

33. 以色列(The State of Israel)

以色列面积根据1947年联合国关于巴勒斯坦分治决议的规定，以色列的面积为1.52万平方公里。1948～1973年，以色列在四次阿以战争中占领了大片阿拉伯国家领土，20世纪80年代以后陆续部分撤出。目前以色列实际控制面积约2.5万平方公里。首都建国时在特拉维夫(Tel Aviv)，1950年迁往耶路撒冷，但未获

① 中华人民共和国外交部：《越南国家概况》，载中华人民共和国外交部门户网站2017年10月31日，https://www.fmprc.gov.cn/web/。

② 越南中央政府经济数据发布。

国际社会普遍承认。1980年7月30日，以议会通过法案，宣布耶路撒冷是以色列"永恒的与不可分割的首都"。对于耶路撒冷的地位和归属，阿拉伯国家同以色列一直存有争议。目前，国际社会同以建交的国家均将使馆设在特拉维夫或其周边城市。以色列全国人口902万(2019年)，其中犹太人约占74.9%，其余为阿拉伯人、德鲁兹人等。以色列位于亚洲最西端，毗邻巴勒斯坦。陆、海、空运输业发达。其中陆地运输的货物占一半，船舶和航空运输各占1/4。全国公路通车总里程为18,096公里，铁路总长度为1001.4公里。主要港口有海法、阿什杜德和埃拉特。全国共有48个机场，主要机场是本—古里安国际机场，2011年旅客吞吐量为1300万人次。①

1992年1月24日，以色列与中国正式建立大使级外交关系。双方已签署《贸易协定》《文化交流协定》《民用航空协定》《劳务输出协议》《体育合作备忘录》《教育合作协议》《旅游合作协定》《邮电通讯合作协议》《工业技术研发框架协议》《关于加强经济贸易合作的备忘录》《中国旅游团队赴以色列旅游实施方案的谅解备忘录》等文件。②

2013年以后，中国资本对以色列高科技创业公司的关注度显著提升。阿里巴巴、小米、维港投资、百度、奇虎360、复星集团、海思科药业等知名中国公司都已在以色列进行了布局，部分中国公司已在以色列建立研发中心及相关产业孵化器。③

34. 亚美尼亚(Armenian Republic)

亚美尼亚面积2.97万平方公里，首都埃里温，人口107.94万，全国总人口306.25万(2019年)。亚美尼亚位于亚洲与欧洲交界处的外高加索南部的内陆国。西接土耳其，南接伊朗，北临格鲁吉亚，东临阿塞拜疆。亚美尼亚的交通运输以铁路、公路和空运为主。铁路总里程为840公里。公路总里程为7700公里。共有民用飞机54架，有国际机场，即埃里温国际机场。

1992年4月6日，中国政府代表王荩卿同亚美尼亚外长奥瓦尼相在埃里温签署中亚两国建交公报，即日起两国建立大使级外交关系，同年7月中国在亚美尼亚设立大使馆。④

---

① 参见中华人民共和国外交部:《以色列国家概况》，载中华人民共和国外交部门户网站2020年3月4日，https://www.fmprc.gov.cn/web/。

② 参见中华人民共和国外交部:《中国同以色列的关系》，载中华人民共和国外交部门户网站2014年1月15日，https://www.fmprc.gov.cn/web/。

③ 中华人民共和国驻以色列国大使馆经济商务处统计。

④ 参见中华人民共和国外交部:《中国同亚美尼亚的关系》，载中华人民共和国外交部门户网站2014年1月15日，https://www.fmprc.gov.cn/web/。

在“一带一路”共建中,亚美尼亚同中国的双边关系取得一定成绩。孔子学院在亚美尼亚蓬勃发展,已经涵盖了当地的各个地区,同北京外国语大学、大连大学等高校合作开设亚美尼亚语系,将中文作为埃里温语言大学的主要学科。中国文化在亚美尼亚非常受欢迎,青年一代学习中文、了解中国文化的热情很高。同时,简化两国通关签证,使赴亚美尼亚旅游的中国游客数量增长了2.5倍。除此之外两国知识界交往更为密切。目前两国“一带一路”合作项目都已进入实质性的发展阶段,伴随着双方政治、基础设施的联通和贸易、资金融通的便利,人文交流与合作发展变得更为紧密。①

35. 孟加拉国(The People's Republic of Bangladesh)

孟加拉国面积147,570平方公里,首都达卡(Dhaka),人口1440多万,全国人口约1.6亿(2018年)。孟加拉国位于南亚次大陆东北部的恒河和布拉马普特拉河冲积而成的三角洲上。东、西、北三面与印度毗邻,东南与缅甸接壤,南濒临孟加拉湾。海岸线长550公里。截至2018年孟加拉国公路总里程21,571公里,其中国家公路3570公里,地区公路4323公里,支线公路13,678公里。76%的货运及73%的客运由公路运输承担。孟加拉国铁路总里程为2835千米。2018年旅客周转量约46亿人千米,货运量为7.6亿吨千米。孟加拉国现有国际机场3个(达卡、吉大港、锡莱特),国内机场5个。②

孟加拉国议会实行一院议会制,即国民议会(Jatiya Sangsad)。宪法规定议会行使立法权。孟加拉国奉行独立自主、不结盟政策。1975年10月4日,中国与孟加拉国正式建立外交关系。建交后,两国友好合作关系一直健康、顺利地向前发展。双方在政治、经济、军事、文化等各个领域进行了卓有成效的合作。两国在一系列重大国际和地区性问题上看法基本一致,在国际事务中密切配合。两国高层领导互访频繁,各种交往不断增加,合作领域不断扩大。孟加拉国是重要的“一带一路”相关国家,郑和下西洋曾途经此地,古丝绸之路也经由缅甸抵达孟加拉国,现在孟加拉国集陆路、海路和空中通道于一体,孟中印缅经济走廊同“一带一路”建设在此交汇。

2016年10月,中孟两国签署了《中华人民共和国政府与孟加拉人民共和国政府关于开展“一带一路”倡议下合作的谅解备忘录》,孟加拉国成为南亚地区首个签署“一带一路”合作文件的国家。随着孟加拉国正式加入“一带一路”朋友圈,中

---

① 中华人民共和国驻亚美尼亚共和国大使馆经济商务处统计。

② 参见中华人民共和国外交部:《孟加拉国家概况》,载中华人民共和国外交部门户网站2010年6月13日,https://www.fmprc.gov.cn/web/。

国和孟加拉国一大批合作项目不断落地开花。总价7亿美元的卡纳普里河河底隧道项目正式施工，帕亚拉燃煤电站项目进展顺利，中企承建的孟加拉国梦想之桥——帕德玛大桥项目也取得重要进展。①

36. 柬埔寨(Kingdom of Cambodia)

柬埔寨面积181,035平方公里，首都金边(Phnom Penh)，人口约150万，全国人口1500万(2018年)。柬埔寨位于中南半岛南部。东部和东南部同越南接壤，北部与老挝交界，西部和西北部与泰国毗邻，西南濒临暹罗湾。海岸线长约460公里。以公路和内河运输为主要运输方式，交通网密集于中部平原地区以及洞里萨河流域，北部和南部山区交通状况落后。

1958年7月19日，中柬两国正式建交。长期以来，中国几代领导人与柬埔寨太皇西哈努克建立了深厚的友谊，为两国关系的长期稳定发展奠定了坚实的基础。②

柬埔寨不仅是中国邻居，也是经济上互利合作的伙伴。西哈努克港经济特区是唯一一个签订中柬双边政府协定的经济特区。十多年来，在柬埔寨首相洪森和发展理事会等各级政府部门的大力支持下，已成为中柬共建"一带一路"的重要成果，累计引入包括工业、服务行业在内的企业(机构)161家，135家已生产经营，创造就业岗位29,000个。③

37. 匈牙利(Hungary, Magyarország)

匈牙利面积93,030平方公里，首都布达佩斯(Budapest)，人口175.9万(2016年1月)，全国总人口979.8万(2017年1月)。匈牙利为中欧内陆国。东邻罗马尼亚、乌克兰，南接斯洛文尼亚、克罗地亚、塞尔维亚，西靠奥地利，北连斯洛伐克，边界线全长2246公里。交通状况已形成以布达佩斯市为中心、延伸向国内和其他国家的铁路和公路网络。

1949年10月6日中匈两国建立外交关系。建交后，两国友好关系全面发展，领导人互访等各种形式的往来密切，各领域合作不断加强，两国人民的友谊进一步加深，双方在国际事务中相互支持，密切配合。在中国抗美援朝、恢复联合国合

---

① 参见澎湃新闻:《孟加拉国:亚太地区经济发展最快的国》，载澎湃新闻网2020年3月9日，https://www.thepaper.cn/newsDetail_forward_3870101。

② 参见中华人民共和国外交部:《中国同孟加拉国的关系》，载中华人民共和国外交部门户网站2016年10月8日，https://www.fmprc.gov.cn/web/。

③ 中华人民共和国驻柬埔寨王国大使馆经济商务处统计。

法席位及涉藏等问题上，匈积极支持中国立场。①

2017年，两国高层交往频繁，政治关系加强，两国关系进入历史最佳时期。当年5月，匈牙利总理欧尔班·维克多正式访华并出席“一带一路”国际合作高峰论坛。在访华期间，欧尔班总理与习近平主席、李克强总理会晤，两国建立全面战略伙伴关系，深化了政治互信，为两国合作开辟了更广阔空间。目前，匈牙利是中国在中东欧地区投资最多的国家，累计超过42亿欧元。②

38. 伊朗(The Islamic Republic of Iran)

伊朗面积164.5万平方公里，首都德黑兰(Tehran)，人口1326万，全国总人口8165万(2019年)。伊朗位于亚洲西南部，同土库曼斯坦、阿塞拜疆、亚美尼亚、土耳其、伊拉克、巴基斯坦和阿富汗相邻，南濒波斯湾和阿曼湾，北隔里海与俄罗斯和哈萨克斯坦相望，素有“欧亚陆桥”和“东西方空中走廊”之称。海岸线长2700公里。伊朗公路总长15.8万公里，铁路总长9508公里，干线7265公里，支线2243公里，在建3300公里。伊朗共有机场83个，使用率为34%；其中14个军用机场、61个综合性机场(只有22个可降落飞机)和8个客运机场。③

1979年通过的宪法中规定专家会议为常设机构，由公民投票选举86名法学家和宗教学者组成。其职责是选定和罢免领袖。1988年3月17日，成立确定国家利益委员会，1989年7月经宪法确认，主要职责是为领袖制定国家大政方针出谋划策，协助领袖监督、实施各项大政方针，当议会和宪法监护委员会就议案发生分歧时进行仲裁。伊朗奉行独立、不结盟的对外政策，反对霸权主义、强权政治和单极世界，愿同除以色列以外的所有国家在相互尊重、平等互利的基础上发展关系。④ 伊中两国在经贸合作上，中国是伊朗在亚洲的第一大贸易伙伴，也是世界第三大贸易伙伴。

2016年1月，国家主席习近平对伊朗进行国事访问。2018年6月，伊朗总统鲁哈尼来华出席上海合作组织青岛峰会。2019年2月20日，习近平在北京同拉里贾尼会见。2016年1月，首列从中国开往中东地区的货运班列从义乌出发，开往德黑兰。此后，西安、长沙、银川、巴彦淖尔、重庆等城市也开通了前往德黑兰的

---

① 参见中华人民共和国外交部：《中国同匈牙利的关系》，载中华人民共和国外交部门户网站2017年11月23日，https://www.fmprc.gov.cn/web/。

② 中华人民共和国驻匈牙利大使馆经济商务处统计。

③ 中华人民共和国驻伊朗大使馆经济商务处统计。

④ 参见中华人民共和国外交部：《孟加拉国家概况》，载中华人民共和国外交部门户网站2010年6月13日，https://www.fmprc.gov.cn/web/。

货运班列,为搭建“中国—中亚—西亚经济走廊”铺平了道路。①

39. 老挝(The Lao People's Democratic Republic)

老挝面积23.68万平方公里,首都万象(Vientiane),人口80万,全国人口700万(2018年)。老挝位于中南半岛北部的内陆国家,北邻中国,南接柬埔寨,东临越南,西北达缅甸,西南毗连泰国,边界线长度分别为508公里、535公里、2067公里、236公里、1835公里。老挝是东南亚唯一的内陆国,主要靠公路、水运和航空运输。

老挝实行社会主义制度。老挝人民革命党是老挝唯一政党。1991年8月,老挝最高人民议会第二届六次会议通过了老挝第一部宪法。宪法明确规定,老挝是人民民主国家,全部权力属于人民,各族人民在老挝人民革命党领导下行使当家作主的权利。老挝国会(原称最高人民议会,1992年8月改为现名)是国家最高权力机构和立法机构,负责制定宪法和法律。老挝奉行和平、独立和与各国友好的外交政策。中国和老挝于1961年4月25日建交。20世纪70年代末至80年代中,双方关系曾出现曲折。1989年以来,中老关系全面恢复和发展,双方在政治、经济、军事、文化、卫生等领域友好交流与合作不断深化,在国际和地区事务中密切协调与合作。老挝政府坚持一个中国立场,支持中国人民和平统一大业。②

当前,老挝正积极融入“一带一路”倡议当中,中老双方在基础设施建设、农业、能源、医疗卫生、经贸投资等多个领域展开务实合作。2016年12月,全线开工的中老铁路便是中国“一带一路”倡议对接老挝国家从“陆锁国到陆联国”发展战略的标志性项目。③

40. 卡塔尔(The State of Qatar)

卡塔尔面积11,521平方公里,首都多哈(Doha),人口154万,全国人口264万(2018年)。卡塔尔位于波斯湾西南岸的卡塔尔半岛上,南面与阿联酋和沙特接壤。海岸线长550公里。属热带沙漠气候,夏季炎热漫长,最高气温可达50℃。冬季凉爽干燥,最低气温7℃。年平均降水量仅75.2毫米。卡塔尔无铁路,各主要城市之间由现代化公路网相连,全国公路总长为900公里。卡塔尔有5个机场,多哈国际机场有连接欧洲和亚洲的二十余条航线。④

---

① 中华人民共和国驻伊朗伊斯兰共和国大使馆经济商务处统计。

② 参见中华人民共和国外交部:《中国同老挝的关系》,载中华人民共和国外交部门户网站2016年8月30日,https://www.fmprc.gov.cn/web/。

③ 中华人民共和国驻老挝人民民主共和国大使馆经济商务处统计。

④ 参见中华人民共和国外交部:《卡塔尔国家概况》,载中华人民共和国外交部门户网站2019年4月30日,https://www.fmprc.gov.cn/web/。

中国和卡塔尔于1988年7月9日建立外交关系，2014年11月两国建立战略伙伴关系。2017年3月，发布建立战略伙伴关系的联合声明，双方强调共同建设“丝绸之路经济带”和“21世纪海上丝绸之路”。中方欢迎卡塔尔积极参与“一带一路”建设，实现互利双赢。双方支持成立亚洲基础设施投资银行，卡塔尔将作为创始成员国积极参与筹建。双方承诺将密切合作，并与其他有关各方一道努力，推动亚洲基础设施投资银行尽早成立并发挥作用。①

41. 摩尔多瓦(Republic of Moldova)

摩尔多瓦面积3.38万平方公里，首都基希讷乌，人口80.45万，全国人口355.09万(2019年1月)。摩尔多瓦位于东南欧北部的内陆国，与罗马尼亚和乌克兰接壤，东、南、北被乌克兰环绕，西与罗马尼亚为邻。苏联时期的摩尔多瓦基础设施较好，独立后，因缺乏维修、缺乏新的投入而显得陈旧落后，这已经成为吸引外资的一个“瓶颈”。摩尔多瓦通过多方面筹集资金，加大了对铁路、公路、桥梁和港口的建设力度，但资金匮乏仍是制约其发展基础设施的主要障碍。②

自2000年开始实行议会制。2010年11月28日摩举行议会选举，摩共产党人党、自由民主党、民主党和自由党进入议会。自由民主党、民主党和自由党组成执政联盟“与欧洲一体化联盟”。摩尔多瓦将融入欧洲、加入欧盟作为外交优先目标，积极发展与美国、欧盟等国家的关系，重视发展同俄罗斯和独联体国家的关系。③ 自2017年12月以来，中国和摩尔多瓦一直在就建立两国间的自由贸易协定进行谈判，该协定将消除彼此产品的进口壁垒，并促进双方贸易。中国公路集团公司和中国铁路集团有限公司正在商谈在摩尔多瓦修建两条总长300公里的高速公路。第一条高速公路将环绕摩尔多瓦首都基希讷乌，第二条将连接摩尔多瓦北部地区和邻国乌克兰。④

42. 马来西亚(Malaysia)

马来西亚面积约33万平方公里，首都吉隆坡(Kuala Lumpur)，人口167.4万，全国人口3260万(2019年)。马来西亚位于东南亚，国土被南中国海分隔成东、西两部分。西马位于马来半岛南部，北与泰国接壤，南与新加坡隔柔佛海峡相望，东

---

① 参见中华人民共和国外交部：《中国同卡塔尔的关系》，载中华人民共和国外交部门户网站2012年1月13日，https://www.fmprc.gov.cn/web/。

② 参见中华人民共和国外交部：《摩尔多瓦国家概况》，载中华人民共和国外交部门户网站2018年12月12日，https://www.fmprc.gov.cn/web/。

③ 参见中华人民共和国外交部：《摩尔多瓦国家概况》，载中华人民共和国外交部门户网站2018年12月12日，https://www.fmprc.gov.cn/web/。

④ 参见中华人民共和国外交部：《摩尔多瓦国家概况》，载中华人民共和国外交部门户网站2018年12月12日，https://www.fmprc.gov.cn/web/。

临南中国海,西濒马六甲海峡。东马位于加里曼丹岛北部,与印尼、菲律宾、文莱相邻。全国海岸线总长4192公里。全国有良好的公路网,公路和铁路主要干线贯穿马来半岛南北,航空业发达。全国共有机场25个,其中7个国际机场:吉隆坡、槟城、兰卡威、哥打巴鲁、新山、哥打基纳巴卢和古晋。①

1974年5月31日马中两国建交,马来西亚成为东盟中第一个与中国建交的国家。中马建交以来,两国不断拓展和深化双边关系,给双方带来实实在在的利益,也为促进两国和本地区的繁荣与进步发挥了重要作用。双方将进一步加强在广泛领域的协调与合作,共同促进两国和本地区的和平、稳定、安全、和谐与发展。

马来西亚是最早支持、参与“一带一路”合作的周边国家之一。2018年中马双边贸易额为1086.3亿美元,同比增长13%;其中中方出口454亿美元,同比增长8.9%,进口632.3亿美元,同比增长16.2%,中国连续10年成为马来西亚最大贸易伙伴。②

43. 蒙古国(Mongolia)

蒙古国面积156.65万平方公里,首都乌兰巴托(Ulaanbaatar),人口约84万(2019年),全国人口约320万人(2019年1月)。蒙古国位于亚洲中部的内陆国,东、南、西与中国接壤,北与俄罗斯相邻。截至2013年,蒙古国交通以铁路和公路为主,境内有一条连接中、俄的铁路。国际机场1个,为乌兰巴托的成吉思汗机场,与北京、天津、呼和浩特、莫斯科、伊尔库茨克、首尔、东京、大阪和法兰克福之间有定期航班。③

1949年10月16日,蒙古国和中国建立外交关系。④

进入21世纪之后,随着中国经济的迅速发展,中国与蒙古国间贸易增长迅速,中国连续12年成为蒙古国最大贸易伙伴。2014年两国签署《中国和蒙古国经济贸易合作中期发展纲要》,为两国合作作出发展规划。中蒙两国经贸合作应在农畜产品深加工、矿产资源、基础设施、金融合作等领域深入开展合作。此外,中国不应局限于进口蒙古国的矿产资源,需推动更多层面的经济合作,如加强对蒙古国基础设施投资,加强改善民生领域的合作与开发。2018年9月,习近平主席在

---

① 参见中华人民共和国外交部:《马来西亚国家概况》,载中华人民共和国外交部门户网站2007年4月20日,https://www.fmprc.gov.cn/web/。

② 参见《马来西亚取消三个“一带一路”项目》,载央视网2018年9月12日,https://baijiahao.baidu.com/s?id=1611394024374810380&wfr=spider&for=pc。

③ 参见中华人民共和国外交部:《蒙古国家概况》,载中华人民共和国外交部门户网站2016年7月11日,https://www.fmprc.gov.cn/web/。

④ 参见中华人民共和国外交部:《蒙古国家概况》,载中华人民共和国外交部门户网站2016年7月11日,https://www.fmprc.gov.cn/web/。

符拉迪沃斯托克会见了巴特图勒嘎总统。巴特图勒嘎总统表示，蒙古国愿积极参与“一带一路”建设，加强同中方在贸易、电力、农牧业、基础设施建设等多领域的合作，推进蒙中俄经济走廊建设，促进本地区的共同发展。①

44. 波兰(The Republic of Poland)

波兰面积312,679平方公里，首都华沙(Warsaw)，人口378.46万(2014年7月)，全国人口3840万(2019年2月)。2013年平均气温8.9℃，降水量613毫米。波兰位于欧洲中部，西与德国为邻，南与捷克、斯洛伐克接壤，东邻俄罗斯、立陶宛、白俄罗斯、乌克兰，北濒波罗的海。海岸线长528公里。铁路总长19,235公里，其中标准轨铁路19,235公里(包括电气化铁路11,874公里)；客运量2.92亿人次，货运量2.23亿吨。公路总长30.4万公里。内河航运线总长3654公里，内河货运量510.7万吨，客运量139.5万人次。波兰开设的定期航班航线的飞机有84架，同43个国家、87个城市有定期航班，国际航线107条；客运量562.6万人次，货运量4.1万吨。主要国际机场是华沙肖邦国际机场。②

1949年10月7日，中国和波兰建立大使级外交关系。中波关系在相互尊重、平等互利、互不干涉内政的原则基础上稳步发展，各层次、各领域的交流与合作不断深化。中波经贸关系也有了长足的进展。③

2016年6月，习近平主席对波兰进行国事访问，访问期间两国元首一致同意中华人民共和国同波兰建立全面战略伙伴关系。2018年中国对波兰货物贸易总额为1620亿元人民币，其中出口1379.1亿元，进口240.9亿元。波兰在中国贸易伙伴中位列第32位，是中国第25大出口国市场、第58大进口来源地。④

45. 不丹(The Kingdom of Bhutan)

不丹面积约3.8万平方公里，首都廷布(Thimphu)，人口5万人(2018年)，全国总人口754,394人(2018年)。不丹位于喜马拉雅山脉东段南坡，其东、北、西三面与中国接壤，南部与印度交界，为内陆国。不丹公路总里程8366.2千米，拥有机动车辆54,123辆。山区仍以马、牛、骡为主要运输工具。河流众多但湍急，无法

---

① 参见商务部数据：《2019年蒙古国民经济运行整体情况》。

② 参见中华人民共和国外交部：《波兰国家概况》，载中华人民共和国外交部门户网站2019年4月3日，https://www.fmprc.gov.cn/web/。

③ 参见中华人民共和国外交部：《中国同波兰的关系》，载中华人民共和国外交部门户网站2016年6月1日，https://www.fmprc.gov.cn/web/。

④ 参见《2018年波兰经济增速5.1%》，载中国日报网，http://cn.chinadaily.com.cn/a/201902/07/WS5c60c9f7a31010568bdc8f0e.html。

航行。①

不丹为最不发达国家之一。农业是不丹的支柱产业。20 世纪 50 年代实行土地改革后,98% 以上的农民拥有自己的土地、住房,平均每户拥有土地 1 公顷多。粮食基本自给。

46. 泰国(The Kingdom of Thailand)

泰国面积 51.3 万平方公里,首都曼谷(Bangkok),人口 800 万,全国人口 6450 万。泰国位于中南半岛中南部。与柬埔寨、老挝、缅甸、马来西亚接壤,东南临泰国湾(太平洋),西南濒安达曼海(印度洋)。国内交通运输方式以公路和航空运输为主。

泰国实行君主立宪制,国家立法议会负责制定法律,行使国会和上、下两院职权。奉行独立自主的外交政策。重视周边外交,积极发展睦邻友好关系,维持大国平衡。中泰是友好近邻,两国关系保持健康稳定发展,双方领导人往来频繁,各领域交流合作广泛、深入,人民之间有着深厚的友好感情。1975 年 7 月 1 日,中泰两国正式建交后两国各领域友好合作关系全面、顺利发展。②

在“一带一路”建设的推动下,越来越多的中国传统优势产业企业投资泰国。在总体规划面积 12 平方公里,已开发 4 平方公里的罗勇工业园区里,已经有汽配、摩托车、新能源新材料、电子机械以及其他中国传统优势产业企业进驻。中国新技术、新材料企业入驻园区,在很多领域弥补了泰国产业发展的空白。③

47. 新加坡(Republic of Singapore)

新加坡面积 719.1 平方公里,首都新加坡,总人口 564 万(2018 年)。新加坡位于马来半岛南端、马六甲海峡出入口,北隔柔佛海峡与马来西亚相邻,南隔新加坡海峡与印度尼西亚相望。由新加坡岛及附近 63 个小岛组成,其中新加坡岛占全国面积的 88.5%。新加坡处于世界重要的转口港及联系亚洲、欧洲、非洲、大洋洲的航空中心。

中国和新加坡自 1990 年 10 月 3 日建交以来,两国在各领域的互利合作成果显著,并签署了《经济合作和促进贸易与投资的谅解备忘录》,建立了两国经贸磋商机制。双方还签署了“促进和保护投资协定”“避免双重征税和防止漏税协定”“海运协定”“邮电和电信合作协议”“成立中新双方投资促进委员会协议”等多项

---

① 参见中华人民共和国外交部:《不丹国家概况》,载中华人民共和国外交部门户网站 2008 年 2 月 27 日,https://www.fmprc.gov.cn/web/。

② 参见中华人民共和国外交部:《中国同泰国的关系》,载中华人民共和国外交部门户网站 2019 年 10 月 29 日,https://www.fmprc.gov.cn/web/。

③ 参见中华人民共和国驻泰王国大使馆经济商务处统计。

经济合作协议。①

新加坡是比较早就支持“一带一路”倡议的国家，同时也是非常积极投入的。据中国商务部数据显示，中国对“一带一路”沿线国家的投资当中有近1/3都是先流到了新加坡，新加坡对中国的投资也是占“一带一路”国家对华投资总额的85%。新加坡现在正在打造四个平台来支持“一带一路”的发展。一是在金融方面，有很多中资企业来新加坡融资。我们会继续发展这方面，更好地利用人民币来推行“一带一路”。二是在硬件设施方面，比如，苏州工业园项目正在研究进行这方面的合作。重庆互联互通项目也是一个例子。三是在三方合作领域，除了找项目，也可以给“一带一路”沿线国家的官员进行培训。四是在法务合作方面，因为投资多了，项目多了，可能出现的商业纠纷也会增多。②

48. 阿塞拜疆（Azerbaijani Republic）

阿塞拜疆面积8.66万平方公里，首都巴库，人口220万，全国人口1000万（2019年）。阿塞拜疆位于外高加索东南部。北靠俄罗斯，西部和西北部与亚美尼亚、格鲁吉亚相邻，南接伊朗，东濒里海。纳希切万自治共和国是阿的飞地，被亚美尼亚、伊朗、土耳其环绕。阿塞拜疆拥有里海最大港口和外高加索地区最大机场，公路、铁路、水运和管道运输基础设施较为便捷。

1992年4月2日，中国政府代表（中国驻俄罗斯大使）王荩卿同阿塞拜疆外长萨德霍夫在巴库签署了中阿两国建交公报，即日起两国建立大使级外交关系。同年8月，中国在阿塞拜疆设立大使馆。

2019年3月1日下午，由阿塞拜疆经济部、阿塞拜疆驻华大使馆商务代表处、阿塞拜疆出口与投资促进基金会和环球时报社联合主办的中国—阿塞拜疆“一带一路”贸易合作圆桌论坛在北京四季酒店举行。目前阿中贸易额已突破13亿美元，阿塞拜疆是亚洲基础设施投资银行的创始成员国之一。许多中国企业在阿塞拜疆的经济发展中发挥着重要作用。③

49. 捷克（Czech Republic）

捷克面积78,866平方公里，首都布拉格（Prague），496平方公里，人口129.7万，全国人口1065万（2019年）。捷克地处欧洲中部。东靠斯洛伐克，南邻奥地利，西接德国，北毗波兰。捷克的铁路运输能力很强，截至2016年铁路总长9566公里，电气化铁路3237公里。客运量总计1.77亿人次，货运量总计9728万吨。

① 参见中华人民共和国外交部：《中国同新加坡的关系》，载中华人民共和国外交部门户网站2015年10月10日，https://www.fmprc.gov.cn/web/。

② 中华人民共和国驻新加坡共和国大使馆经济商务处统计。

③ 中华人民共和国驻阿塞拜疆共和国大使馆经济商务处统计。

截至2016年捷克的公路总长55,738公里,其中高速公路776公里。客运量总计3.51亿人次,货运量总计4.39亿吨。截至2016年捷克航空客运量总计539万人次,货运量总计5790吨。捷克主要国际机场为布拉格瓦茨拉夫·哈维尔机场。①

1993年1月1日,中国承认捷克为独立国家并与其建立大使级外交关系。

2016年3月,国家主席习近平在布拉格同捷克总统泽曼举行会谈。两国元首一致同意,将中捷关系提升为战略伙伴关系,推动中捷关系再上新台阶。双方同意加强中国“一带一路”倡议同捷克发展战略对接,共同编制中捷合作规划纲要,作为指导今后一段时期两国务实合作的框架。加强机械、汽车、航空等制造业领域产能合作;深化金融、核能、中医药、航空运输、产业园区合作,构建全方位互联互通;推进电子商务、通信、智能工业、纳米、环保等新兴领域创新合作,打造两国经贸合作新的增长点。双方一致认为,中国—中东欧国家合作与中欧全面战略伙伴关系相辅相成。双方同意坚持互尊互助互利精神,深化利益融合;努力实现中国—中东欧国家合作同“一带一路”建设的全方位对接,推动中欧互联互通合作,为促进亚欧互联互通多作努力;要深化人文交流。两国元首共同签署了中华人民共和国和捷克《关于建立战略伙伴关系的联合声明》。②

50. 白俄罗斯(Republic of Belarus)

白俄罗斯面积20.76万平方公里,首都明斯克,人口195.98万,全国人口949.87万(2018年)。白俄罗斯位于东欧平原西部,东邻俄罗斯,北、西北与拉脱维亚和立陶宛交界,西与波兰毗邻,南与乌克兰接壤。铁路和公路交通网较发达,是欧洲交通走廊的组成部分。长途运输以铁路为主。截至2014年全国铁路总长5600公里。截至2014年白俄罗斯公路网的全长8.36万公里。白俄罗斯有7个国际机场:明斯克国家机场,明斯克1号机场,戈梅利机场,格罗德诺机场,布列斯特机场,莫吉廖夫机场和维捷布斯克机场。这些机场不仅担负着国内航线的运输,还有飞往各国的国际定期航班以及包机旅客航班。③

1994年开始实行总统制,同年7月,卢卡申科当选首任总统。1996年11月,白俄罗斯举行全民公决,将卢总统任期延长至2001年。2001年9月,卢卡申科在总统选举中连任。2004年10月,白俄罗斯举行全民公决和议会选举,取消宪法关于总统任期不得超过两届的规定。2006年3月、2010年12月、2015年10月卢卡

① 参见中华人民共和国外交部:《捷克国家概况》,载中华人民共和国外交部门户网站2016年3月25日,https://www.fmprc.gov.cn/web/。

② 中华人民共和国驻捷克共和国大使馆经济商务处统计。

③ 中华人民共和国驻白俄罗斯共和国大使馆经济商务处统计。

申科均连任总统。政党在白俄罗斯社会政治生活中影响有限,在白俄罗斯议会中没有固定的议会党团。白俄罗斯议会称国民会议,由共和国院(上院)和代表院(下院)组成,每届任期5年。白俄罗斯坚持奉行独立务实的外交政策。其外交首要重点为俄罗斯,重视同独联体及周边邻国的关系,将中国视为白俄罗斯外交优先方向之一,努力改善同西方国家关系。1992年1月20日中白建交后,两国关系发展顺利,高层互访频繁。截至2014年两国结好的城市、省州共12对。2019年4月,卢卡申科总统来华出席第二届“一带一路”国际合作高峰论坛。① “一带一路”建设促进了白中两国贸易额快速增长。据白俄罗斯方发布的统计,2018年两国贸易额达36.3亿美元,同比增长10%,其中白对华出口增长33.4%。2018年过境白俄罗斯的中欧班列运输的集装箱数量增长28%,约占白俄罗斯过境运输集装箱数量的81%。中欧班列既带动了白俄罗斯过境运输收入的增加,也给白俄罗斯利用返程班列扩大对华出口带来良机。目前,白俄罗斯已有50多家乳制品加工企业和数家肉类加工企业获准向中国出口。②

51. 格鲁吉亚(Georgia)

格鲁吉亚面积6.97万平方公里,首都第比利斯,人口117万,总人口372万(2019年)。格鲁吉亚位于南高加索中西部。北接俄罗斯,东南和南部分别与阿塞拜疆和亚美尼亚相邻,西南与土耳其接壤,西邻黑海。海岸线长309公里。格鲁吉亚位于欧洲和中亚的交通要道,是连接几个重要经济区域的桥梁,该区域总人口8.27亿,包括欧盟(4.95亿)、独联体(2.43亿)、土耳其(7300万)和高加索地区(1600万),是连接欧洲和中亚地区运输石油和天然气的枢纽。格鲁吉亚石油和天然气管道、黑海港口、日益完善的铁路运输系统以及机场在作为东西方枢纽中发挥了越来越重要的作用。③

1992年6月9日,中格建交。两国友好合作关系发展顺利,各领域合作逐步扩大。格鲁吉亚奉行一个中国政策。双方在联合国等国际组织中保持良好沟通和协调。2018年1月1日,中格自贸协定正式生效,格鲁吉亚成为欧亚地区首个与我国建立自贸安排的国家,6月格同我国香港特别行政区签署自贸

---

① 参见中华人民共和国外交部:《捷克国家概况》,载中华人民共和国外交部门户网站2016年3月25日,https://www.fmprc.gov.cn/web/。

② 参见《2019年白俄罗斯经济增长低于预期》,载新华网2020年1月17日,https://baijiahao.baidu.com/s?id=1655939313619776550&wfr=spider&for=pc。

③ 参见中华人民共和国商务部:《格鲁吉亚交通运输业状况》,载中华人民共和国商务部网站2008年4月18日,http://www.mofcom.gov.cn/。

协定。①

目前,中国企业在格鲁吉亚承建公路82.1公里、铁路40.6公里,在加强“一带一路”框架内的基础设施建设合作、促进格经济社会发展方面发挥了积极作用。在人文领域,“中国热”“汉语热”正在格蓬勃兴起。双方共办的第比利斯自由大学孔子学院稳步发展,第比利斯开放大学将开设新的孔子课堂。在中方派出的近20名汉语教师和志愿者的帮助下,包括格鲁吉亚最高学府第比利斯国立大学在内的26所大中院校开设了汉语课程,学习汉语的学生逾千名。②

52. 伊拉克(The Republic of Iraq)

伊拉克面积43.83万平方公里,首都巴格达(Baghdad),人口约664万),全国人口3800万(2018年)。伊拉克位于亚洲西南部,阿拉伯半岛东北部。北接土耳其,东临伊朗,西毗叙利亚、约旦,南接沙特、科威特,东南濒波斯湾。幼发拉底河和底格里斯河自西北向东南流贯全境。海岸线长60公里。国内交通运输以公路为主。公路网遍布全国,总长约5.96万公里,多数建于1991年之前。铁路总长2272公里,主要有以巴格达为中心的3条干线。有巴格达、巴士拉、埃尔比勒、苏莱曼尼亚、纳杰夫和摩苏尔等6个国际机场。③

自1958年8月25日中伊两国建交以来,双边关系稳定向前。

伊拉克战争后,经济重建任务繁重。联合国安理会于2003年5月通过第1483号决议,取消对伊拉克除武器禁运以外的所有经济制裁。2019年8月,中国常驻联合国副代表吴海涛当天举行的安理会伊拉克问题公开会上表示,中方将继续在“一带一路”框架下,积极参与伊拉克能源、基础设施等领域重建,并为伊拉克经济社会发展提供力所能及的帮助。④

53. 吉尔吉斯斯坦(Kyrgyz Republic)

吉尔吉斯斯坦面积19.99万平方公里(90%在海拔1500米以上),总人口640万(2019年)。吉尔吉斯斯坦位于中亚东北部,北邻哈萨克斯坦、西南邻塔吉克斯坦,西邻乌兹别克斯坦,东南面和东面与中国新疆维吾尔自治区接壤。东西长900公里,南北宽410公里。吉尔吉斯斯坦是典型的内陆国家,没有出海口。公路运输是其最重要的运输方式。中国飞往吉尔吉斯斯坦的主要航线有2条:乌鲁木齐—

---

① 参见中华人民共和国外交部:《中国同格鲁吉亚的关系》,载中华人民共和国外交部门户网站2013年3月21日,https://www.fmprc.gov.cn/web/。

② 中华人民共和国驻格鲁吉亚大使馆经济商务处统计。

③ 参见中华人民共和国外交部:《伊拉克国家概况》,载中华人民共和国外交部门户网站2015年7月6日,https://www.fmprc.gov.cn/web/。

④ 参见中国领事馆伊拉克数据。

比什凯克、乌鲁木齐—奥什。

中吉自1992年1月5日建交以来,双方彻底解决历史遗留的边界问题,两国关系积极、健康、稳步向前发展。①

2018年2月25日,中国—吉尔吉斯斯坦—乌兹别克斯坦国际货运道路正式通车,将3国间货物陆路运输时间由10天缩短到2天,随着与之配套的全球性货物运输海关通关系统在边境开通。由中国路桥公司承建的吉尔吉斯斯坦第二条南北公路项目正稳步推进,建成后将成为吉尔吉斯斯坦最现代化的公路,对带动沿线经济发展和北方城市、伊塞克湖主要港口巴雷克奇走向更广阔的外贸市场具有重要作用。此外,中吉两国还在合力推动比什凯克市政路网改造、农业灌溉系统改造和清洁饮用水等重大系列项目。

人文交流是中吉共建“一带一路”合作十分活跃的领域,是两国交往的一大亮点。比什凯克人文大学“中国馆”是中国在海外的第14个“中国馆”,也是迄今为止面积最大的“中国馆”。目前,中国在吉尔吉斯斯坦开设4所孔子学院,下设20多个孔子课堂,日常接受汉语教育和培训的大中学生超过万人。中方每年为吉尔吉斯斯坦各界提供近千人次的赴华交流培训和奖学金项目,目前在华吉尔吉斯斯坦留学生人数达4000多人。两国在文化、教育、艺术等方面的交流更加频繁,使两国友好的根越扎越深。②

54. 哈萨克斯坦(The Republic of Kazakhstan)

哈萨克斯坦面积272.49万平方公里,首都阿斯塔纳,全国人口1839.57万(2019年10月)。哈萨克斯坦位于亚洲中部。北邻俄罗斯,南与乌兹别克斯坦、土库曼斯坦、吉尔吉斯斯坦接壤,西濒里海,东接中国。哈萨克斯坦铁路运输相对落后,在货运总量中所占比重远远小于汽运。海上运输和内河运输发展水有限,航空价格高昂,进而导致对航空运输需求量较小。

哈萨克斯坦实行以巩固独立和主权为中心的务实、平衡的外交政策。1992年1月3日与我国签署了两国建交公报。两国关系良好,高层互访频繁。2019年9月11日,中国国家主席习近平在人民大会堂同哈萨克斯坦总统托卡耶夫举行会谈,两国元首一致决定,双方将本着同舟共济、合作共赢的精神,发展中哈永久全面战略伙伴关系,哈萨克斯坦政府与中国政府签订了《关于落实“丝绸之路经济带”建设与“光明之路”新经济政策对接合作规划的谅解备忘录》。③

---

① 参见中华人民共和国外交部:《中国同吉尔吉斯斯坦的关系》,载中华人民共和国外交部门户网站2019年6月10日,https://www.fmprc.gov.cn/web/。

② 中华人民共和国驻吉尔吉斯共和国大使馆经济商务处统计。

③ 中华人民共和国驻哈萨克斯坦大使馆经济商务处统计。

55. 科威特(The State of Kuwait)

科威特面积17,818平方公里,首都科威特城(Kuwait City),人口51万,全国人口443万(2019年),其中科威特籍人口124.3万。科威特位于亚洲西部波斯湾西北岸,与沙特、伊拉克相邻,东濒波斯湾,同伊朗隔海相望。海岸线长290公里。科威特交通运输十分发达。全国公路总长4万公里(2013年)。汽车拥有量为96.8万辆,其中私家车80万辆。科威特有一座国际民用机场,两座军用机场。机场起降架次3.3万次/年,客流量370万人次/年,运货量14万吨/年。主要港口是舒威赫港和舒艾巴港。①

1971年3月22日中科建交,建交以来两国关系稳步发展。②

科威特是最早与中国签署共同建设"一带一路"协议的阿拉伯国家之一。同时科威特以创始成员国身份加入亚洲基础设施投资银行,将科威特和中国经贸合作提高至更高水平。目前,中国企业在科威特参与建设的项目达69个。位于科威特南部沙漠腹地的阿祖尔炼油厂是中国"一带一路"倡议与科威特"2035国家愿景"相对接的重点工程之一,建成后将成为中东地区规模最大炼油厂。

56. 马尔代夫(The Republic of Maldives)

马尔代夫总面积9万平方公里(含领海面积),陆地面积298平方公里。首都马累(Male),人口24.8万,总人口44万(2019年)。马尔代夫是印度洋上的群岛国家,距离印度南部约600公里,距离斯里兰卡西南部约750公里。南北长820公里,东西宽130公里。由26组自然环礁、1192个珊瑚岛组成,分布在9万平方公里的海域内,其中200个岛屿有人居住。马尔代夫主要交通运输方式为内河航运。汽车、摩托车为主要陆上交通工具。

1972年10月14日,中马建交,马尔代夫奉行一个中国政策。③

2018年11月的统计,在相关中马合作项目全部完成时,马方向中方借贷总额将达15亿美元,包括中马友谊大桥、维拉纳国际机场改造升级、马社会住房项目等。上述所有项目均经过科学的可行性论证,系马方根据自身发展需求提出的项目。中马合作项目互利共赢,均尊重马方意愿,未附带任何条件或要求。这是中马在"一带一路"倡议下坚持共商共建共享原则、推动"清洁、绿色、可持续发展"的

---

① 参见中华人民共和国外交部:《科威特国家概况》,载中华人民共和国外交部门户网站2019年12月16日,https://www.fmprc.gov.cn/web/。

② 参见中华人民共和国外交部:《科威特国家概况》,载中华人民共和国外交部门户网站2019年12月16日,https://www.fmprc.gov.cn/web/。

③ 参见中华人民共和国外交部:《中国同马尔代夫的关系》,载中华人民共和国外交部门户网站2014年9月10日,https://www.fmprc.gov.cn/web/。

具体体现,也是中方向国际社会提供“一带一路”这一公共产品的初心。①

57. 北马其顿(The Republic of North Macedonia)

北马其顿面积25,713平方公里,首都斯科普里(Skopje),人口50.3万,全国人口208.2万(2018年)。北马其顿位于欧洲巴尔干半岛中部,西邻阿尔巴尼亚,南接希腊,东界保加利亚,北部与塞尔维亚接壤。北马其顿的客运以公路为主,货运以公路(约90%)和铁路(约10%)为主,航空业较为落后,境内无海港,海运货物主要通过希腊萨洛尼卡港等转运到世界各地。②

自1993年10月12日中国与北马其顿建立外交关系。2019年中马两国基切沃—奥赫里德高速公路项目开始建设,这条高速公路项目总长56.6公里,设计为双向四车道,设计时速100公里,预计2021年建成通车。该公路由中国电建集团水电七局承建,是中国—中东欧国家合作100亿美元专项贷款的首批落地项目之一。③

58. 尼泊尔(Nepal)

尼泊尔面积147,181平方公里,首都加德满都(Kathmandu),海拔约1400米,常住人口约500万,全国人口约2809万(2019年)。尼泊尔是内陆山国,位于喜马拉雅山南麓,北邻中国,其余三面与印度接壤。全国分北部高山、中部温带和南部亚热带3个气候区。尼泊尔交通运输以陆上和空运为主。公路里程约为29,157公里。空运方面,共有机场56个,直升机停机坪约120个。

2015年9月,尼泊尔颁布新宪法确定为联邦民主共和国;将全国划分为7个联邦;总统为礼仪性国家元首和军队统帅,总理由议会多数党领袖担任;联邦议会实行两院制,由国民会议和众议院组成;2016年1月,尼泊尔议会通过宪法第一修正案,将选举划分等条款的基本原则由比例包容制变为人口比例第一、兼顾包容原则。尼泊尔新宪法颁布后,制宪会议自动转化为立法议会。尼泊尔奉行平等、互利、相互尊重和不结盟的外交政策,主张在和平共处五项原则基础上同世界各国发展友好关系。2019年10月12日,国家主席习近平在加德满都会见尼泊尔总统班达里。两国元首共同宣布,双方将本着同舟共济、合作共赢精神,建立中尼面向发展与繁荣的世代友好的战略合作伙伴关系。④

---

① 中华人民共和国驻马尔代夫共和国大使馆经济商务处统计。

② 参见中华人民共和国外交部:《北马其顿国家概况》,载中华人民共和国外交部门户网站2014年1月16日,https://www.fmprc.gov.cn/web/。

③ 中华人民共和国驻北马其顿共和国大使馆经济商务处统计。

④ 参见央视新闻:《习近平会见尼泊尔总统班达里》,载央视网2019年10月31日,https://www.cctv.com/。

2019年中尼双方共同签署了有关经贸合作的3项双边合作框架协议。论坛发布了专刊《尼泊尔：一片充满机遇的土地》，推进“一带一路”经贸合作。①

59. 保加利亚(The Republic of Bulgaria)

保加利亚面积111,001.9平方公里，首都索非亚(София)，人口132.5万人(2019年)，全国人口700万人(2019年)。保加利亚位于欧洲巴尔干半岛东南部，北与罗马尼亚隔多瑙河相望，西与塞尔维亚、马其顿相邻，南与希腊、土耳其接壤，东临黑海，海岸线长378公里。国内交通以铁路运输和海上运输为主。2016年全国铁路客运总量为1625.63万人公里，货运总量1030.15万吨公里。

中国与保加利亚于1949年10月4日建交。2019年7月，两国建立战略伙伴关系。两国外交部建有磋商机制。②

2016年8月，中国出口保加利亚的110辆宇通客车进入索非亚公交系统，标志着中国制造的大客车批量进入了汽车排放标准十分严苛的欧盟市场。近年来，中保两国农业合作领域日益扩大，双边农产品贸易额持续增长，保政府对推动与中国开展农业合作愿望强烈，高层领导也十分重视，互利才能共赢，越来越多的保加利亚玫瑰产品、酸奶和红酒进入中国，饲料、油料作物和肉类对华出口也呈现稳步增长势头。③

60. 罗马尼亚(Romania)

罗马尼亚面积238,391平方公里，首都布加勒斯特(Bucharest)，人口228万(2015年1月)，全国人口1952万(2018年)。罗马尼亚位于东南欧巴尔干半岛东北部。北和东北分别与乌克兰和摩尔多瓦为邻，南接保加利亚，西南和西北分别与塞尔维亚和匈牙利接壤，东南临黑海。罗马尼亚国内交通以公路运输、铁路运输为主。铁路总里程为10,774公里，公路总里程为86,099公里。

中国与罗马尼亚于1949年10月5日建交，建交后双方保持着互助合作，罗政府主张对华友好外交方针。

2015年，双方签署了《关于在两国经济联委会框架下推进“一带一路”建设的谅解备忘录》，罗马尼亚成为首批同中方签署类似文件的国家。2018年9月“一带一路”沿线国家打造亚欧铁海联运通道，使罗马尼亚黑海港口康斯坦察成为新丝绸之路上的重要枢纽。④

---

① 中华人民共和国驻尼泊尔联邦民主共和国大使馆经济商务处统计。

② 参见中华人民共和国外交部：《中国同保加利亚的关系》，载中华人民共和国外交部门户网站2014年1月16日，https://www.fmprc.gov.cn/web/。

③ 中华人民共和国驻保加利亚共和国大使馆经济商务处统计。

④ 中华人民共和国驻罗马尼亚大使馆经济商务处统计。

61. 沙特阿拉伯(Kingdom of Saudi Arabia)

沙特阿拉伯面积225万平方公里,首都利雅得(Riyadh),人口约603万,全国人口3255万(2018年)。沙特阿拉伯位于阿拉伯半岛。东濒波斯湾,西临红海,同约旦、伊拉克、科威特、阿联酋、阿曼、也门等国接壤,并经法赫德国王大桥与巴林相接。海岸线长2448公里。地势西高东低。公路交通是主要运输方式,沙特道路总长20.97万公里,其中公路总长6.46万公里(2015)。沙特现有铁路是利雅得—达曼铁路,全长590公里。①

1990年7月21日,中国和沙特建交。2016年1月,两国建立全面战略伙伴关系,并决定成立中沙高级别联合委员会。②

2016年中沙双边贸易额达到423.6亿美元,2017年中沙双边贸易额500亿美元,沙特继续占据中国在西亚非洲地区第一大贸易伙伴位置,中国也是沙特最大的贸易伙伴。目前,已有140多家中资企业进驻沙特,主要涵盖能源、房建、港口、路桥、通信等多个领域。两国初步形成了以能源合作为主轴,以基础设施建设、贸易和投资便利化为两翼,以核能、航天卫星、新能源三大高新领域为突破口的“1+2+3”合作格局。③

62. 塔吉克斯坦(The Republic of Tajikistan)

塔吉克斯坦面积14.31万平方公里,首都杜尚别,全国人口928万人(2019年)。塔吉克斯坦位于中亚东南部,北邻吉尔吉斯斯坦,西邻乌兹别克斯坦,南与阿富汗接壤,东接中国。东西长700公里,南北宽350公里。境内多山,约占国土面积的93%,有“高山国”之称。塔吉克斯坦交通状况差。国内运输主要以公路运输为主。截至2014年塔吉克斯坦现有公路总里程为1.3747万公里。

自1992年1月4日中塔建交以来,两国关系积极、健康、稳步向前发展。两国彻底解决历史遗留的边界问题,签署了《中华人民共和国和塔吉克斯坦共和国睦邻友好合作条约》,并于2013年5月建立战略伙伴关系。2014年9月,习近平主席对塔进行首次国事访问。2014年9月13日,中国国家主席习近平和塔吉克斯坦总统拉赫蒙在杜尚别签署中华人民共和国和塔吉克斯坦《关于进一步发展和深

① 参见中华人民共和国外交部:《北沙特阿拉伯国家概况》,载中华人民共和国外交部门户网站2019年4月17日,https://www.fmprc.gov.cn/web/。

② 参见中华人民共和国外交部:《中国同沙特阿拉伯的关系》,载中华人民共和国外交部门户网站2016年1月15日,https://www.fmprc.gov.cn/web/。

③ 中华人民共和国驻沙特阿拉伯王国大使馆经济商务处统计。

化战略伙伴关系的联合宣言》。[①]

63. 南非(The Republic of South Africa)

南非面积1,219,090平方公里,比勒陀利亚(Pretoria)为行政首都,人口约292万;开普敦(Cape Town)为立法首都,人口约374万;布隆方丹(Bloemfontein)为司法首都,人口约75万,全国人口5652万。南非位于非洲大陆最南端,东濒印度洋,西临大西洋,北邻纳米比亚、博茨瓦纳、津巴布韦、莫桑比克和斯威士兰,另有莱索托为南非领土所包围。海洋运输业发达,约98%的出口要靠海运完成,主要港口有开普敦、德班、东伦敦、伊丽莎白港、理查兹湾、萨尔达尼亚和莫瑟尔湾。截至2019年1月,有商船990艘,总吨位75.5万吨。年港口吞吐量约为12亿吨。德班是非洲最繁忙的港口及最大的集装箱集散地,年集装箱处理量达120万个。现约有27个民航机场,其中11个是国际机场。每周有600多个国内航班和70多个国际航班,与非洲、欧洲、亚洲及中东、南美一些国家直接通航,平均年客运量达1200万人次,主要国际机场有奥立弗·坦博国际机场(原约翰内斯堡国际机场)、开普敦国际机场和德班沙卡王国际机场等。[②] 中非于1998年1月1日建交。[③] 南非是“一带一路”的沿线国家之一,中非就“一带一路”合作与南非签署了谅解备忘录,华为、三一集团、中钢集团在内的多家中国公司已经对南非进行了投资,北汽集团也宣布对南非投资50亿元人民币建立汽车制造工厂。[④]

64. 韩国(Republic of Korea)

韩国面积约10万平方公里,首都首尔(Seoul),人口1000万,全国人口约51,635万(2019年)。韩国位于亚洲大陆东北部朝鲜半岛南半部。东、南、西三面环海。韩国的交通运输业发达,全国已建成完整的交通运输网络。

中韩自1992年8月24日建交以来,两国友好合作关系在各个领域都取得了快速发展。政治上,两国领导人经常互访或在国际多边活动中会晤,增进了相互理解和信任,推动了两国关系发展。经济上,两国互利合作不断深化,互为重要贸易伙伴,在文化、教育、科技等领域的交流与合作日益活跃。两国在地区及国际事

---

① 参见中华人民共和国外交部:《中国同塔吉克斯坦的关系》,载中华人民共和国外交部门户网站2019年6月12日,https://www.fmprc.gov.cn/web/。

② 参见中华人民共和国外交部:《南非国家概况》,载中华人民共和国外交部门户网站2018年7月17日,https://www.fmprc.gov.cn/web/。

③ 参见中华人民共和国外交部:《新南非国家概况》,载中华人民共和国外交部门户网站2018年7月17日,https://www.fmprc.gov.cn/web/。

④ 中华人民共和国驻南非共和国大使馆经济商务处统计。

务中保持密切协调与合作。双边经贸合作稳步、健康、快速发展。①

2017 年 12 月,韩中两国首脑会谈时表示愿意对接两国发展战略,积极探讨互利共赢的合作模式,实现共同发展。为了落实中韩首脑达成的重要共识,需要两国政府、智库、民营企业等建言献策、具体推进。实现“一带一路”倡议与韩国“新北方政策”的有效对接,是推动中韩开展实质性合作的有效途径。两国战略能有机结合将有望形成强劲的东北亚经济共同体。②

65. 乌克兰(Ukraine)

乌克兰面积 60.37 万平方公里,首都基辅,人口 281 万,全国人口 4203 万(2019 年)。乌克兰位于欧洲东部,黑海、亚速海北岸。北邻白俄罗斯,东北接俄罗斯,西连波兰、斯洛伐克、匈牙利,南同罗马尼亚、摩尔多瓦毗邻。国内交通以铁路运输、陆路运输及水路运输为主。

1992 年 1 月 4 日,中乌两国建立大使级外交关系。建交后,双边关系健康稳步发展。③

近年来,中乌两国高层互访不断,政策沟通更加频繁,双方合作机制也在日益完善。2017 年 4 月,中交天航局以更优的方案和更合理的价格打破了欧洲四大疏浚企业的垄断,成功中标乌克兰南方港的内外航道、调头圆及粮食码头等疏浚项目。这也是中国疏浚企业在欧洲市场第一次成功中标。④

66. 塞尔维亚(The Republic of Serbia)

塞尔维亚面积 8.83 万平方公里,首都贝尔格莱德(Belgrade),人口 167 万(2014 年),全国人口 713 万(不含科索沃地区,2019 年)。塞尔维亚位于巴尔干半岛中北部,东北与罗马尼亚,东部与保加利亚,东南与马其顿,南部与阿尔巴尼亚,西南与黑山,西部与波黑,西北与克罗地亚相连。以铁路和公路为主。塞尔维亚有 5 个机场,铁路总长 3808.7 公里,公路总长 45,220 公里,其中高速公路 782 公里。共有 6 个机场,主要机场为贝尔格莱德尼古拉·泰斯拉机场。⑤

---

① 参见中华人民共和国外交部:《韩国国家概况》,载中华人民共和国外交部门户网站 2020 年 3 月 25 日,https://www.fmprc.gov.cn/web/。

② 参见韩昌松:《韩国经济学界认为“一带一路”倡议具有重大意义》,载百家号网 2019 年 4 月 28 日,https://baijiahao.baidu.com/s?id=1632048478309088620&wfr=spider&for=pc。

③ 参见中华人民共和国外交部:《中国同乌克兰的关系》,载中华人民共和国外交部门户网站 2012 年 8 月 21 日,https://www.fmprc.gov.cn/web/。

④ 参见中华人民共和国驻乌克兰大使馆经济商务处统计。

⑤ 参见中华人民共和国外交部:《韩国国家概况》,载中华人民共和国外交部门户网站 2020 年 3 月 25 日,https://www.fmprc.gov.cn/web/。

1955 年 1 月 2 日，前南斯拉夫①与中国建交。双方自建交以来，双边关系取得长足进展。

2016 年 6 月，两国元首在塞尔维亚共同签署了中华人民共和国和塞尔维亚《关于建立全面战略伙伴关系的联合声明》，将中塞关系定位提升为全面战略伙伴关系。同年 11 月 5 日，中塞两国总理共同见证签署中华人民共和国政府和塞尔维亚政府《关于互免持普通护照人员签证的协定》。2017 年 5 月，中塞政府签订《关于共同推进“一带一路”建设的谅解备忘录》，设立经贸混委会机制，此后两国还签了“投资保护协定”、“避免双重征税协定”、《关于基础设施领域经济技术合作协定》、《文化出版交流合作协议》、《科学技术合作协定》和《中华人民共和国公安部和塞尔维亚共和国内务部合作协议》等文件。

2017 年 1 月，中塞《关于互免持普通护照人员签证的协定》正式生效。迄今，两国已经签署了多份有关经济合作和“一带一路”相关的文件，包括中华人民共和国与塞尔维亚政府《关于共同推进丝绸之路经济带和 21 世纪海上丝绸之路建设的谅解备忘录》、中华人民共和国和塞尔维亚《关于深化战略伙伴关系的联合声明》等。一系列文件的签署在推动两国政治和经贸关系持续发展方面，发挥了重要作用。②

67. 斯洛伐克（The Slovak Republic）

斯洛伐克面积 49,037 平方公里，首都布拉迪斯拉发，人口 43 万，全国人口 545 万人（2019 年）。斯洛伐克属欧洲中部的内陆国。东邻乌克兰，南接匈牙利，西连捷克、奥地利，北毗波兰。属海洋性向大陆性气候过渡的温带气候。以公路和铁路运输为主，近年来航空运输有所发展。公路总长 18,045 公里，其中高速公路 482 公里。客运量总计 2.43 亿人次，货运量总计 1.77 亿吨。③

中国同捷克斯洛伐克于 1949 年 10 月 6 日建交。1993 年 1 月 1 日斯洛伐克成为独立主权国家，中国即予以承认并与之建立大使级外交关系。④

2015 年，斯洛伐克成为首批与中方签署政府间“一带一路”合作谅解备忘录的

---

① 第二次世界大战后，塞尔维亚、克罗地亚、斯洛文尼亚、波黑、黑山、马其顿成为南斯拉夫社会主义联邦共和国的六个共和国。1991 年，前南斯拉夫开始解体。1992 年，塞尔维亚与黑山组成南斯拉夫联盟共和国。2003 年 2 月 4 日，南联盟更名为塞尔维亚和黑山。2006 年 6 月 3 日，黑山共和国宣布独立。同年 6 月 5 日，塞尔维亚共和国宣布继承塞黑的国际法主体地位。

② 中华人民共和国驻塞尔维亚大使馆经济商务处统计。

③ 参见中华人民共和国外交部：《斯洛伐克国家概况》，载中华人民共和国外交部门户网站 2020 年 3 月 7 日，https://www.fmprc.gov.cn/web。

④ 参见中华人民共和国外交部：《中国同斯洛伐克的关系》，载中华人民共和国外交部门户网站 2014 年 1 月 16 日，https://www.fmprc.gov.cn/web/。

欧洲国家之一。近年来,两国各领域交流合作在“一带一路”框架内蓬勃发展,成果显著。2018 年,两国贸易额首次突破 70 亿美元,创历史新高。①

68. 俄罗斯(Russia)

俄罗斯面积 1709.82 万平方公里,首都莫斯科面积约为 2560 平方公里,常住人口约 1230 万,全国 1.46 亿人(2019 年)。俄罗斯横跨欧亚大陆,东西最长 9000 公里,南北最宽 4000 公里。邻国西北面有挪威、芬兰,西面有爱沙尼亚、拉脱维亚、立陶宛、波兰、白俄罗斯,西南面是乌克兰,南面有格鲁吉亚、阿塞拜疆、哈萨克斯坦,东南面有中国、蒙古国和朝鲜。各类运输方式俱全,铁路、公路、水运、航空都起着重要作用。有较为完善的交通网。铁路运输、公路运输、航空运输线路密集于俄罗斯西部,远东地区有连贯亚欧大陆的铁路。

《俄罗斯联邦宪法》于 1993 年 12 月 12 日经全民投票通过,同年 12 月 25 日正式生效。该宪法是俄罗斯独立后的第一部宪法,规定俄罗斯是共和制的民主联邦法制国家,确立了总统制的国家领导体制。俄罗斯会议(议会)由联邦委员会(上院)和国家杜马(下院)组成。苏联解体后,1991 年 12 月 27 日中俄两国在莫斯科签署《会谈纪要》,确认俄继承苏联与中国的外交关系。2019 年 6 月 5 日,中俄两国关系提升为“新时代全面战略协作伙伴关系”。两国高层交往频繁,形成了元首年度互访的惯例,建立了总理定期会晤、议会合作委员会以及能源、投资、人文、经贸、地方、执法安全、战略安全等各级别交往与合作机制。双方在涉及国家主权、安全、领土完整、发展等核心利益问题上相互支持。积极开展两国发展战略对接和“一带一路”建设同欧亚经济联盟对接,务实合作取得新的重要成果。②

2015 年,俄中两国签署了欧亚经济联盟与“一带一路”倡议的合作协议。该协议的最大成果是欧亚经济联盟与中国之间启动了自由贸易区的谈判。2018 年,中国黑龙江省与俄罗斯的贸易额大幅增长,比上年增长近 65%。其中,自俄进口产品贸易额较上年增长了 80% 以上,达到将近 1150 亿元。③

69. 斯里兰卡(The Democratic Socialist Republic of Sri Lanka)

斯里兰卡面积 65,610 平方公里,首都科伦坡(Colombo),人口 75.3 万,全国人口 2144 万(2017 年)。斯里兰卡是南亚次大陆以南印度洋上的岛国,西北隔保克海峡与印度相望。接近赤道,终年如夏,年平均气温 28℃,受印度洋季风影响,西南部沿海地区湿度大。年平均降水量 2136 毫米(2014 年)。风景秀丽,素有“印

① 中华人民共和国驻斯洛伐克共和国大使馆经济商务处统计。

② 参见中华人民共和国外交部:《中俄双边关系》,载中华人民共和国外交部门户网站 2020 年 4 月 30 日,https://www.fmprc.gov.cn/web/。

③ 中华人民共和国驻俄罗斯联邦大使馆经济商务处统计。

度洋上的明珠”之称。国内有公路12,380公里,铁路1640公里。主要港口有科伦坡、汉班托塔、高尔和亭可马里。科伦坡机场、汉班托塔(马塔拉)机场为国际机场。斯里兰卡航空公司经营国际航空业务。①

自1957年2月7日中斯两国建交以来,两国在许多重大国际问题上相互交换意见,形成同一共识,进行了卓有成效的合作。

2013年5月,斯里兰卡总统马欣达·拉贾帕克萨访华,两国一致同意将“真诚互助、世代友好的全面合作伙伴关系”提升为“真诚互助、世代友好的战略合作伙伴关系”。战略合作伙伴关系的建立与发展,标志着两国关系进入了新的发展阶段。2007年2月,中斯签订《中斯双向投资促进合作谅解备忘录》以来,尤其是中国于2013年先后提出建设“丝绸之路经济带”以及“21世纪海上丝绸之路”倡议后,在中斯两国经贸合作水平不断提升的背景下,中国对斯里兰卡投资呈现出快速增长态势,中资企业对斯里兰卡投资取得跨越式发展,尤其是中国民营企业赴斯里兰卡投资发展迅速。②

70. 土耳其(Republic of Turkey)

土耳其面积78.36万平方公里,其中97%位于亚洲的小亚细亚半岛,3%位于欧洲的巴尔干半岛。首都安卡拉(Ankara),人口535万,全国人口8200万(2019年)。土耳其地跨亚、欧两洲,邻格鲁吉亚、亚美尼亚、阿塞拜疆、伊朗、伊拉克、叙利亚、希腊和保加利亚,濒地中海、爱琴海、马尔马拉海和黑海。海岸线长7200公里,陆地边境线长2648公里。2009年,土耳其共有102座机场(90座为有铺设跑道,另12座无铺设跑道),包括6座国际机场,在伊斯坦布尔、安卡拉、伊兹密尔、特拉布宗、达拉曼和安塔利亚。并有21座直升机飞机场。土耳其铁路网总长8697公里(2008年),包括2133公里电气化轨道。

1971年8月4日,中国和土耳其建交。20世纪80年代以来,两国高层互访增多,双边关系发展较快。近几年,双边关系发展良好。③

2019年11月,自中国西安发出的中欧班列首次穿越土耳其,并将通过马尔马拉海底隧道前往捷克首都布拉格。本次班列长850米,装载42个集装箱,自中国新疆进入哈萨克斯坦,横跨里海,经阿塞拜疆和格鲁吉亚进入土耳其,从卡尔斯至伊斯坦布尔,穿过马尔马拉海底隧道抵达埃迪尔内,再跨越保加利亚、罗马尼亚、

---

① 参见中华人民共和国外交部:《斯里兰卡国家概况》,载中华人民共和国外交部门户网站2017年8月4日,https://www.fmprc.gov.cn/web/。

② 中华人民共和国驻斯里兰卡民主社会主义共和国大使馆经济商务处统计。

③ 参见中华人民共和国外交部:《中国同土耳其的关系》,载中华人民共和国外交部门户网站2018年6月21日,https://www.fmprc.gov.cn/web/。

匈牙利、斯洛伐克最终到达布拉格,全程12,251公里,途经两段海路,涉及两大洲10个国家。①

71. 乌兹别克斯坦(Republic of Uzbekistan)

乌兹别克斯坦面积44.74万平方公里,首都塔什干,人口249.79万,全国人口3337.58万(2019年)。乌兹别克斯坦位于中亚腹地,是双内陆国(自身无出海口,5个邻国也均是内陆国)。南靠阿富汗,北部和东北与哈萨克斯坦接壤,东、东南与吉尔吉斯斯坦和塔吉克斯坦相连,西与土库曼斯坦毗邻。东西长1400公里,南北宽925公里。截至2014年乌兹别克斯坦有公路4.3万公里,密度每1000平方公里210公里,尚无高速公路。乌兹别克斯坦铁路总长6000公里,其中电气化铁路930公里。乌兹别克斯坦在苏联时期享有“航空港”之美称,也是中亚地区唯一能生产飞机的国家。除国内连接各州的航线外,与中国、日本、韩国、欧洲、美国及独联体大部分国家均有定期航班。

中乌于1992年1月2日建交,2016年建立全面战略伙伴关系。双方在经贸、投资、交通、通信、能源和非资源领域合作成果丰硕。②

在共建“一带一路”的带动下,中乌双边贸易规模不断扩大,贸易结构不断改善,贸易额不断提升,乌优质农产品受到中国消费者青睐。2019年中乌双边贸易额达62.6亿美元,同比增长48.4%,中国是乌最大贸易伙伴、第一大进口来源国和第一大出口目的地国。在乌经营中国企业逾1500家,涵盖油气勘探、管道运输、基础设施、电信、纺织、化工、物流和农业等领域。③

三、“一带一路”沿线国家的法律状况

法律是“一带一路”顺利进行的保障。“一带一路”的发展涉及关税、投资、资源利用、外汇管制、劳务、保险、货物贸易、服务贸易等多方面的法律制度。只有对沿线各国相关法律制度,特别是强制性法律规范,有了较为深入的了解和研究之后,中国与沿线国家的双边或多边经贸合作才能更顺利地进行,才能避免对沿线各国投资建设活动中的法律风险。“一带一路”沿线国家形成共同的法律共识,建立一套完整的、科学的、可行的集投诉、仲裁、诉讼、调解功能于一体的纠纷解决机制是确保一带一路健康正常贸易交往的关键。“一带一路”沿线国家中,可以根据

---

① 参见南生:《2019年土耳其经济增长0.9%,GDP为7537亿美元,人均超9100美元》,载搜狐新闻网2020年3月1日,https://www.sohu.com/a/391873059_100110525。

② 中华人民共和国外交部:《中国同乌兹别克斯坦的关系》,载中华人民共和国外交部门户网站2019年10月29日,https://www.fmprc.gov.cn/web/。

③ 中华人民共和国驻乌兹别克斯坦共和国大使馆经济商务处统计。

法系的不同分为大陆法系、英美法系以及伊斯兰法系。也正是由于“一带一路”沿线国家在法系上的不同，也直接导致了国家与国家之间、国家与国民之间以及不同国家的企业之间在经济往来和贸易争端解决上存在适用法律的异同。了解一带一路沿线国家法律是降低贸易交流过程中法律风险的前提（见表2－1）。

（一）“一带一路”沿线国家中的大陆法系国家

“一带一路”沿线国家多属于大陆法系，根据“一带一路”所覆盖的范围，蒙古国、俄罗斯等东北亚地区；除了沙特阿拉伯、阿联酋、巴勒斯坦的西北非地区；波兰、罗马尼亚、匈牙利等16个中东欧国家；哈萨克斯坦、乌兹别克斯坦、土库曼斯坦、吉尔吉斯斯坦、塔吉克斯坦中亚5国；乌克兰、白俄罗斯等独联体其他国家；印度尼西亚、泰国、越南等东南亚国家，均属于大陆法系国家。在大陆法系国家，法官审理案件，首先考虑制定法如何规定，然后按照有关规定和案情作出判决。

（二）“一带一路”沿线国家中的英美法系国家

“一带一路”沿线的英美法系国家包括：马来西亚、新加坡、菲律宾、缅甸、文莱、印度、巴基斯坦、孟加拉国、尼泊尔、不丹和巴基斯塔。英美法系的法官则首先考虑以前类似的判例，将本案的事实与以前的案件事实比较后概括出可以适用于本案的法律规则。

（三）“一带一路”沿线国家中的伊斯兰法系国家

“一带一路”沿线国家和地区还有一些属于伊斯兰法系，又叫阿拉伯法系，如阿富汗、沙特阿拉伯、阿联酋、马尔代夫均属于伊斯兰法系。伊斯兰教教义《古兰经》和《圣训》在国家政治、法律、社会、民族以及风俗等事务中影响深远，有的国家（如沙特）在无宪法的情况下，直接以《古兰经》和《圣训》为执法依据。阿拉伯国家不管是否具备现代法律意义上的成文法和法律体系，其法律具有浓厚的宗教法特点。

东北亚地区中的俄罗斯与蒙古国是民商合一的大陆法系国家。东南亚11国中，印度尼西亚、泰国、越南、柬埔寨、老挝、东帝汶6国属于大陆法系国家，马来西亚、新加坡、菲律宾、缅甸、文莱属于英美法系国家。其中，越南、柬埔寨、东帝汶实行民商分立。南亚8国中，斯里兰卡为大陆法系国家。阿富汗、马尔代夫为伊斯兰法系国家，其余国家均为英美法系国家。其中仅孟加拉国实行民商分立。在西亚北非地区的16个国家中，沙特阿拉伯与阿联酋为伊斯兰法系国家，其余国家均为大陆法系国家。大陆法系国家中的阿曼、伊朗、土耳其、埃及、伊拉克、卡塔尔、叙利亚实行民商分立。独联体6个国家，即乌克兰、白俄罗斯、格鲁吉亚、阿塞拜疆、亚美尼亚、摩尔多瓦均为大陆法系国家，其中阿塞拜疆、亚美尼亚、摩尔多瓦实行民商分立，格鲁吉亚实行民商合一。在“一带一路”沿线的中东欧14个国家中，均为大陆法系国家,其中波兰、罗马尼亚、匈牙利实行民商分立。中亚5国为大陆法系国家,其中,吉尔吉斯斯坦实行民商合一。“一带一路”沿线65个国家,加入世界贸易组织的有44个国家,这些国家遍布在“一带一路”的几乎所有区域。加入亚太经济合作组织的有9个国家,其中东南亚地区有7个,其余两国为中国与俄罗斯。加入石油输出国组织的国家有9个,主要集中在西亚北非地区,包括西亚北非地区的沙特阿拉伯、阿联酋、伊朗、科威特、伊拉克、卡塔尔、中亚地区的哈萨克斯坦、乌兹别克斯坦,东南亚地区的印度尼西亚。加入关税及贸易总协定的国家有30个,地域分布较为分散,主要集中在东北亚、东南亚、南亚、西亚北非地区以及中东欧地区。值得一提的是,独联体6国与中亚地区的国家均未加入关税及贸易总协定。加入上海合作组织的国家4个,包括中国、俄罗斯、吉尔吉斯斯坦、塔吉克斯坦。蒙古国、印度、巴基斯坦、阿富汗、伊朗对加入上海合作组织处于观察状态。总体上,相较于前述的四大国际组织,上海合作组织的国际影响力与影响范围比较有限。

表2-1 “一带一路”沿线国家法律体制总览

序号	地区	国家	法系	民商法体系	政治体制	GATT	WTO	APEC	OPEC	上海合作组织
1	东亚	中国	大陆法系	分立	人民代表大会制	√	√	√		√
2	东北亚	蒙古国	大陆法系	合一	议会制共和制		√			观察
3		俄罗斯	大陆法系	合一	总统共和制	√	√	√		√
4	东南亚	印度尼西亚	大陆法系	分立	总统共和制	√	√	√	√	
5		泰国	大陆法系	合一	议会制君主立宪制	√	√	√		
6		马来西亚	英美法系	—	议会制君主立宪制	√	√	√		
7		越南	大陆法系	分立	人民代表大会制		√	√		

续表

序号	地区	国家	法系	民商法体系	政治体制	GATT	WTO	APEC	OPEC	上海合作组织
8		新加坡	英美法系	—	议会制共和制	√	√	√		
9		菲律宾	英美法系	—	总统共和制	√	√	√		
10		缅甸	英美法系	—	总统共和制	√	√			
11		柬埔寨	大陆法系	分立	君主立宪制		√			
12		老挝	大陆法系	合一	人民代表大会制					
13		文莱	英美法系	—	君主专政政体	√	√	√		
14		东帝汶	大陆法系	分立	议会制共和制					
15	南亚	印度	英美法系	—	议会制共和制	√	√			观察
16		巴基斯坦	英美法系	—		√	√			观察
17		孟加拉国	英美法系	分立	议会制共和制	√				
18		斯里兰卡	大陆法系	—	总统制共和制	√	√			
19		阿富汗	伊斯兰法系	—	总统制共和制					观察
20		尼泊尔	英美法系	—	议会制共和制		√			

续表

序号	地区	国家	法系	民商法体系	政治体制	GATT	WTO	APEC	OPEC	上海合作组织
21		马尔代夫	伊斯兰法系	—	议会制共和制	√	√			
22		不丹	英美法系	—	议会制君主立宪制					
23	西亚北非	沙特阿拉伯	伊斯兰法系	—	君主专制政体		√		√	
24		阿联酋	伊斯兰法系	—	贵族共和制	√	√		√	
25		阿曼	大陆法系	分立	君主专制政体		√			
26		伊朗	大陆法系	分立	总统制共和制				√	观察
27		土耳其	大陆法系	分立	议会制共和制	√	√			
28		以色列	大陆法系	—	议会制共和制	√	√			
29		埃及	大陆法系	分立	总统制共和制	√	√			
30		科威特	大陆法系	—	君主立宪制	√	√		√	
31		伊拉克	大陆法系	分立	议会制共和制				√	
32		卡塔尔	大陆法系	分立	君主立宪制	√	√		√	

续表

序号	地区	国家	法系	民商法体系	政治体制	GATT	WTO	APEC	OPEC	上海合作组织
33		约旦	大陆法系	—	二元制君主制		√			
34		黎巴嫩	大陆法系	—	议会制共和制	√				
35		巴林	大陆法系	—	二元制君主制	√	√			
36		也门共和国	大陆法系	—	联邦制					
37		叙利亚	大陆法系	分立	总统制共和制	√				
38		巴勒斯坦	大陆法系	—	半总统共和制					
39	独联体其他国家	乌克兰	大陆法系	—	半总统共和制					
40		白俄罗斯	大陆法系	—	议会制共和制					
41		格鲁吉亚	大陆法系	合一	总统制共和制		√			
42		阿塞拜疆	大陆法系	分立	总统制共和制					
43		亚美尼亚	大陆法系	分立	半总统共和制		√			
44		摩尔多瓦	大陆法系	分立	议会制共和制					

续表

序号	地区	国家	法系	民商法体系	政治体制	GATT	WTO	APEC	OPEC	上海合作组织
45	中东欧	波兰	大陆法系	分立	半总统共和制	√	√			
46		罗马尼亚	大陆法系	分立	议会制共和制	√	√			
47		捷克共和国	大陆法系	—	议会制共和制	√	√			
48		斯洛伐克	大陆法系	—	议会制共和制	√	√			
49		保加利亚	大陆法系	—	议会制共和制		√			
50		匈牙利	大陆法系	分立	议会制共和制	√	√			
51		拉脱维亚	大陆法系	—	议会制共和制		√			
52		立陶宛	大陆法系	—	议会制共和制		√			
53		斯洛文尼亚	大陆法系	—	议会制共和制	√	√			
54		爱沙尼亚	大陆法系	—	议会制共和制		√			
55		克罗地亚	大陆法系	—	议会制共和制		√			
56		阿尔巴尼亚	大陆法系	—	议会制共和制	√	√			
57		塞尔维亚	大陆法系	—	议会制共和制					

续表

序号	地区	国家	法系	民商法体系	政治体制	GATT	WTO	APEC	OPEC	上海合作组织
58		马其顿	大陆法系	—	议会制共和制		√			
59		波黑	大陆法系	—	直接民主共和国					
60		黑山	大陆法系	—	议会制共和制		√			
61	中亚	哈萨克斯坦	大陆法系	—	半总统制共和制				√	
62		乌兹别克斯坦	大陆法系	—	总统制				√	
63		土库曼斯坦	大陆法系	—	共和制					
64		吉尔吉斯斯坦	大陆法系	合一	议会制共和制		√			√
65		塔吉克斯坦	大陆法系	—	总统制共和制					√

第三章 国际现行贸易争端解决机制对“一带一路”贸易纠纷的解决

“一带一路”倡议提出的目的在于加强“一带一路”沿线国家之间、国民之间的贸易合作。2019 年,我国在“一带一路”沿线出口总额 315,446 亿元,比上年增长 3.4%。其中,出口 172,298 亿元,增长 5.0%;进口 143,148 亿元,增长 1.6%。进出口相抵,顺差为 29,150 亿元。一般贸易进出口占进出口总额的比重为 59.0%,比上年提高 1.2 个百分点。机电产品出口增长 4.4%,占出口总额的 58.4%。我国对欧盟、东盟进出口分别增长 8.0% 和 14.1%;与“一带一路”沿线国家进出口增势良好,对“一带一路”沿线国家合计进出口增长 10.8%,高出货物进出口总额增速 7.4 个百分点。全年规模以上工业企业实现出口交货值 124,216 亿元,比上年增长 1.3%。① 在如此高速的贸易增长之下,贸易纠纷也会不断增加。解决国际贸易争端的法律规范主要是由国际法和国内法两部分构成。国际法规范主要指国际社会为了处理国家之间,国家和私人之间或不同国籍私人之间的经济争端而签订的国际条约。

一、传统国际贸易争端的类型

“一带一路”贸易争端,本质上与其他国际争端形式相同,国际贸易争端因其参加的主体,以及当事人之间权利

① 参见国家统计局:《2019 年我国对“一带一路”沿线国家进出口增长 10.8%》,载中国经济网 2020 年 1 月 17 日,https://baijiahao.baidu.com/s? id = 1655952293788624080&wfr = spider&for = pc。

义务不同而有不同的表现形式。具体来说,包括国家与国家之间的争端,国家与个体(主要是企业)之间的争端、国际组织(如亚投行)与国家或个体之间的争端,不同国家个体之间的争端。根据争端领域的不同,又可以分为贸易争端、投资争端、融资争端、能源争端。① 依据国际贸易关系参与主体,国际贸易领域内的争端可以分为以下几种:

(一)不同国家的国民之间的国际贸易争端

这类争端一般产生在不同国家国民(包括自然人和法人)之间因货物买卖、技术转让、投资、工程承包等而发生的跨国经贸活动过程中。不同国家的国民是国际经贸活动的直接参加者,国际贸易争端多发生于此类当事人之间。该类争端一般为当事人之间在国际经贸合同的解释或履行中发生,但在某些情况下,也可能是非契约性争端,如由于侵权行为所产生的纠纷。但无论是契约性争端,还是非契约性争端,共同的特点都是:争端各方当事人的法律地位是平等的,权利与义务是对等的。②

(二)国家(地区)与本国或外国国民之间的国际贸易争端

这类争端的主要特点是争端双方具有不同的法律地位:一方为主权国家(或享有独立立法或司法权的地区);另一方为本国或外国国民。按照国际法一般原则,国家享有主权,可以制定和修订法律,并享有司法豁免权。而一般的国民则无此权力,对国家制定的法律,必须遵守。此类争端主要发生在国家对具体从事国际经贸活动的当事人行使管理或监督的过程中,如国家海关或税务部门对进出口的货物征收关税、进出口商品检验部门对货物进出口依法进行的检验、外汇管理部门依法对外汇实施的管理,以及国家其他职能部门依法对国际技术转让和投资所实施的管理等。因此,国家或国家机关在对上述有关国际经贸活动实施管理的过程中,也会与这些被管理者发生这样或那样的争端。③

在国家与外国国民之间的贸易交往中,有时也直接订立商事合同,如国家与外国投资者之间订立的允许外国投资者开发本国自然资源的特许权协议。在此情况下,尽管协议双方也可以通过合同的方式确定他们之间的权利与义务,但是,就当事双方的法律地位而言,作为缔约一方的国民,其法律地位显然与国家不同。

① 参见张超、张晓明:《“一带一路”战略的国际争端解决机制研究》,载《南阳问题研究》2017 年第 2 期。

② 参见何志鹏:《国际经济法治格局的研判与应对——兼论 TPP 的中国立场》,载《当代法学》2016 年第 1 期。

③ 参见李双元、欧福永主编:《国际私法》,北京大学出版社 2018 年版,第 325 页。

(三)国家(地区)之间的国际贸易争端

国家之间的国际贸易争端是指主权国家在贸易交往中所产生的争端。其特点是:第一,争端一般产生于国家之间订立的双边或多边国际公约的解释或履行,如对双边贸易协定、投资保护协定、避免双重征税和防止偷税、漏税协定的解释或履行中发生的争端以及由于多边国际经济贸易公约而产生的争端,如世贸组织中的各项协议的解释或履行中发生的争端;第二,争端双方均为主权国家,而不是这些主权国家中的国民;第三,争端的解决方法以非司法方法为主。①

二、传统国际贸易争端解决机制

经济全球化和区域经济一体化是国际社会经济发展的大潮流,各国的经济交流非常普遍,在经济交流过程中,必然会出现各种商事纠纷。② 发生纠纷时,采取协商、调停、调解等外交手段效率较高,也更容易解决问题。但现实中纠纷主体往往采取国际组织间的贸易纠纷规则进行处理。按照现有国际通行的国际贸易争端解决机制,主要可分为多边投资担保机构、③国际投资争端解决中心④以及世界贸易组织所建立的贸易纠纷处理机制 3 种,同时还有一些区域性解决方案。

(一)多边投资担保机构(Multilateral Investment Guarantee Agency,MIGA)

多边投资担保机构成立于 1988 年,是世界银行集团里成立时间最短的机构,1990 年签署第一笔担保合同。《多边投资担保机构公约》是经 1985 年世界银行年会通过并于同年 10 月在汉城签字的。公约规定其生效须经 5 个发达国家和 15 个发展中国家批准,且被批准国家的总认股数额不少于该机构法定资本的 1/3 至 1988 年 4 月 12 日,批准国达 29 个,认缴资本总额达 53.38%,于是世界银行行长宣布,公约生效。至 1991 年 6 月,公约的会员国已达 64 个,签字国达 101 个。我国于 1988 年 4 月 30 日批准了该公约,是公约的创始会员国。⑤ 多边投资担保机构的宗旨是向外国私人投资者提供政治风险担保,包括征收风险、货币转移限制、违

---

① 参见章尚锦、杜焕芳主编:《国际私法》(第 6 版),中国人民大学出版社 2019 年版,第 127 页。

② 参见王威:《国际商事争端解决机制》,载《社会科学家》2019 年第 1 期。

③ 多边投资担保机构是向外国私人投资者提供政治风险担保,包括征收风险、货币转移限制、违约、战争和内乱风险担保,并向成员国政府提供投资促进服务,加强成员国吸引外资的能力,从而推动外商直接投资流入发展中国家。作为担保业务的一部分,多边投资担保机构也帮助投资者和政府解决可能对其担保的投资项目造成不利影响的争端,防止潜在索赔要求升级,使项目得以继续。

④ 国际投资争端解决中心(International Center for Settlement of Investment Disputes,ICSID)是依据《解决国家与他国国民间投资争端公约》而建立的世界上第一个专门解决国际投资争议的仲裁机构;是一个通过调解和仲裁方式专为解决政府与外国私人投资者之间争端提供便利而设立的机构。

⑤ 参见余劲松主编:《国际投资法》,法律出版社 1997 年版,第 246 页。

约、战争和内乱风险担保,并向成员国政府提供投资促进服务,加强成员国吸引外资的能力,从而推动外商直接投资流入发展中国家。作为担保业务的一部分,多边投资担保机构也帮助投资者和政府解决可能对其担保的投资项目造成不利影响的争端,防止潜在索赔要求升级,使项目得以继续。多边投资担保机构还帮助各国制定和实施吸引和保持外国直接投资的战略,并以在线服务的形式免费提供有关投资商机、商业运营环境和政治风险担保的信息。

《多边投资担保机构公约》共11章67条,第1条第2款明确规定了机构的法律地位:“机构应有完全的法人地位,特别是有权:(1)签订合同;(2)取得并处理不动产和动产;(3)进行法律诉讼。”多边投资担保机构遏制可能中断投资的政府行为,从而为投资者提供“保护伞”。如遇争议,多边投资担保机构将启用其争议调节机制协助政府和投资者解决分歧,而无须费用昂贵的仲裁介入。该机制服务于两方面的需要:使投资继续及帮助相关国家维护其良好的投资环境信誉。多边投资担保机构作为公正的中间人的角色能加强投资者向发展中国家投资的信心。《多边投资担保机构公约》第九章规定了争议的解决方式,主要包括3种:(1)机构的任何会员国和机构之间,或机构的会员国之间,有关本公约解释或施行的任何问题,均应提交董事会解决。如该问题对某一会员国有特殊影响而该国在董事会上没有其国民代表时,该国可派一名代表出席董事会对该问题进行考虑的任何会议。虽然董事会已依据上述第1款作出裁决,任何会员国仍可要求将争端提交理事会作最终裁决。在理事会对所提交的争端未作裁决前,机构如认为必要,可先按董事会的裁决执行。(2)机构与会员国之间的争端。在不损害第56条和第57条第2款的前提下,机构与一会员国或与该会员国中一机构之间以及机构与已停止为会员国的国家(或该国的机构)之间的任何争端,均应根据本公约附件二所规定的程序解决。有关机构作为投资者代位人拥有债权的争端,应按本公约附件二规定的程序解决或者按机构与有关会员国达成的协议,采用其他方法解决。在后一种情况下,此类协议应以本公约附件二为范文,并均需先以董事会特别多数票通过,此后,机构方可在有关会员国领土内开展担保业务。(3)涉及被保险人或再保人的争端。担保各方之间有关担保或再保合同的任何争端应提交仲裁,根据担保或再保合同规定或提及的规则进行最终裁决。①

第一,合格的投资者。合格的投资者必须是具备东道国以外的成员国国籍的自然人;或在东道国以外的某个成员国注册并设有主要营业点的法人,或其多数股本为东道国以外某个成员国注册并设有主要营业点的法人,该法人无论是否是

① 《多边投资担保机构公约》第九章第56条、第57条、第58条。

私有企业,均应在商业基础上经营;另外只要东道国同意,且用于投资的资本来自东道国境外,则根据投资者和东道国的联合申请,经多边投资担保机构董事会特别多数票通过,便可将适格投资者扩大到东道国的自然人、在东道国注册的法人,或其多数资本为东道国国民所有的法人。第二,合格的投资。董事会经特别多数票通过,可将合格投资扩大到其他任何中长期形式的投资,但同时将可以投保的各类贷款限定于与多边投资担保机构承保的特定投资有关的贷款。此外,在任何情况下,出口信贷均不在多边投资担保机构担保范围内,以免本机构与大多数国家的公营出口信贷保险机构发生竞争。在各种投资形式中,股权投资和股权持有人发放或担保的中长期贷款是多边投资担保机构重点考虑的承保对象。投保的投资必须是在投保申请注册后才开始执行的新的投资;必须具备经济合理性;能够给东道国带来良好的经济、社会效益;符合东道国的法律和条例;与东道国宣布的发展目标和发展重点相一致;在东道国可以得到公平待遇和法律保护。第三,合格的东道国。只有向发展中国家会员国的跨国投资,才有资格向多边投资担保机构申请投保。第四,承保的险别。承保的险别有征收和类似措施险、战争和内乱险、货币汇兑险、违约险。但将东道国政府为管理本国境内经济活动而通常采取的、普遍适用的非歧视性措施排除在征收和类似措施险之外。违约险只是在违约行为发生后一定期限内,投资者在东道国内迄今未能获得有关索赔的司法或仲裁裁决,或虽有裁决、判决但不能执行才构成。第五,代位求偿权。一经投保人支付或同意支付赔偿,即代位取得投保人对东道国或其他债务人所拥有的有关已投保投资的各种权力或索赔权。第六,分保与赞助担保。对于成员国、或成员国机构、或其多数资本为成员国所有的区域性投资保险机构已予保险的特定投资,多边投资担保机构可以提供分保,而赞助担保的投保人不受国籍的限制。

多边投资担保机构源于海外私人投资公司体制,又远高于海外私人投资公司体制;它是当今世界南北两大类国家之间经济上互相依存、冲突、妥协和合作的产物;这种妥协的结果之一就是作为东道国的发展中国家在一定程度上自我限制本国在外国投资担保问题上的主权;妥协的另一种结果是发达国家同意敦促本国的投资者更加尊重东道国的政治主权和经济主权,表现为:除非事先获得东道国政府的同意,多边投资担保机构不得签订任何承保政治风险的保险合同;多边投资担保机构不对不符合东道国法律和法规的投资提供保险;多边投资担保机构只承保有利于东道国经济发展的投资;多边投资担保机构不担保任何因投保人认可或负有责任的东道国政府的任何作为和不作为所造成的损失;从法律上禁止多边投资担保机构伙同任何成员国从事反对其他成员国的政治活动。多边投资担保机构机制不同于任何国家官办保险机制的突出特点,在于它对吸收外资的每一个发展中国家成员国同时赋以双重身份(既是东道国,又是多边投资担保机构的股东)。

(二)国际投资争端解决中心(The International Center for Settlement of Investment Disputes,ICSID)

国际投资争端解决中心是依据《解决国家与他国国民间投资争端公约》而建立的世界上第一个专门解决国际投资争议的仲裁机构。从20世纪80年代末至90年代初期,随着跨国投资的迅速发展,国际社会为了促进国际资本流动,加强对外国投资者的保护,开始尝试用仲裁方式解决国际投资争端。国家之间开始大量签署有关对外投资的条约及公约,有数据显示:截至2018年3322部投资协定以及投资条约共同构成了对外国投资者直接投资的法律保护基础。其中大部分条约是以贸易自由为原则,给外国投资者提供实质性法律保护,如国民待遇、公平公正对待、避免无赔偿的征收、资本自由转移等,国际投资争端解决中心仲裁机制从一开始便带有保护私人投资者、限制国家权力的色彩,若东道国违背上述原则,条约便赋予外国投资者通过仲裁机制来保护自身利益的权利。随着代代演进的投资协定、自贸协定,各国逐渐建立起以国际投资争端解决中心仲裁机制为依托的当代国际投资仲裁体系。[①] 国际投资争端解决中心是一个通过调解和仲裁方式,专为解决政府与外国私人投资者之间争端提供便利而设立的机构。其宗旨是在国家和投资者之间培育一种相互信任的氛围,从而促进国外投资不断增加。提交该中心调解和仲裁完全是出于自愿。该中心还发表有关解决争端和外国投资法律方面的出版物。

早期的国际投资仲裁主要沿袭商事仲裁程序来解决投资争端。一是条约上的尝试,一些包含投资仲裁条款的条约尽管未得到实施,仍对国际投资争端解决中心仲裁机制的后续发展有所裨益。例如,1959年出台的《境外投资条约草案》。该草案由德国银行主席郝尔曼阿布斯和英国壳牌石油公司董事长哈特里合作,同时联合社会上知名的法学家与经济学家共同草拟的,首次明确提出将国际投资争端提交仲裁庭仲裁解决,但最终未获得政府的承认与支持而没有付诸实践。[②] 1967年,经济合作与发展组织在《境外投资条约草案》的基础之上,拟定了《外国财产保护条约草案》,尝试构建一整套专门用以解决东道国与外国投资者之间投资争议的国际仲裁机制。然而,该草案由于站在发达国家的立场,并未涉及发展

① 参见唐晓聪:《ICSID仲裁机制改革与中国对策研究》,大连海事大学2019年硕士学位论文,第134页。

② 参见黄世席:《国际投资争端中投资规则与人权规则适用的冲突与挑战》,载《当代法学》2018年第4期。

中国家作为东道国的利益保护，最后因没有获得发展中国家的支持而未得到实施。[①] 1965 年，《华盛顿公约》在世界银行的主持下正式缔结，旨在为外国投资者和东道国之间架起以调解或仲裁方式解决投资争端的桥梁，从而提高投资国、外国投资者和东道国之间的信任感，最终达到鼓励私人资本跨国流动的目的。[②] 二是专门的仲裁机构的构建。随着外商直接投资的发展，原本国内或地区性的商事争端解决机构已无法满足国际投资的需要。1966 年，世界银行吸取经验教训，倡导设立处理国际投资争议的专门仲裁机构，并制定了较完备的仲裁规则，国际投资争端解决中心应运而生。在接下来的 20 多年实践中，国际投资争端解决中心也得到了国际社会的广泛认可，越来越多的缔约方在投资条款中约定将可能发生的投资争端提交国际投资争端解决中心仲裁解决。[③]

目前，国际投资争端解决中心的案件一般都是一方为缔约国，一方为另一缔约国的国民，而争议的内容主要涉及缔约国是否违反了保护其他缔约国的国民（投资人）的国际义务。国际投资争端解决中心的仲裁庭在审理案件中特别注意区分合同请求和国际投资争端解决中心请求。前者为私法意义上违约救济请求，而后者则主要是指缔约国违反条约义务或者其他国际法义务。在双边投资协定中，缔约国往往约定保证履行或者遵守投资合同，这样的条款被称为伞式条款（umbrella clause）。

国际投资争端解决中心仲裁裁决的执行机制相当有效，这是因为：一方面，不同于世界贸易组织争端解决机制，国际投资争端解决中心裁决主要是金钱给付问题，对于缔约国而言，兑现承诺并不难；另一方面，由于国际投资争端解决中心与世界银行的关系，以及各缔约国均承认该仲裁裁决的效力，金钱给付裁决的执行还是十分容易解决的。

国际投资争端解决中心并没有常设的上诉机制，虽然公约第 52 条规定了撤销裁定的程序，但是适用范围非常有限，仅在仲裁庭组成违法、显然超越职权、腐败、严重背离基本程序或者没有说明理由的情况下，才可能撤销裁定。

另外，在特定的情况下，当事人可以要求解释裁决或者纠正计算错误。由于公约规定的裁决和审查程序都不是由常设的机构组成，因此，国际投资争端解决中心并没有形成严格的案例法，后一个仲裁庭的裁决有可能与前面的判决截然不同。国际投资争端解决中心为投资者与资本接受国的纠纷提供了独立公正的平

---

① 参见郭玉军：《论国际投资条约仲裁的正当性缺失及其矫正》，载《法学家》2011 年第 3 期。

② 参见鲁洋：《论“一带一路”国际投资争端解决机构的创建》，载《国际法研究》2017 年第 4 期。

③ 参见王燕：《国际投资仲裁机制改革的美欧制度之争》，载《环球法律评论》2017 年第 2 期。

台，有利于投资者的信心，同时也有利于资本接受国更好地吸引外资，促进国际资本流动。

（三）世界贸易组织（World Trade Organization，WTO）

1944年7月，在布雷顿森林会议上提出建立世界贸易组织的设想。1946年2月，联合国经社理事会举行第一次会议，会议呼吁召开联合国贸易与就业问题会议，起草国际贸易组织宪章，进行世界性削减关税的谈判。随后，经社理事会设立了一个筹备委员会。1947年，联合国贸易及就业会议签署的《哈瓦那宪章》同意成立世界贸易组织，后来由于美国的反对，世界贸易组织不能成立。同年，美国发起拟订了关贸总协定，作为推行贸易自由化的临时契约。1947～1993年关贸总协定主持了8轮多边关税与贸易谈判，第8轮谈判于1986年至1993年12月15日在日内瓦举行，称为“乌拉圭回合”。其中第五轮称为“狄龙回合”，第六轮称为“肯尼迪回合”，第七轮称为“东京回合”。1986年关贸总协定乌拉圭回合谈判启动后，1990年欧共体和加拿大分别正式提出成立世界贸易组织的议案。1994年4月15日，在摩洛哥的马拉喀什市举行的关贸总协定乌拉圭回合部长会议决定成立更具全球性的世界贸易组织，以取代成立于1947年的关贸总协定。世界贸易组织是当代最重要的国际经济组织之一，它是一个独立于联合国的永久性国际组织。世贸总部位于瑞士日内瓦，拥有164个成员国、24个观察员，成员贸易总额达到全球的98%，有“经济联合国”之称。[①] 随着国际社会经济贸易的不断发展，国际经贸领域的贸易战也日见频繁。世界贸易组织的宗旨是提高生活水平，保证充分就业和大幅度、稳步提高实际收入和有效需求；扩大货物和服务的生产与贸易；坚持走可持续发展之路，各成员方应促进对世界资源的最优利用、保护和维护环境，并以符合不同经济发展水平下各成员需要的方式，加强采取各种相应的措施；积极努力确保发展中国家，尤其是最不发达国家在国际贸易增长中获得与其经济发展水平相适应的份额和利益；建立一体化的多边贸易体制；通过实质性削减关税等措施，建立一个完整的、更具活力的、持久的多边贸易体制；以开放、平等、互惠的原则，逐步调降各成员关税与非关税贸易障碍，并消除各成员在国际贸易上的歧视待遇。在处理该组织成员之间的贸易和经济事业的关系方面，以提高生活水平、保证充分就业、保障实际收入和有效需求的巨大持续增长，扩大世界资源的充分利用以及发展商品生产与交换为目的，努力达成互惠互利协议，大幅度削减关税及其他

① 参见郎永峰等：《WTO改革将如何影响中国经济？》，载《中国软科学》2020年第6期。

贸易障碍和政治国际贸易中的歧视待遇。[①] 世界贸易组织的目标是建立一个完整的包括货物、服务、与贸易有关的投资及知识产权等更具活力、更持久的多边贸易体系，以包括关贸总协定贸易自由化的成果和乌拉圭回合多边贸易谈判的所有成果。在解决国际经济贸易纠纷方面，世界贸易组织自成立以来就发挥着重要作用，世界贸易组织的职能正是解决纷争。

世界贸易组织的争端解决机构是总理事会，该机构负责处理围绕乌拉圭回合最后文件所包括的任何协定或协议而产生的争端。根据世界贸易组织成员的承诺，在发生贸易争端时，当事各方不应采取单边行动对抗，而是通过争端解决机制寻求救济并遵守其规则及其所作出的裁决。

争端解决的程序是：

(1)磋商。根据 WTO《关于争端解决规则与程序的谅解》(以下简称 DSU 规则)规定，争端当事方应当首先采取磋商方式解决贸易纠纷。磋商要通知争端解决机构。磋商是秘密进行的，是给予争端各方能够自行解决问题的一个机会。

(2)成立专家小组。如果有关成员在 10 日内对磋商置之不理或在 60 日后未获解决，受损害的一方可要求争端解决机构成立专家小组。专家小组一般由 3 人组成，依当事人的请求，对争端案件进行审查，听取双方陈述，调查分析事实，提出调查结果，帮助争端解决机构作出建议或裁决。专家组成立后一般应在 6 个月内向争端各方提交终期报告，在紧急情况下，终期报告的时间将缩短为 3 个月。

(3)通过专家组报告。争端解决机构在接到专家组报告后 20 ~ 60 日内研究通过，除非当事方决定上诉，或经协商一致反对通过这一报告。

(4)上诉机构审议。专家小组的终期报告公布后，争端各方均有上诉的机会。上诉由争端解决机构设立的常设上诉机构受理。上诉机构可以维持、修正、撤销专家小组的裁决结论，并向争端解决机构提交审议报告。

(5)争端解决机构裁决。争端解决机构应在上诉机构的报告向世贸组织成员散发后的 30 日内通过该报告，一经采纳，则争端各方必须无条件接受。

(6)执行和监督。争端解决机构监督裁决和建议的执行情况。如果违背义务的一方未能履行建议并拒绝提供补偿时，受侵害的一方可以要求争端解决机构授权采取报复措施，中止协议项下的减让或其他义务。

(四)区域性协定组成区域性组织解决争端

除世界贸易组织和国际投资争端解决中心外，一些国家也纷纷缔结区域性协

① 参见李晓玲：《世贸组织上诉机构改革的谈判进程与岔路口选择》，载《国际经贸探索》2020 年第 4 期。

定组成区域性组织以解决争端，欧盟、北美自由贸易区、中国—东盟自由贸易区等组织比较具有代表性。1991 年 12 月 9～10 日《欧洲联盟条约》（通称《马斯特里赫特条约》）由欧洲共同体第 46 届马斯特里赫特首脑会议签署并通过。1993 年 11 月 1 日《马斯特里赫特条约》正式生效，欧盟由此正式诞生。紧密协调成员国经济政策是欧盟建立的目的之一，其措施包括：欧洲内部市场的统一，并且逐步形成共同的经济政策，减少并取消各成员国之间的贸易壁垒；建立一个以欧盟为整体的商业策略；最终协调欧盟成员国的运输系统、农业政策和一般经济政策。但由于成员国需让渡主权，其模式仅适合一体化程度较高的区域贸易组织。

1992 年 8 月 12 日，《北美自由贸易协定》（North American Free Trade Agreement, NAFTA），由美国、加拿大和墨西哥 3 国签署。1994 年 1 月 1 日，该全面贸易协定正式生效，北美自由贸易区自此正式成立。成立时，美国、加拿大、墨西哥共有 3.6 亿人口，3 个国家的国民生产总值总计约达到 6.45 万亿美元，年贸易总额达 1.37 万亿美元，论经济实力与市场规模，其都远远超过欧盟，北美自由贸易区成为当时世界上最大的区域经济一体化组织。《北美自由贸易协定》主协定及另外两个附属协定，即《北美环境合作协定》和《北美劳工合作协定》，是北美自由贸易区的重要法律文件。《北美自由贸易协定》的目的是希望在自由贸易区内创造更多的贸易及投资机会，增加美、加、墨 3 国的就业机会，提升经济增长速度，以增强 3 国在全球市场的竞争力。2020 年 7 月 1 日“美国—墨西哥—加拿大协定”（以下简称美墨加协定）正式生效，取代已实施 20 多年之久的《北美自由贸易协定》。

美墨加协定的前身是于 1994 年 1 月生效的《北美自由贸易协定》。自美国总统特朗普上任以来，多次批评该协定造成美国制造业岗位流失，要求重新谈判。经过一年多马拉松式的谈判后，美、墨、加 3 国于 2018 年 9 月就更新北美自贸协定达成一致，新协定更名为美墨加协定。2020 年 1 月，美国国会最终批准修订后的美墨加协定，并递交特朗普签署成法。该协定修改了原有的争端解决机制，允许第三方投资者直接对东道国提起仲裁，该机制将投资者与东道国置于平等地位，可以保护投资者利益。但新协定对 3 国之间的争端解决机制进行了实质性限缩，也是一种排他性的体现。①

中国—东盟自由贸易区（China - ASEAN Free Trade Area，CAFTA），是中国与东盟十国组建的自由贸易区，于 2010 年 1 月 1 日正式建成。中国—东盟自由贸易

① 参见科技生活快讯：《新版美加墨北美自贸协定，一边吵一边上路了》，载网易新闻 2020 年 6 月 30 日，https://3g.163.com/news/article/FGC9T2GP0514EMD3.html。

区是中国第一个对外商谈的自贸区,同时也是发展中国家间最大的自由贸易区。《中国—东盟全面经济合作框架协议争端解决机制协议》(以下简称《争端解决机制协议》)于2004年11月签署,2005年1月1日正式生效,它是落实《中国—东盟全面经济合作框架协议》(以下简称《框架协议》)的重要步骤和措施。中国—东盟自由贸易区的建立旨在使中国与东盟国的经济得到迅猛发展,以增强其在国际贸易与投资中的竞争力。[①]《争端解决机制协议》适用于《框架协议》下各缔约方之间发生的争议,缔约方的中央、地区和地方政府根据《框架协议》所采取的相关措施也在《争端解决机制协议》的管辖范围之内,为各缔约方根据该协议来解决各缔约方的经贸争端提供了法律依据。《争端解决机制协议》包含了18个条款和1个附件,对争端适用的范围、磋商程度、调停和调解、仲裁、仲裁的执行、补偿及中止减让做了一系列的规定。《争端解决机制协议》第4条规定通过磋商解决争端的方式,缔约方根据《框架协议》直接或间接享有的利益遭到损害,或者《框架协议》任何目的的实现受到阻碍,可以对另一缔约方提出磋商请求。磋商请求应当以书面形式提交,并说明争端措施、事实问题和法律问题。被申诉方应当在规定时间内给予答复;未能遵守时间限制,申诉方可以直接要求组成仲裁庭来处理争端。根据《争端解决机制协议》第5条规定,争端方可随时同意、随时开始调解或调停,也可由相关成员随时要求调解或调停。争端双方未就仲裁人员或机构达成一致意见之前,调解或调停的程序仍可以继续。《争端解决机制协议》第6、7、8条对仲裁庭的设立、组成、职能作出了规定。协议第6条规定,收到磋商请求的60日内或紧急案件情况下的20日内无法解决争端,申诉方可以要求设立仲裁庭。协议第7条规定,仲裁庭由3人组成,争端双方各指定一名仲裁员,第三名仲裁员为双方共同选定并且为仲裁庭主席。双方不能就仲裁庭主席人选达成一致,应请求世界贸易组织总干事来指定仲裁庭主席。仲裁员应该是熟知法律、国际贸易、国际经贸争端解决等方面知识的专家,不得为争端当事方的国民,也不得在争议当事方领土内拥有惯常住所或为任何一方当事方雇佣。《争端解决机制协议》第12条规定,被申诉方应当遵循仲裁庭的决定,将其执行裁决的意向通知申诉方。如果不能立即执行,被申请方应当在合理期间内执行。争端当事方对于被申诉方的执行是否符合《框架协议》发生争端,应将争端提交原仲裁庭来裁决。仲裁裁决是终局性的,被申诉方未能执行裁决的,须给予申诉方必须补偿;申诉方有权中止依据

① 参见冯维江、徐秀军:《一带一路:迈向治理现代化的大战略》,机械工业出版社2016年版,第358~362页。

《框架协议》给予被申诉方的减让或利益。①

总体来看，无论是哪一种传统纠纷解决机制，都是在特定条件下解决纠纷和争端，在程序和步骤上有一些不同（见表3－1）。

表3－1　传统纠纷解决机制对比分析

	WTO机制	ICSID机制	NAFTA机制	CAFTA机制
磋商程序	DSU规则第4条规定了强制性的双边或多边磋商程序	无规定	NAFTA第11、20章规定了协商或谈判程序	CAFTA《争端解决机制协议》第4条规定了磋商程序
斡旋、调解和调停程序	第5条规定了选择性的斡旋、调解和调停程序	《华盛顿公约》第三章主要包含请求调解、调解委员会的组成以及调节程序	NAFTA第20章规定了贸易委员会的斡旋、调停、调解或其他方法	第5条规定了争端方本身具有随时进行调解、调停的基本权力
专家小组程序	第6条规定了当磋商、斡旋、调解和调停等均难以解决的争端，当中的一方能够提出建立专家小组的要求	无规定	NAFTA第19章规定了发起专家小组程序	无规定
上诉审查程序	第17条规定了WTO上诉机构应受理对专家小组案件的上诉	ICSID没有常设的上诉机制	无规定	无规定

① 参见徐蕊：《中国—东盟自由贸易区〈争端解决机制协议〉》，载新华网，http://www.asean-china-center.org/2010－01/02/c_13264629.htm。

续表

	WTO 机制	ICSID 机制	NAFTA 机制	CAFTA 机制
仲裁程序	第 25 条规定了诉诸仲裁应根据当事各方的相互同意,各方应同意将要采取的程序	公约第 4 章主要包含请求仲裁、仲裁庭的组成、仲裁庭的权力和职能、裁决、裁决的解释、修改和撤销以及裁决的承认和执行	NAFTA 第 20 章规定了仲裁程序	第 6 条规定了如果当事方获取磋商请求的 60 日(紧急案件时间限制为 20 日)内无法解决问题,申诉方具有要求建立仲裁庭的权力
裁决的执行	DSU 规则第 21 条和第 22 条规定了执行裁决的多边监督、合理期限、执行裁决异议的复审等程序	公约第 54 条规定了所有缔约国均需要承认并履行裁决	NAFTA 第 11、19、20 章规定了不同裁决适用不同执行程序	第 12 条规定了执行裁决的意向和合理程序等

三、传统国际贸易争端解决机制在处理“一带一路”贸易纠纷时存在的问题

随着经济全球化的不断深入,企业和个人,特别是跨国企业对经济全球化的作用明显。商务部新闻发言人介绍,2019 年 1 ~ 11 月我国境内投资者共对全球 166 个国家和地区的 5791 家境外企业进行了非金融类直接投资,累计实现投资 6803.1 亿元人民币。[①] 而当今国际社会,只有少数几个投资争端解决机制将企业和个人纳为争端诉讼的主体,传统的投资争端解决机制,均没有将企业和个人纳入机制调整的范围。因此,当企业或个人与东道国发生争端时,很少能得到有效救济,这无疑对国际投资的发展产生消极作用。当今,世界各国特别是发展中国家都希望更多地引进外资,推动本国经济的发展。因此,东道国在签订投资条约时往往作出让步,东道国为维护公共利益的行为违反投资条约,常常要付出较大代价。然而,目前的投资争端解决机制较为忽视东道国的利益,却在较大程度上偏向投资者的利益,如北美自由贸易协定因为其对投资者的高标准保护被称为外国投资者的“权利法案”而饱受争议;多边协定试图继续维持北美自由贸易协议的

① 参见商务部:《商务部召开例行新闻发布会(2019 年 12 月 19 日)》,载中华人民共和国商务部门户网,http://www.mofcom.gov.cn/article/ae/ah/diaocd/201912/20191202923937.shtml。

“高标准”也是其最终失败的原因之一。截至2013年年底,国际投资协定制度的总数达到了4196项条约,目前还有许多新的国际投资协议正在进行谈判。[①] 联合国贸发组织投资与企业司司长詹晓宁表示,这数千项国际投资协议,再加上多种争端解决机制,使当今的国际投资协议制度已逐渐形成规模,庞大规模和复杂程度令政府和投资者都难以应对;然而它仍不足以涵盖所有可能出现的双边投资关系。[②] 这使由此而产生的投资争议更为复杂与多样化,而现今的国际投资争端解决机制不仅存在“各自为政”的现象,且缺乏协调,还可能产生管辖权重叠问题。这一系列的问题直接影响国际投资争端的良好解决,也不利于国际投资的长远发展。

我们看到,如果按照现有国际通行的争端解决机制多边投资担保机构、国际投资争端解决中心以及世界贸易组织所建立的贸易纠纷处理机制来解决“一带一路”贸易纠纷问题,由于受到这些机制预先设定争议受理条件的限制,对于解决“一带一路”贸易纠纷也存在很大的局限性。多边投资担保机构的业务范围仅限于承保非商业性风险和提供促进性以及咨询性服务;国际投资争端解决中心的案件一般都是一方为缔约国,一方为另一缔约国的国民,而争议的内容主要涉及缔约国是否违反了保护其他缔约国国民(投资人)的国际义务;世界贸易组织也是仅解决成员国间的贸易纠纷。因此,现阶段,“一带一路”沿线国家在贸易纠纷中还没有建立起专为“一带一路”设计的独立的、有针对性的法律保障机制,这也必将成为制约“一带一路”倡议实施的“短板”。

(一)世界贸易组织在处理“一带一路”贸易纠纷中的不足之处

世界贸易组织争端处理模式为世界贸易组织体系的顺利运行,以及多变自由贸易体制的稳定与发展作出了突出的贡献。然而,该机制在实践操作中暴露了众多需要修改和完善的地方。[③]

1. 世界贸易组织争端解决机制的覆盖范围有限

根据统计得知,目前“一带一路”沿线国家中非世界贸易组织成员数量高达15个,占据沿线国家近1/4的比例。那么对于沿线世界贸易组织成员与非成员国之间产生的纠纷与矛盾,便无法适用世界贸易组织纠纷处理方式。此外,世界贸易组织模式并不直接涉及投资的自由化,其主要适用于依据成员方政府国内法或行政命令的投资措施,且该争议解决方法的双方都必须为成员方,而不是

① 参见黄韵:《“一带一路”背景下国际贸易争端解决机制》,载《重庆社会科学》2017年第6期。

② 参见康淼:《联合国贸发组织:全球每周签署3个国际投资协议》,载新华网,https://finance.huanqiu.com/article/9CaKrnJrLTE,最后访问日期:2020年4月3日。

③ 参见毛燕琼:《论中国应对WTO争端解决机制改革的策略》,载《江淮论坛》2008年第6期。

投资者。[①] 这也就是说,世界贸易组织处理投资纠纷的核心标准在于判断请求主体的身份,若请求者为国际投资者而非世界贸易组织成员,那么世界贸易组织也不接受处理。另外,世界贸易组织争端解决机制在"一带一路"背景下适用效果不佳,"一带一路"沿线许多国家自由贸易水平低、国际合作程度不高,即使在国际层面争端处理得出结果,沿线国家不予以配合也无法得到执行。最后,世界贸易组织争端解决诉讼成本较高,使沿线国家望而却步。[②] "一带一路"沿线国家大多为低速增长的中等偏下收入国家,基于成本核算考虑,沿线国家发生争端可能也会绕开世界贸易组织争端解决机制。

2. 固有问题导致争端处理时间冗长

世界贸易组织争端解决机制固有问题导致争端处理时间冗长,容易造成商机流逝。实际上,世界贸易组织争端解决机制冗长的争端解决实践确实早已引起众多国家的非议。[③] 以中国为例,中国在"一带一路"倡议中积极对外投资,尤其是对经济实力相对较弱的国家的基础设施建设等方面投入了大量的资金,一旦因为东道国政局动荡或者当局政府出尔反尔等政治风险客观不能或不愿意配合争端处理,对中方来说项目的损失将非常大。世界贸易组织纠纷解决模式从理论角度来说,确实可以成为处理"一带一路"投资争端的一种处理方式,但其并不能全面解决东道国和私人投资者之间的投资矛盾,还是以化解贸易纠纷为主。

3. 世界贸易组织争端解决机制最大的问题在于裁决执行

世界贸易组织报复制度在 DSU 规则中的表述其实是"中止减让或其他义务","报复"一词只是实践中大家对该制度形象化的描述。"报复"一词在国际社会中很早已经出现,根据我国国际法专家王铁崖教授对报复这一概念的观点,报复是一方因另一方的违法行为采取的迫使对方解决因违法行为引起的争端的措施。[④] 世界贸易组织报复制度是世界贸易组织争端解决机制的一项重要执行措施,虽然世界贸易组织有着较为完备的机制,但是在报复落实中依旧有难题。一方面,需要经过授权才有资格执行;另一方面,报复也意味着必须有雄厚的经济实力支持。实践中不顾世界贸易组织制度要求,拒不履行义务的并不鲜见。实践中

① 参见梁开银:《论 ICSID 与 WTO 争端解决机制的冲突及选择——以国家和私人投资争议解决为视角》,载《法学杂志》2009 年第 8 期。

② 参见陈咏梅:《发展中成员利用 WTO 争端解决机制的困境及能力建设》,载《现代法学》2010 年第 5 期。

③ 参见毛燕琼:《WTO 争端解决机制问题与改革》,华东政法大学 2008 年博士学位论文,第 65 页。

④ 参见栾信杰、杨光明:《WTO 现行贸易报复机制的缺陷分析》,载《世界贸易组织动态与研究》2005 年第 7 期。

特别是发达国家在与发展中国家产生贸易纠纷时，发展中国家与发达国家实力悬殊，发展中国家实施的报复措施力度和强度不大，对发达国家影响甚微、不起效果，衡量利弊之后发达国家更愿意拒绝执行世界贸易组织争端解决实体(Dispute Settlement Body，DSB)裁决或建议继续维持违法措施。① 同时，发起授权报复程序面临巨大的成本，经历复杂的过程，更不能申诉已受损失的救济，这些措施带有极强的贸易保护色彩，对于“一带一路”中绝大多数发展中国家是有失公正的。

(二)国际投资争端解决中心在处理“一带一路”贸易纠纷中的不足之处

国际投资争端解决中心的处理机制开创了一个各争端方均能接受的且相对中立的国际投资争端解决机制。但是，国际投资争端解决中心体制毕竟是发达国家与发展中国家间妥协的结果，在争端解决过程中往往出现一些新问题，自然而然地显现出了其不足之处。对于国际投资争端解决中心机制而言，其最大的缺陷在于规则本身产生相互冲突的现象，对于案情内容相差无几的案件适用同样的国际协定，在不同的仲裁庭的裁决结果竟然截然相反。对于商事仲裁，在这里其实是不适合私人与国家间投资纷争处理。因为该类投资争端涉及国家及政府的作为与不作为，会使仲裁庭处于司法审查地位，但事实上其运作的方式却为传统的普通商事仲裁。此外，其对仲裁的过程及相关资料具有保密性规定，引起了众多投资者及国际社会的广泛关注与不满。②

1. 没有规定一种完全具有司法性的投资争端解决程序，缺乏统一的仲裁条款解释方法

《华盛顿公约》仅仅规定了调解程序和仲裁程序这两种手段解决投资争端，并没有规定一种完全具有司法性的投资争端解决程序。这就使投资者与东道国间的投资争端无法直接进入法院解决，而法院审理案件具有更强的程序性要求。完备的程序规定和程序正义往往是结果实质公正的保障。可见，《华盛顿公约》在投资争端解决程序种类的规定上是有欠缺的。现行的国际投资争端解决中心仲裁规则，对冲突的国际投资仲裁条款解释方法也束手无策。对投资仲裁协议或条款进行解释，是判断仲裁庭是否对案件享有实体性权利和程序性权利以及享有哪些实体性权利和程序性权利的首要步骤，仲裁庭对仲裁条款进行解释体现在方方面面，如管辖权的界定、对一些术语的解释、最惠国待遇等原则的解释运用、国内法救济与国际投资争端解决中心规则垂直适用抑或平衡适用、仲裁员的选任机

① 参见郑小敏：《论 WTO 的贸易报复制度》，载《浙江社会科学》2004 年第 6 期。

② 参见陈丽君：《“一带一路”倡议下投资争端解决机制的完善与构建》，华东政法大学 2018 年硕士学位论文，第 18 页。

制等。①

2. 在解决国际投资引起争端过程中没有实现《华盛顿公约》的预期目标

实践中，机制所解决的争端往往是发达国家的私人投资者与发展中国家之间的投资争端，被诉方往往是发展中国家政府，经过中心仲裁庭审理裁决后，又往往是东道国政府（发展中国家政府）败诉。因此，《华盛顿公约》实质上是偏向保护发达国家投资者的权益的。换言之，《华盛顿公约》在很大程度上是为了保障资本输出国海外投资者的利益，把原本属于东道国对其境内涉外投资争端的管辖权交给机制管辖，并为这些外国投资者向起诉东道国政府提供了国际法上的根据。因此，当作为发展中国家的东道国政府看到其实质后，它们借助仲裁解决与投资者间的争端的积极性便渐消退。长此以往，发展中国家甚至对审理表示出不信任感。何况任命的仲裁员和调解员大都是来自发达国家，他们往往先入为主，对来自发达国家的投资者过于保护和偏袒，经常损害作为东道国的发展中国家的利益，更容易引起发展中国家的不满情绪。最终，审理的案件结果无法实现实质性公平，致使受案数量一直不多。另外，《华盛顿公约》规定的裁决撤销制度很容易被滥用。从实际情况看，该制度经常被败诉方作为拒绝执行裁决的理由，导致审理案件的时限一再延迟，大大降低了仲裁庭审理案件的效率。更为严重的是，这种滥用在很大程度上损害了裁决终局性的特征，裁决所具有的拘束力受到挑战，机制的预期作用难以实现，机制实际上被架空了。结果，机制就无法满足人们的期望值。实践中，有许多学者认为，《华盛顿公约》规定的裁决撤销制给了仲裁致命的一击，没有人会再拟定仲裁的条款；裁决非常缺乏终局性，当事人将会被冗长且耗资巨大的程序所击退，即使再次诉诸中心也是冒险，也是又一次的徒劳。

3. 国际投资争端解决中心强制管辖权的范围不断扩大

在国际投资争端解决中心裁决案件中，有肆意扩大国际投资争端解决中心管辖权的趋势，使得其强制管辖权的范围不断扩大。依据《华盛顿公约》的本意，国际投资争端解决中心管辖权本来是有限的、严格的。然而，实际上国际投资争端解决中心却不断扩大自己的强制管辖权，其中主要表现在利用最惠国待遇条款扩大管辖权和利用岔路口条款扩大管辖权。通常认为，最惠国待遇条款仅仅适用实体性事项，不适用争端解决方式之类的程序性事项。但在实践中，当外国投资者依照双边及多边投资协定向国际投资争端解决中心提起投资仲裁时，仲裁庭会将最惠国待遇条款适用于投资争端解决事项中去，即如果一国在某个投资协定中同意将投资争端提交国际投资争端解决中心仲裁解决，则该国在之后签订的包含最

① 参见王继军：《公法与私法的现代诠释》，法律出版社2008年版，第14～21页。

惠国待遇条款的双边及多边投资协定都适用将投资争端提交国际投资争端解决中心管辖,导致东道国被诉的风险大大增加。① 岔路口条款通常设置于双边及多边投资协定中,是指在投资争端发生时投资者可以自主选择投资争端解决方式,一般有两种选择,即将投资争端提交国际仲裁或诉诸东道国国内法院来解决,并且投资者作出的选择具有终局性。但是国际投资争端解决中心仲裁庭为了获取管辖权,会对当事方选择诉诸东道国国内法院的救济方式作出严格解释,只有当案件当事方的主体与争议均相同,并且时间上优先将投资争端诉诸东道国国内法院的情况下,才能适用岔路口条款,国际投资争端解决中心仲裁庭可以通过严格解释判定当事方将争端提交东道国国内法院的选择无效,进而获得管辖权。在这种情况下,一方当事人在觉察到其在国内法院可能会败诉的时候,通过改变主体或争议内容的方式,再次将案件提交国际投资争端解决中心仲裁,这种做法会导致当事方的滥诉行为,也扩大了仲裁庭的管辖权的空间。② 这样一来,无形之中将《华盛顿公约》强加在争端方身上,严重损害了争端方的自主选择权。同时,《华盛顿公约》还否认东道国(主要是发展中国家)政府的管辖权,使本属于东道国司法管辖的案件变成由国际投资争端解决中心管辖,这严重损害了东道国国内司法主权。

4. 以国际法规则实际操控、审查乃至修订东道国的法律

按照《华盛顿公约》的规定,在投资争端适用法律问题上,国际法是国内法的补充。作为争端一方的缔约国政府与争端另一方的外国投资者相互间所形成的关系,本应属于东道国的国内法律关系,是东道国本国法律调整的对象,并不直接受国际法规范管辖。所以,以国际法规则来实际操控、审查乃至修订东道国的法律的行为,就引起了诸多异议。

(三)北美自由贸易协议在处理“一带一路”贸易纠纷中的不足之处

自 1998 年以来,利益受损的投资者依据北美自由贸易协定对美、加、墨三国政府提起仲裁的案件日益增多,争端方的数量日益扩大,争端所造成的影响及其波及的范围也日益拓宽。在这种背景下,北美自由贸易协定争端解决机制受到了各方面的质疑,很多人提出了不同的看法,进而产生了很大争议。综合起来看,北美自由贸易协定争端解决机制有如下不足之处:

① 参见唐晓聪:《ICSID 仲裁机制改革与中国对策研究》,天津海事大学 2019 年硕士学位论文,第 178 页。

② 参见郭玉军:《论国际投资条约仲裁的正当性缺失及其矫正》,载《法学家》2011 年第 3 期。

1. 给东道国带来诸多困扰

在东道国政府违反北美自由贸易协定义务、继续采取损害投资者利益的措施的情况下，投资者可以依据北美自由贸易协定的规定，采用北美自由贸易协定争端解决机制抗衡东道国的行为。这是北美自由贸易协定争端解决机制的正面价值体现。然而，该机制却对东道国产生了负面影响。由于北美自由贸易协定对投资者只规定了权利而没有规定义务，致使投资者可获得的保护过多，可享有的权利过大。如果投资者恶意利用这些保护和权利，就会不可避免地损害东道国的利益，给东道国造成诸多困扰。对于东道国为维护本国公共利益而采取的各种政策来说，该机制往往会成为绊脚石。

2. 东道国政府公共利益方面的立法权威受到严重挑战

关于“措施”“投资”和“投资者”定义，北美自由贸易协定规定的范围比较宽泛。同时，北美自由贸易协定还规定了东道国政府负有较高标准的实体性义务。这样，投资者就得以依据北美自由贸易协定的争端解决机制，主动攻击其自认为对其不利的东道国的国家行为，包括东道国政府为保护自己公共利益而进行的立法行为。北美自由贸易协定明确规定了缔约国政府负有六大义务：给予投资者以国民待遇的义务；最惠国待遇的义务；最低待遇的义务；取消履行要求的义务；允许资金自由转移的义务；给予征收补偿的义务。无论违反哪项义务，投资者均有权对东道国政府提起诉讼。与此相对应，投资者拥有着六大“可诉之权利”。也正是该六大权利，使投资者个体与东道国国家之间在各自权利（权力）维护上产生了冲突。结果，投资者为了自身利益而行使的权利，就严重挑战了国家特有的采取行动维护国家公共安全和保护环境等的权利。面对私人利益如此严重的挑战，在私人利益与公共利益发生激烈冲突的情况下，东道国政府应如何应对，北美自由贸易协定却未以普遍适用的条款的形式作出任何明文的规定。

3. 现有的争端解决程序不能有效保障公共利益

前文已提到，北美自由贸易协定在保护投资者权益方面，对投资者的个体利益给予了过多保护，给投资者规避东道国国内司法管辖开了绿灯，并许可投资者直接将争端提交至国际仲裁来解决。但是，东道国当地的投资者却不享有这一特殊权利，无法绕开国内司法管辖直接将争端提交国际仲裁解决。结果，东道国国内公共利益受到破坏，而北美自由贸易协定争端解决程序本身却缺乏对东道国公共利益保护的规定。反观东道国国内的司法管辖和法律规则，则都考虑了对公共利益的保护，也确实有这方面的规定。例如，东道国国内法院在保护个体利益的同时，也顾及公共利益，在个体利益与公共利益之间找到一个平衡点，有时为了公共利益不惜牺牲个体利益。

然而,在北美自由贸易协定争端解决程序中,争端双方各选一名仲裁员,第三名仲裁员由双方协商选定或者由一个中间人从具有国际贸易和投资法经验的仲裁员名册中选定。这样一来,争端双方各自选定的仲裁员往往会站在各争端方的立场上考虑问题。外国投资者除了自身利益外,并不考虑其他利益尤其是公共利益,而东道国作为一个国家却不得不考虑社会的公共利益。在北美自由贸易协定争端解决程序中,通过商事仲裁解决外国投资者与东道国之间的投资争端,越来越体现出了金钱利益的至关重要性,即金钱成为仲裁的目的所在,至于东道国的公共利益,并非仲裁所关注的问题。目前,北美自由贸易协定争端解决程序已经给东道国实施新措施保护公共利益设置了障碍,这也迫使美、加、墨三国不得不寻求这一问题的解决方案,以便在保护外国投资者个体利益的同时,能够更好地兼顾东道国的国内公共利益。

4.具备较低水平的司法性

北美自由贸易协定争端解决机制并不像世界贸易组织争端解决机制那样,不是司法性质或准司法性质很强的争端解决机制。换言之,北美自由贸易协定的司法性明显低于世界贸易组织的司法性。例如,就专家组的名称而言,北美自由贸易协定的专家组虽然被称为专家仲裁小组,但其作出的报告实际上是一种建议性质的东西,根本就不具有仲裁裁决的强制力,只对争端各方有一定程度的影响力而已。相比之下,世界贸易组织专家组作出的报告具有强制执行力,必须依法定程序予以执行。

(四)多边协定(Multilateral Agreement on Investment,MAI)在处理“一带一路”贸易纠纷时存在的不足之处

为促进世界经济的可持续发展,国际社会为国际投资的国际法发展作出了不懈的努力。经济合作组织(Organization for Economic Co-operation and Development,OECD)在1995年至1998年进行了一次缔结综合性多边投资条约的最新尝试。各成员方最终未能达成一致,仅仅起草了一份多边协定草案。多边协定是一项以开放市场为目的、大力推进投资自由化进程和以开放市场与投资保护两个侧重点相结合的多边投资协议。由于发展中国家的经济水平低、企业竞争能力差,在面对可能导致外资无限制地大量涌入的多边协定时,它们的反应更加激烈,并且常常上升到国家经济安全的高度。多边投资协定是由经济合作与发展组织着手起草并组织谈判的一份协议。其主要目标是扫除国际投资的障碍,促进经济资源的最优配置,从而促进经济增长、就业和提高生活水平,初步框架包括投资保护、投资自由化和争端解决3个部分。1995年起,经济合作与发展组织各成员国就《多边投资协定》进行谈判,尽管由于种种因素于1998年搁浅,却是国际社会建立统一国际投资法律框架的一次重要努力,体现了国际投资制度的发展趋向。该协定的起草由经济合作与发展组织主导,对该协定的谈判是晚近国际社会建立这种统一国际投资法律框架的一次重要努力。虽然该协定因为意见纷纭而于1998年搁浅,但其作出的许多有益尝试和代表的开创精神使其具有了统一多边投资规则的奠基地位。世界贸易组织总干事 Renato Ruggiero 形容多边协定是在构建一个“统一的全球经济体”(constitution for a single global economy)。该协定最终未能生效,但它不失为对未来国际经济秩序的一项有意义的尝试。①

1. 就多年谈判的结果看,谈判常常无果而终。在多边协定中,由于成员之间的种种分歧,导致谈判中断,草案未能正式生效,主持的谈判以失败而告终。以美国为例,虽然它已签署了一些双边投资协定,但其缔约方大都是一些经济落后的发展中国家。美国以自身主导协定为前提,一直是利用这些协定进入那些管制较为严格的发展中国家,使美国投资者的对外投资风险最小化、谋取的利润最大化。然而,在谈判过程中,美国极力排斥外国投资者与缔约国政府之间的争端解决机制,反对采用这一争端解决模式。究其原因,乃因为美国清楚地看到大多数成员国和最早参与谈判的国家,大多是资本充足的跨国投资者的母国,而这些母国多为世界上主要的资本输出国。因此,美国担心一旦采纳这种模式,就会为今后外国投资者利用这种机制挑战美国法律提供依据,冲击美国关于环境与劳工方面的法律规范。

2. 就多边协定的内容看,明显缺乏创新性的投资规则。多边协定的内容虽涵盖全面,但却没有新的与投资有关的规则,不过是大量摘选一些双边投资协议、区域性投资协议、北美自由贸易协定规则乃至世界贸易组织规则中已有的规定,尤其是照搬了一些发达国家主导下的投资协定内的规定。从这个意义上说,多边协定草案不过是一些双边投资协议或北美自由贸易协定规则乃至世界贸易组织规则的汇编。在目标设计上,多边协定草案也沿袭了北美自由贸易协定投资章节的做法。正如英国国际投资法学者索尔皮休托所言:“综观条款可以看出,多边协定试图通过吸纳现有模式,主要是双边投资协定和北美自由贸易协定第十一章最强有力的投资保护和自由化条款,以达到‘高标准’条约的目标。因此,草案本身并无特别的创新之处。”多边协定草案规定的投资者与国家间争端解决机制,确实给了投资者挑战东道国法律的机会。这样的规定,实际上就是照搬如后所述的投资争端解决机制。例如,从宽泛的争端事由到投资人地位,再到法庭组成等各个方

① 参见强永昌、权家敏:《贸易摩擦与争端解决机制研究》,复旦大学出版社2015年版,第223页。

面,和投资争端解决机制并无多大的本质差别。①

3. 过于保护投资者利益,存在诸多争议问题。根据联合国贸发会议的一项研究表明,从微观方面看,多边协定草案本身存在很多极具争议性的问题。例如,如何界定受保护投资的范围?政府的哪些规范性措施可以看作对投资的征收或国有化?国民待遇和最惠国待遇适用于投资的哪一个阶段?怎样构建一个理想的投资争端解决机制?等等。引起上述问题的根源,就在于多边协定草案过于保护投资者的利益,未能把保护投资、推进投资自由化与各缔约国本身的经济发展目标,尤其是可持续发展目标有机地结合在一起。

① 参见石育斌:《国际商事仲裁研究》(总论篇),华东理工大学出版社2004年版,第90页。

第四章 现有国内法律处理"一带一路"贸易纠纷的相关规定

"一带一路"倡议的提出,为着力打造亚欧经济交流的新高地、实现"一带一路"沿线国家共同富裕搭建了新平台。近些年来,"一带一路"国家在更多国家的参与和共同推动下实现了较好的经济增长,特别是在全球经济下滑压力较大的时期,"一带一路"沿线国家表现出了较好的增长势头。近5年,"一带一路"沿线国家国内生产总值平均增速为4.7%,而同期欧盟增长为-0.5%,其中陆上丝绸之路沿线国家的增长略高,在5.1%左右。[①] 丝绸之路经济带战略涵盖东南亚经济整合和东北亚经济整合,并最终融合在一起通向欧洲,形成欧亚大陆经济整合的大趋势。21世纪海上丝绸之路经济带战略从海上联通欧亚非3个大陆和丝绸之路经济带战略,形成一个海上和陆地的闭环。为了更好地保障"一带一路"已取得的经济成果,也为了保护沿线国家和国民的利益,维护正常的交易秩序,及时化解交易纠纷,实现"一带一路"的可持续发展。2015年7月,最高人民法院颁布《关于人民法院为"一带一路"建设提供司法服务和保障的若干意见》,成为找准人民法院工作与"一带一路"建设的结合点和着力点,研究规律性,突出前瞻性,富于创新性,夯实"一带一路"建设的法治基础。支持发展多元化的纠纷解决机制,应充分尊重地理法律文

---

① 参见《2017~2022年中国一带一路市场深度调研及发展前景预测报告》,载中国产业信息门户网,http://www.chyxx.com/industry/201702/495094.html,最后访问日期:2019年4月30日。

化不同带来的差异，充分尊重沿线各个国家的自己的自主选择权，推动非诉讼争端解决机制的发展。该意见的出台，为及时化解纠纷提供了保障，也凸显了司法服务经济乃至引领经济的作用。

一、“一带一路”贸易中面临的风险和挑战

（一）贸易便利化的风险

贸易便利化存在的问题，主要包括贸易救济措施滥用、技术性贸易壁垒、绿色贸易壁垒等。此外，沿线国家海关效率低下也制约了贸易便利化的进程。贸易救济：主要是指反倾销、反补贴和保障措施等世界贸易组织规则规定的合法贸易限制措施，如果被滥用，可能成为新型的贸易壁垒。投资便利化主要存在的问题是各种形式的投资限制。第一，准入限制。俄罗斯《战略行业外商投资法》除将国防军工、核能、航空航天、传媒等传统限制领域列入投资限制范围外，还将资源开发、渔业、电信、国内运输、供电供暖等行业列入限制之列。比如，地下资源开发外资比例不得超过5%。[①] 第二，严格的审批制度。哈萨克斯坦规定，300万元人民币以上投资须经审批，外资经营需申领许可证。[②] 第三，当地成分要求。哈萨克斯坦《矿产资源法》要求哈萨克斯坦含量，投资者在经营过程中对哈萨克斯坦产品和服务采购的比例要求，即对哈萨克斯坦企业生产的设备和原、辅材料，对当地公司提供的各种服务，如规定企业使用哈萨克斯坦国内生产的原材料或原材料制成的成品必须达到50%以上。[③] 第四，劳动用工限制。中亚国家对外国工作人员一般实施配额管理。哈萨克斯坦《矿产资源法》要求外资企业中一般员工全部当地化，高级管理人员中哈萨克斯坦人员比例不少于70%，中层管理人员、工程技术人员和专业人员中哈萨克斯坦人员不少于90%。第五，土地限制。外资一般不能取得土地所有权。

（二）法律技术风险

“一带一路”沿线60多个国家，依照其法系不同，主要分为大陆法系和英美法系两大类，除此之外，还有一些国家属于伊斯兰法系。根据“一带一路”所含范围，蒙古国、韩国、日本等东亚国家，除阿富汗外的中亚国家，缅甸、泰国、老挝等东南亚国家，俄罗斯以及以法国、德国为核心的绝大多数欧洲国家等，都属于大陆法系。印度、巴基斯坦等亚洲国家，坦桑尼亚、肯尼亚等非洲国家，以及欧洲的英国

---

① 《俄罗斯对外投资合作指南》第11期。

② 《哈萨克斯坦投资新政解读》。

③ 《哈萨克斯坦投资新政解读》。

和爱尔兰等属于英美法系。阿富汗以及除伊拉克、以色列等少数国家外的绝大部分中东国家属于伊斯兰法系，均实行伊斯兰教法。不同法系国家的法律分类与术语、法律表现形式、审判模式与技巧、法律适用规则等差异较大，同一纠纷在不同法系国家之间的处理方式各异，法律的适用性被削弱。同时，因所属法系不同而产生的法律信息不对称，也可能会给投资者带来许多无法预测的风险。①

在众多的法律风险中，涉外法律适用风险较为突出。我国《涉外法律关系适用法》规定，法院、仲裁机构或者行政机关负责查明涉外民事关系适用的外国法律。但目前，国内外一些法律适用的冲突和矛盾，不利于保障中国企业的合法权益。新加坡、马来西亚、印度尼西亚、缅甸、泰国、老挝、柬埔寨、越南、文莱、菲律宾、伊朗、土耳其、叙利亚、约旦、黎巴嫩、以色列、巴勒斯坦、沙特阿拉伯、阿曼、阿联酋、卡塔尔、科威特、巴林、希腊、塞浦路斯、埃及、印度、巴基斯坦、孟加拉国、阿富汗、斯里兰卡、尼泊尔、不丹、哈萨克斯坦、乌兹别克斯坦、塔吉克斯坦和吉尔吉斯斯坦、俄罗斯、乌克兰、白俄罗斯、格鲁吉亚、阿塞拜疆、亚美尼亚、摩尔多瓦、波兰、立陶宛、爱沙尼亚、拉脱维亚、捷克、斯洛伐克、匈牙利、斯洛文尼亚、克罗地亚、波黑、黑山、塞尔维亚、阿尔巴尼亚、罗马尼亚、保加利亚、马其顿为《纽约公约》缔约国，而有些国家并不是《纽约公约》缔约国。即使能够进行仲裁，但是依然要面对承认和执行等复杂的流程，充满了大量的不确定性。

(三)经济风险

"一带一路"沿线国家涵盖了南亚、东南亚、西亚、北非、中东欧等世界大部分地区，包括中国在内，该地区的国土面积占全球的38%，人口总量占全球的62%，而国内生产总值却只占全球国内生产总值总量的31%。按照世界银行以人均国民生产总值为标准的划分，"一带一路"沿线国家绝大多数为中等收入国家，仅有18个国家跻身发达国家行列。根据中国社会科学院世界经济与政治研究所在京发布《2020年中国海外投资国家风险评级报告》显示，新兴经济体整体投资风险相对高于发达经济体，但其未来仍然是中国海外投资最具潜力的目的地。"一带一路"地区已经成为中国对外直接投资新的增长点，"一带一路"沿线国家平均风险水平低于整体水平。从地区看，东亚地区是中国对"一带一路"沿线地区直接投资的主要目的地，其投资风险也位于较低水平；南亚国家的投资风险普遍较高；中亚和独联体地区中部分国家风险较高。②

---

① 参见李玉碧、王兰：《"一带一路"建设中的法律风险识别及应对策略》，载《国家行政学院学报》2017年第2期。

② 参见马常艳：《"一带一路"地区已成为中国对外直接投资新增长点》，载中国经济网，http://news.10jqka.com.cn/20200701/c621435421.shtml。

“一带一路”沿线国家经济外部性特征明显，全球新冠疫情危机、大宗商品价格震荡加剧并低位运行成为2020年沿线国家经济主要掣肘。大部分国家对外贸和外国资本依赖度较高。2019年，沿线整体外贸依存度、出口依存度和进口依存度依次为76.3%、39.8%和36.5%。除南亚(38.8%)外，其余区域外贸依存度均超过50%，中东欧和东南亚进、出口依存度均超过50%，其中出口依存度分别为63.3%和58.9%，进口依存度分别为60.6%和54.8%。另外，国内资本积累不足、技术实力薄弱，令外国直接投资对部分沿线国家经济发展至关重要。2019年沿线整体外国直接投资(Foreign Direct Investment, FDI)存量规模为国内生产总值的39.7%，其中东南亚、中亚、中东欧外国直接投资存量规模/国内生产总值均超过50%，分别达到81.6%、65.5%和67.6%。总体来看，沿线国家已深度融入全球贸易链和产业链，经济深受全球经济波动影响。①

二、“一带一路”贸易中主要贸易纠纷的类型

据商务部统计，2019年前11个月我国与沿线国家货物贸易额1.2万亿美元，同比增长4.8%，高于同期外贸总体增速，占比提升至29.3%。中欧班列开行7469列，同比增长33%，到达境外18个国家55个城市。陆海新通道建设进程加快，西部12个省区市与海南、广东湛江参与陆海新通道合作。我国对沿线国家非金融类直接投资额127.8亿美元；新签对外承包工程合同额1276.7亿美元，同比增长41.2%，完成对外承包工程营业额746.1亿美元，同比增长1.3%；沿线国家对华直接投资额70.2亿美元，设立外资企业4964家。中老铁路、中泰铁路取得积极进展，中巴“两大”公路建设顺利推进，中俄同江、黑河大桥合龙，中尼樟木—柯达里口岸恢复通关，阿联酋哈利法港运营。我国企业在沿线国家建设的境外经贸合作区，已累计投资340亿美元，上缴东道国税费超过30亿美元，为当地创造就业岗位32万个。② “一带一路”沿线国家的对外开放程度、法治状况和市场化水平差异较大，我国市场主体在参与共建“一带一路”中必将会面临诸多法律风险。随着贸易量的不断扩大，也带来了相应贸易纠纷的增加，这主要有以下几种表现形式：

(一)国家之间的贸易争端

东道国与东道国争端也称国家间投资争议，这种争议属于传统国家间的国际

---

① 参见东方金诚主权团队：《2020年“一带一路”沿线国家主权信用风险展望》，载新浪网，https://baijiahao.baidu.com/s?id=1669164893769976120&wfr=spider&for=pc，最后访问日期：2020年7月4日。

② 参见成静：《商务部：2019年“一带一路”经贸合作取得新发展新提高新突破》，载中国发展网，http://www.chinadevelopment.com.cn/sh/2020/0119/1602517.shtml。

争端。产生此类争议的原因有两种:一是双边或多边投资条约的国家之间关于条约的解释或适用而引起的争端;二是投资者与东道国之间产生了投资争端,而投资者的国家由于行使外交保护或者代位求偿权所产生的与东道国的争端。①

贸易合作是“一带一路”建设的重点内容,“一带一路”的大规模基础设施建设,容易带动国际贸易业务的繁荣,相应地也会增加贸易争端的可能性。2019 年中国企业对“一带一路”沿线国家进行非金融类直接投资和工程承包规模分别达到整体比例的 13.6% 和 59.5% 。② 但近些年来,尤其是金融危机以后,技术壁垒(Agreement on Technical Barriers to Trade, TBT)大行其道,在许多发达国家中 TBT 已替代关税成为其实施贸易保护的主要手段之一。根据世界贸易组织 2016 年发布的报告,技术性措施、卫生和植物检疫措施在全球非关税措施总数中的占比已然高达 83.3% 。③

(二)东道国与投资者之间的投资争端

相较于两国之间的贸易争端,外国投资者与东道国中间因为贸易投资产生的争端较为特殊,主要表现在,东道国是国际法的主体,而外国的投资者是国内法的主体,从主体地位来看就存在差异。加之“一带一路”沿线国家多为发展中国家,这些国家针对外国直接投资的政策和法律各不相同,在国家安全、反垄断、环境保护、劳工、税务以及行业限制等方面都有不同的规定,加上不同国家有关投资的相关政策与法律经常会因为外部经济环境的变化而进行调整,给进入东道国的企业增加了潜在的法律风险。

2010 年 1 月,黑龙江国际经济技术合作有限公司、北京首钢矿业投资有限公司、秦龙国际实业有限公司 3 家中国企业,就其与蒙古国政府的矿业投资争端,请求依照《联合国国际贸易法委员会仲裁规则》设立临时仲裁庭。申请人认为,蒙古国政府撤销其矿业许可证的行为违反了 1991 年签订的《中蒙双边投资保护协定》(中蒙 BIT)和蒙古国有关外资法律。该案是中国投资者起诉外国政府的第一起案件,关系到中国企业对约 70 个国家投资的有效保护,在业内引起不小震动。④

---

① 参见商务部:《年中回顾:2019 上半年“一带一路”经贸合作 6 大特点》,载搜狐新闻 2019 年 7 月 5 日,https://www.sohu.com/a/324962504_120158144。

② 参见中国社会科学院世界经济与政治研究所:《社科院报告:“一带一路”地区已成为中国对外直接投资新增长点》,载中国经济网 2020 年 7 月 1 日,https://baijiahao.baidu.com/s?id=1670967925625884393&wfr=spider&for=pc。

③ 参见王婉如:《技术标准、贸易壁垒与国际经济效应研究——基于“一带一路”沿线国家的实证分析》,载《国际贸易问题》2018 年第 9 期。

④ 参见钱颜:《中国投资者状告东道国政府第一案败诉的启示》,载搜狐新闻网 2018 年 1 月 3 日,https://www.sohu.com/a/214390421_100023013。

(三)国际金融机构与融资主体之间的贷款争端

“一带一路”建设涉及大量基础设施建设和产业合作,资金需求量巨大,单靠政府难以提供足够的资金,必须动员市场的力量。同时,所需资金单个国家也难以负担,必须动员沿线国家的力量。充分调动各方资源,有效利用全球资金,是“一带一路”建设共商、共建、共享理念的应有之义。多数“一带一路”项目建设周期较长,如果投融资不可持续、出现中断,不仅会影响项目进展和经济效益,甚至可能带来政治上的不利影响。① 自2013年至2018年年底,国家开发银行累计为600多个“一带一路”项目提供了超过了1900亿美元融资,为“一带一路”建设提供了长期可持续、风险可控的巨大金融支持。截至2018年6月末,中国进出口银行为“一带一路”项目实施建设1300亿元专项贷款全部签约。② 但是我们也应该清晰地看到,2018年以来,逆全球化和保护主义的逆流抬头,国际贸易和投资疲软、贸易紧张局势持续升级,风险叠加造成大面积深度危机,世界经济不确定性加剧。以“一带一路”沿线国家为代表的新兴市场和发展中国家面临的经济和金融逆风加剧,风险因素不可忽视。特别是因为美联储货币政策波动,新兴企业债务违约以及金融危机和重大社会事件所引起的国际金融机构与融资主体之间的贷款争端。

(四)能源交易与运输争端

2017年8月,商务部、国家发改委等联合发布《关于进一步引导和规范境外投资方向的指导意见》,计划加强对我国投资者境外投资进行指引,引导投资者的投资方向,强调在“一带一路”的建设中鼓励企业参与境外勘探和开发。③ “一带一路”区域是世界常规油气资源的主要分布区,区域内待发现石油资源量占世界的50%,天然气占比超过60%。同时“一带一路”沿线地区的水能、风能、光能、地热能等也十分丰富,具有可靠的资源基础。④

海外能源既有着海外一般投资的特性,也兼具着重要的战略投资意义,一般海外能源投资纠纷都较为复杂也比较敏感。目前,国家与投资者之间的能源投资争端是海外能源投资争端解决法律制度处理的主要内容。争端一般发生在:国家

---

① 参见彭扬:《国开行:截至2018年末累计为600余个“一带一路”项目提供融资超1900亿美元》,载中证网2019年4月23日,http://www.cs.com.cn/jg/04/201904/t20190423_5942095.html?from=groupmessage&isappinstalled=0。

② 参见万喆:《防范化解“一带一路”金融风险》,载《中国金融》2019年第8期。

③ 参见国家发展改革委、商务部、人民银行和外交部:《关于进一步引导和规范境外投资方向的指导意见》,载中国经济导报,http://www.ceh.com.cn/xwpd/2017/09/1041093.shtml。

④ 参见吕健中:《深化“一带一路”国际能源合作应注意处理好“四大关系”》,载环球网2019年11月10日,https://baijiahao.baidu.com/s?id=1649806846826302558&wfr=spider&for=pc。

对海外能源投资进行的管制中;国家与海外能源企业签订的融资等各种合同的履行过程中;国家对涉及能源的相关环境保护中。同时,海外能源投资的资本比较大,特别是石油和天然气的上游投资,建设长距离的油气管道、电力传输网络以及购置和扩建现有电力分配和供应系统等对技术、风险承担能力的要求比较高,很多企业很难同时具备足够实力参与海外能源投资的竞争。另外,能源产业涉及整个国家的经济利益,在市场上的流通管制严格。

三、我国现有处理“一带一路”贸易纠纷的解决机制

(一)国内现有处理“一带一路”贸易纠纷的解决机制

“一带一路”发展具有长期性和复杂性,随着贸易额的不断增加,以及经贸往来的不断进行,摩擦和纠纷在所难免。如何更好地保障“一带一路”的秩序和维护“一带一路”的贸易环境,成为“一带一路”发展中不可回避的问题。2015 年 7 月,最高人民法院印发《关于人民法院为“一带一路”建设提供司法服务和保障的若干意见》,提出要准确把握“一带一路”建设司法服务和保障的内涵与基本要求。要积极回应“一带一路”建设中外市场主体的司法关切和需求,大力加强涉外刑事、涉外民商事、海事海商、国际商事海事仲裁司法审查和涉自贸区相关案件的审判工作,为“一带一路”建设营造良好法治环境。要全面贯彻法律平等原则,坚持平等保护中外当事人的合法权益,有效维护公平竞争、诚实守信、和谐共赢的区域大合作环境。要全面统筹协调,找准人民法院工作与“一带一路”建设的结合点和着力点,研究规律性,突出前瞻性,富于创新性,全面提升人民法院涉外审判工作水平。要立足我国实际,坚定不移走中国特色社会主义法治道路,积极开展与沿线各国的司法国际合作交流,夯实“一带一路”建设的法治基础。由此,我们可以看出,“一带一路”贸易中主要涉及涉外刑事、涉外民商事、海事海商、国际商事海事仲裁司法审查和涉自贸区相关案件的审判工作。

2015 年 7 月,最高人民法院第一次发布关于“一带一路”建设提供司法服务和保障的典型案例(见表 4 - 1)。从这些典型案件来看,当时“一带一路”中主要涉及的相关法律包括我国《涉外民事关系法律适用法》、《联合国国际货物销售合同公约》、我国《海商法》、《国际航空快件运输协议》、《蒙特利尔公约》、《联合国国际贸易法委员会仲裁规则》、《中华人民共和国和波兰人民共和国关于民事和刑事司法协助的协定》和我国《公司法》。

表4-1 第一批涉“一带一路”建设典型案例

序号	案件名
1	新加坡中华环保科技集团有限公司与大拇指环保科技集团(福建)有限公司股东出资纠纷案
2	德国蒂森克虏伯冶金产品有限责任公司与中化国际(新加坡)有限公司国际货物买卖合同纠纷案
3	哈池曼海运公司与上海申福化工有限公司、日本德宝海运株式会社海上货物运输合同货损赔偿纠纷案
4	塞拉利昂籍“LEDOR”轮遭阿尔巴尼亚船东基恩毕船务有限公司弃船所引发系列纠纷案
5	朗力(武汉)注塑系统有限公司与天地国际运输代理(中国)有限公司武汉分公司航空货物运输合同纠纷案
6	浙江逸盛石化有限公司与卢森堡英威达技术有限公司申请确认仲裁条款效力案
7	江苏太湖锅炉股份有限公司与卡拉卡托工程有限公司、中国银行股份有限公司无锡分行保函欺诈纠纷案
8	波兰弗里古波尔股份有限公司申请承认和执行波兰共和国法院判决案

2015年,最高人民法院民四庭牵头建立最高人民法院“一带一路”司法研究中心,统筹力量加强研究指导。依托国家法官学院设立最高人民法院“一带一路”司法研究中心,聘请了有关部委、理论界、实务界的专家担任研究员,建立了一支内外互补、结构合理、有特色、高水平的专家队伍。最高人民法院“一带一路”司法研究中心旨在发挥专家合力,共同解决“一带一路”建设中遇到的法律新情况、新问题,进而打造成为最高人民法院加强涉外民商事审判理论和实践互动的重要平台,为“一带一路”建设提供强有力的智力支持。最高人民法院民四庭还依托社科院法学所、清华大学法学院、华东政法大学、大连海事大学等9家科研院校陆续设立了与“一带一路”、自贸区以及海洋司法保护有关的理论研究基地,旨在发挥有关科研院校的研究优势和人才优势,立足国际法律发展前沿,加强重大法律问题的合作研究,为涉外商事海事审判提供智力支持,不断推动相关审判工作发展。最高人民法院民四庭依托中国政法大学、西南政法大学、中国港澳台和外国法查明研究中心建立了外国法查明平台,强调国际公约、惯例的准确把握与解释,积极

支持国际仲裁发展,促进建立国际化的多元化纠纷解决机制。①

随着贸易额的增长和交易的多样化,2017 年 5 月,最高人民法院发布了第二批涉“一带一路”10 个典型案例(见表 4 - 2),其中涉及信用证开证、股权转让合同、居间合同、独立保函、海域污染损害赔偿、海上货物运输合同、承认和执行外国仲裁裁决、承认和执行外国商事判决等案件。

表 4 - 2　第二批涉“一带一路”建设典型案例

序号	案件名
1	中国建设银行股份有限公司广州荔湾支行与广东蓝粤能源发展有限公司等信用证开证纠纷再审案
2	英属维尔京群岛万嘉融资咨询私人有限公司、马来西亚叶某某与中宇建材集团有限公司居间合同纠纷上诉案
3	栖霞市绿源果蔬有限公司与中国银行股份有限公司北京市分行信用证转让纠纷再审审查案
4	西门子国际贸易(上海)有限公司与上海黄金置地有限公司申请承认和执行外国仲裁裁决案
5	高尔集团股份有限公司申请承认和执行新加坡高等法院民事判决案
6	现代重工有限公司与中国工商银行股份有限公司浙江省分行独立保函索赔纠纷上诉案
7	山东华立投资有限公司与新加坡 LAURITZ KNUDSEN ELECTRIC CO. PTE. LTD. 股权转让合同纠纷上诉案
8	大连市海洋与渔业局与昂迪玛海运有限公司、博利塔尼亚汽船保险协会海域污染损害赔偿纠纷再审审查案
9	徐州天业金属资源有限公司与圣克莱蒙特航运股份公司、东京产业株式会社海上货物运输合同纠纷再审审查案
10	A. P. 穆勒—马士基有限公司与上海蝉联携运物流有限公司深圳分公司、上海蝉联携运物流有限公司海上货物运输合同集装箱超期使用费纠纷再审案

总体来看,现阶段我国解决“一带一路”贸易纠纷问题,主要在现有法律框架下,依托国际经济法、国际条约以及双边协定解决“一带一路”中的贸易纠纷问题。

① 参见刘卫东等:《“一带一路”战略研究》,商务印书馆 2017 年版,第 154 ~ 158 页。

我们应该看到,国际仲裁、国际惯例等已有的国际准则都建立在发达经济体的法律基础上,都以集中体现发达经济体的机制为主导。而“一带一路”沿线国家多,经济、政治、文化发展不平衡,法律既有大陆法系又有英美法系,即使是大陆法系国家,其中的法律也有很大差距。因此,最高人民法院提出构建多元化的纠纷解决机制,2016 年“一带一路国际商事调解中心”于 2016 年 10 月 18 日成立,它的职责是协助涉及争议的相关方,通过线上和线下调解等方式解决“一带一路”国际商事争议纠纷。

2018 年 1 月,中央全面深化改革领导小组第二次会议审议通过了《关于建立“一带一路”争端解决机制和机构的意见》(以下简称《意见》)。根据《意见》,建立“一带一路”争端解决机制和机构,要坚持共商共建共享原则,依托我国现有司法、仲裁和调解机构,吸收、整合国内外法律服务资源,建立诉讼、调解、仲裁有效衔接的多元化纠纷解决机制,依法妥善化解“一带一路”商贸和投资争端,营造稳定、公平、透明的法治化营商环境。同时,最高人民法院在北京、西安、深圳各设一个国际商事法庭,其中西安面向陆上丝路,深圳面向海上丝路,而北京的则类似于总部。另外,在西安建立了一个与丝路国家“共建共商共享”的具有国际高水准和竞争力的“一带一路国际争端管理中心”。该中心集谈判、调解、仲裁、管理等于一体并与法院无缝对接,旨在充分利用自贸区“先行先试”的政策优势和西安独特的历史资源与区位优势,为丝路建设提供最优质的法律服务,为我国争端解决法律体制机制的发展完善探索新路。另外,中国贸促会正在按照有关部署,按照“共商共建共享”的原则,联手国外的工商组织共同发起成立新的国际争端预防与解决组织,这一举措能在新时代背景下为“一带一路”倡议的顺利实施以及沿线各国投资争端的解决提供了更好的路径,顺利实现沿线各国以及投资者的利益。

(二)现有处理“一带一路”贸易纠纷中的具体方式

近几年,我国不断推进建立多元化非诉讼争端解决机制。2016 年 5 月通过的《中国—中东欧国家最高法院院长会议苏州共识》明确指出,沿线国家以经济发展为主要目的,对于发展过程中产生的大量经济贸易纠纷问题的处理原则也要以便捷高效、和平共赢为主,以调解和仲裁为主的非诉讼争端解决方式正是沿线国家所追求的目标。最高人民法院也下达文件表示。把调解和仲裁作为纠纷解决中的前置程序,发挥它们在纠纷解决中的重要作用。由于“一带一路”沿线国家数量大、发展程度差异大以及国内现状各不相同,诉讼方式在实施中还是存在法律适用的问题和判决书的承认问题等,因而在“一带一路”发展中,解决争议还是应该以非诉讼方式为主。我国也已经意识到,将调解和仲裁这些非诉讼争端解决机制作为主要的争端解决方式更适合“一带一路”发展中复杂多变的投资争端。

1. 调解

调解，是指在公平自愿的基础上，中立的第三方在双方当事人之间调停疏导。调解是非诉讼争端解决机制的代表之一，它具有一定的前置性。诉讼前如果通过调解解决了问题，那么将会大大节省司法资源，节约双方的时间成本和经济成本，有利于双方的友好关系。

（1）调解的特征。第一，调解是一种“私行为”。它具有民间调解的性质，不是国家行为。在这点上，调解与诉讼有本质区别，调解属于自愿管辖而非强制管辖，即当事人将自己的争议交由自己选择的第三人处理，调解双方对争议的处理方式和处理结果完全有主动权和决定权。调解人不具有任何国家权力代表和强制措施，只能尽力去促使争议双方都有满意的结果。第二，调解程序灵活，节约高效。调解有自身的规则；争议双方当事人在调解人的主持下进行磋商和谈判的过程中并不一定要有律师的存在，大大降低了解决争端的成本。第三，调解以当事人意志为主，可以根据争端双方当事人的要求或者约定随时改变调解的流程和方式。由于调解员是中立的第三方人员，调解人基于多种因素的考虑会主动依据正当的社会规范进行调解。调解员不得对任何一方当事人有偏袒的行为或言语，也不能对案件结果有任何导向性指示，这就使当事人对争议案件的结果的可控性大大提升。第四，双方当事人可以随时中止调解程序，调解过程灵活，节约时间成本，调解效率高。

（2）调解的优势。调解可以兼顾多种因素，国际投资调解日益受到重视。调解的出发点是如何在符合争端双方当事人的国籍、商业背景、政治文化、法律制度等多种要素的前提下，因地制宜，最快最有效解决问题。调解的目的是让双方合作共赢，而仲裁更加强调法律条文上的权利义务关系，不会因地制宜，所以实践起来更有难度。因此，调解的精神与“一带一路”倡导的合作开放、包容共赢的精神是相通的。调解是目前社会中最有代表性的非诉讼争端解决机制，为“一带一路”环境下争端解决机制的研究提供了一种自愿高效、灵活、低成本的解决方式。由于调解不仅仅依附于法律条文的权利义务关系与证据规则，更加注重争端双方当事人合作共赢的商业关系，所以避免了争端结果非黑即白的情况发生，有效缓解了投资者与东道国之间的矛盾和尴尬，有利于双方后续的合作，在维系商业合作关系上有很大的优势，所以应该把调解当作“一带一路”争端解决的前置选择的一种方法。

2. 仲裁

近几年，国际上的商务纠纷几乎都是经过仲裁得到解决的。仲裁作为非诉讼争端解决机制的一种，有非诉讼争端解决的优势与特征，也有其独特的特点和魅力,所以当事人选择仲裁作为争端解决方式的理由也一定是区分于非诉方式的。

仲裁有以下特征:(1)仲裁地和仲裁员具有中立性。仲裁之所以被争端双方当事人广泛选择的首要原因在于它区别于诉讼方式解决纠纷。仲裁由当事人自由选择仲裁地和仲裁员,并且区别于诉讼管辖权的原理,仲裁当事人可以自由约定仲裁庭的位置,而且仲裁不存在级别管辖的规定,所有的仲裁机构都可以成为当事人选择的对象。(2)具有保密性,除非当事人同意公开,否则仲裁庭的审理除了涉及国家秘密以外都要保密,并且庭审的过程中不允许外人参与旁听。仲裁过程应当保密,除非当事人持有相反的意见,并且仲裁庭审过程中证人提供证词时,其他证人必须全部离开,整个过程应该秘密进行。采用何种方式询问证人是由仲裁庭单独决定的。如果当事人申请仲裁的内容有私密性会选择不公开审理。仲裁裁决的解决办法,可以避免他人获得当事人不愿公开的信息。而诉讼方式审理案件正常情况下都是要公开审理的,除非涉及个人隐私和国家秘密等特殊情况不公开审理。(3)可执行性高。争端双方当事人选择用诉讼的方式解决国际纠纷必然要面临法院审理的认可与执行问题,一国(地区)的判决书被他国(地区)法院认可的前提条件是双方共同签署有司法协助协议。而根据《纽约公约》的规定,只要一个国家(地区)的仲裁裁决要在另外一个国家(地区)被予以承认和执行,该国(地区)必须根据《纽约公约》承认和执行,并且不得再附加额外的收费,全世界已经加入纽约公约的国家有 142 个,这些国家都必须严格遵守公约规定的裁决的承认与执行问题。

第五章　在线非诉讼纠纷解决机制

互联网、大数据、人工智能以及虚拟现实、增强现实技术不断更新,正在改变着人们的生活,人们也在主动适应着生活方式与现代社会和新技术的接轨。互联网经济模式不仅给产业带来了一定机遇与挑战,就连传统的纠纷解决机制也焕发出不一样的光芒,在线纠纷解决机制就是这一时代的产物。在线非诉讼纠纷解决机制(Online Dispute Resolution,ODR)的前身是非诉讼纠纷解决机制[①] ODR 是 ADR 在互联网时代的新表现。由于 ODR 能够减少当事人的诉讼成本,缩小纠纷双方因经济条件和地位产生的不平等,缓和了双方尖锐的矛盾关系,提供了更加多样化的解决渠道,间接节约了司法资源,为当事人提供了快速高效的纠纷解决模式,已有越来越多的国家和地区开始研究并推广运行这种机制。ODR 作为一种技术,也进入我国,许多公司成为 ODR 的试验者,但却没有收到预想的效果。之后,这种纠纷解决的理念被吸收为我国法院解决海量互联网贸易纠纷的多元化纠纷处理机制的重要组成部分,杭州互联网法院、广州互联网法院相继成立。

一、在线非诉讼纠纷解决机制的产生

1996 年,一种被称为 ODR 的在线非诉讼纠纷解决机制开始运行,这种机制的产生有助于解决 ADR 所要面临

---

① ADR(Alternative Dispute Resolution),意为"非诉讼纠纷解决程序"。它是在案件进入法院之后的一种非审判的纠纷解决途径,包括调解、调停、微型听审、聘请一名法官(或称专家裁定)等。

的纠纷主体不明确、行为地难以确定、证据收集困难、交易双方大多具有跨国性以及欺诈交易数量多等法律问题，该机制主要包括在线仲裁、在线调解与和解以及在线消费者申诉4种方式。1996年，3个试验性的在线替代性纠纷解决网站，the Virtual Magistrate Project、The University of Maryland Online Mediation Project、The University of Massachusetts Online Ombuds正式开始运营。[①] 2000年，国际消费者联合会（International Organization of Consumers Unions, Consumers International）呼吁各国政府及国际组织关注远程消费者的救济问题；2003年国际商会（International Chamber of Commerce, ICC）发布了《在线纠纷解决：B2B、B2C交易ODR机制最佳实践》，对ODR机构提供指引建议；2007年经济合作发展组织（Organization for Economic Co-operation and Development, OECD）发布了《消费者纠纷解决与救济意见书》，提出消费者纠纷解决的“定制机制”，并且针对国内与国外的消费者保护争端解决机制提出了不同的建议。针对在国内消费者之间产生的纠纷，该组织认为，首先，争议主体应当有便捷的渠道来向争端解决机构提出申请；其次，对于有关费用应该与标的额相适应；再次，对于争端解决程序需要设计得足够简洁易懂，即便在无律师或其他专业法律人士的帮助下，涉事主体也能便捷地自主解决争议；最后，应当特别考虑到特殊群体与弱势群体的利益。涉及有关群体性利益的案件，该意见书特别指明因消费者维权案件的特殊性，即一批次的不合格产品往往会引起数量众多受害者，建立能够解决群体性争端的解决机制极为必要。此外，建立进入与退出制度也有其必要性。当某市场主体需要加入他人的争端解决程序，或者退出已参与的程序时，需要有合理且便捷的渠道供其选择。程序需要设计得透明、高效且公平，在跨境争端解决领域，这份意见书也特别强调公权力机关有义务向有关各方提供替代性争端解决的有关渠道信息，政府部门应当完善消费者的投诉信息共享网络，司法机关需要考虑到域外市场主体的权利保障；国家机关应当利用现代技术完善与案件相关的资料提交与管理技术，促进跨境争端机制的建立。发展多边与双边协同机制，加强国际合作，在处理涉案的域外财产与执行方面提升合作水平。2016年2月29日至3月4日，联合国国际贸易发展委员会（United Nations Commission on International Trade Law, UNCITRAL）在“2010～2016跨境电子商务交易网上争议解决会议”上形成了《关于网上争议解决的技术指引》，明确提出未来的跨境争议解决需要关注程序的保密性、安全性等概念范畴。此外，根据文中所谓的“公开揭露”机制，有可能出现不当披露当事人、当事人交易所涉及争议信息的情形。在其发布的《关于网上争议

---

① 参见郑世保：《ODR裁决书强制执行机制研究》，载《法学评论》2014年第3期。

解决的技术说明》中明确指出，在线争端解决机制采取的方针，即在线争端解决机制都需要体现公平、正当程序、透明和问责原则。ODR 迎合了互联网经济高效、便捷以及人性化的要求，有效地避免了争议双方因背景、法律、文化以及经济实力的不同而带来的对案件审理结果的影响，同时也避免了法院在处理跨国案件时所要面临的送达、举证以及执行方面的困难。

随着技术的更迭和大数据的应用，ODR 还将进一步加强对人工智能和数据的应用，设计各种智能解纷模型，优化智能解纷效果。在目前帮助处理解纷辅助性事务，提高解纷效率的基础上，构建智能解纷机器人，通过智能分析及算法技术，在特定类型纠纷中直接取代人工解纷力量，独立完成纠纷的解决。此外，通过大数据分析技术，有效挖掘 ODR 平台数据背后隐藏的纠纷发生规律和演化趋势，ODR 平台将会越来越多地被应用于对未来纠纷的精准预测和有效预防方面，为相关领域政策的制定与实施提供数据支持。①

二、在线非诉讼纠纷解决机制的含义

ODR 是指覆盖在所有网络上由非法庭但公正的第三人，解决企业与消费者间因电子商务契约所产生争执的所有方式，其实质上是以电子邮件、电子布告栏、电子聊天室、语音设备、视频设备、网站系统软件等网络信息技术工具进行纠纷解决资讯的交流，从而避免了当事人之间的直接会面，进而降低纠纷解决成本，提高纠纷解决的效率，节约了时间，突破了传统争端解决方式的弊端，具有相当的灵活性，间接节约了司法资源。

ODR 作为一种新型的纠纷解决机制的模式，其展现的特点主要是与 ADR 相比而呈现，具有以下特点：

1. 以互联网为平台，以新技术为支撑。ODR 是互联网的产物，以现代技术为依托和保障。这里包括计算机编程技术，如编制各种计算机程序以及数据库以接受、存储、管理、处理当事人的案件；各种先进的网络通信技术，如电子邮件、腾讯技术、网络视频会议等；各种保障信息安全的技术，如防火墙技术、数字签名技术、加密技术、不可复制的徽章等。新兴的互联网和计算机技术正在改变，并将进一步改变各种争议和纠纷的解决途径和形式，产生出更加多样的模式和解决方案。②

2. 自律和企业信用是 ODR 实现的基础。目前，在网络空间提供各种选择性

---

① 参见北明软件社会治理研究院课题组：《域外 ODR 发展态势》，载《人民法院报》2019 年 11 月 15 日，第 8 版。

② 参见何精华：《AI 赋权政府治理的技术逻辑与价值重塑》，载《上海师范大学学报（哲学社会科学版）》2019 年第 5 期。

纠纷解决服务的几乎都是私人性的非营利机构。大量的企业通过网站徽章(Web Seals)、信任标记(Trust Mark)、商业行为规范(Code of Online Business Practices)等业界自律机制,自愿将自己与消费者之间的争议交ODR服务者处理,并承诺执行ODR的处理结果,以建立企业与消费者之间的信任关系,发展自己的电子商务。ODR正是企图通过业界的自律和私人的机制,跨越国家司法权在全球电子商务环境下解决纠纷的重重障碍,提供另一条有利于网络纠纷快速、便宜、公正解决的可选择途径。①

3. 更加高效和快捷。ODR是在电子商务全球化的背景下提出的,其主要目的是解决全球性网上交易产生的各种纠纷。所有的ODR网站都是建立在国际互联网上,当事人不管身在何处,只要能有连接因特网的终端设备(目前主要是计算机),都可以把自己的纠纷提交“异国他乡”的ODR服务提供者进行处理。大部分ODR网站处理争议的全部程序和环节都可以完全通过互联网进行。网站使用方法、程序规则、费用、时间和结案率等都可以在网站页面免费查阅。为了克服文化和语言的障碍,一些ODR网站还开设了多语言的界面,在全球范围聘仲裁员,并积极寻求海外的合作伙伴。这充分地体现了互联网“随时随地”和全球开放的特性。②

三、在线非诉讼纠纷解决机制的类型

ODR是把ADR搬到网上的产物,是利用网上环境以协调、调解和仲裁的方式来解决纠纷,其包括在线仲裁、在线调解和在线申诉4种形式。

(一)在线仲裁

1. 世界知识产权组织电子案件设施

世界知识产权组织仲裁与调解中心成立于1994年,总部设在瑞士日内瓦,并在新加坡设新办事处,致力于解决市场主体之间的国际商事争议,为全球用户提供替代性争议解决服务,并拥有一个约1500名由调解员、仲裁员和专家组成的专业人才库。起初,为了方便已经参与仲裁和调解程序的当事人了解案件的进程,世界知识产权组织设立了ECAF程序,随后ECAF更名为eADR。

eADR程序是由世界知识产权组织开发并运行的案件管理工具,旨在使替代性争端解决程序中的当事人和中立人(包括调解人、仲裁员和专家)能够通过该程

① 参见陈水生:《技术驱动与治理变革:人工智能对城市治理的挑战及政府的回应策略》,载《探索》2019年第6期。

② 参见张清、张蓉:《“人工智能+法律”发展的两个面向》,载《求实学刊》2018年第4期。

序共享和访问与案件相关的信息，从而推进案件的进展，提高依据世界知识产权组织规则下的调解、普通仲裁、速裁或专家协议裁定案件的处理效率。eADR 程序允许包括中立人在内的各方以电子数据的形式将资料提交至该数据中心。除了可以提交独立的文件资料外，各方甚至可以将资料上传至多层归档的系统结构中。在案件速览功能中允许当事人快速查看案件的基本信息，如案件号、涉案各方的名字、案件性质、争议类型、管辖法律和仲裁地等信息。依据世界知识产权组织的有关规则，申请仲裁的一方可以通过邮件、电子邮件或 eADR 程序申请仲裁，但被申请方只能通过邮件或电子邮件的形式进行答辩，并在答辩词中明确是否愿意使用 eADR 程序进行仲裁以及系统对于所有用户免费开放的信息。

该系统对于各方获取这些资料的时间没有限制，除了日常时间外，各方甚至可以在仲裁时对这些文件进行下载与上传。系统独具特色地加入了留言板功能，任何一方当事人在留言板上留下文字讯息，各方都会在同一时间收到该留言。此外，世界知识产权组织特别关注 eADR 程序的安全性，所有的数据都受防火墙的保护和加密，每次用户访问该程序时，都会通过用户名、密码以及移动设备应用程序提供的验证码对用户身份进行验证。eADR 及其所有的软件配套系统均通过了 ISO/IEC27001（信息安全管理）认证。

费用方面，在设立仲裁庭之前，该中心应与当事人和仲裁员协商确定仲裁员的收费标准，应考虑诸如争议所涉及的标的额、当事人的人数、争端的复杂程度以及对仲裁员有无特殊要求等因素。除了能够实现通常的争端解决用途，在特定情况下，该中心也会在非争端解决的环境中启用该程序，例如，该中心为第 36 届美洲杯国际游艇大赛提供了特殊定制的 eADR 版本。

2. 国际商会仲裁院 NETCASE

NETCASE 是国际商会仲裁院所提供的在线文件传输平台，该程序隶属于普通商事案件中国际商会的仲裁规则，既可以作为常规仲裁的辅助程序，也可以使正在仲裁的程序在线进行，当事人可以自由选择。平台所交互的信息均进行过加密处理，在仲裁的同时，当事人也可以通过 NETCASE 浏览有关案情，为用户提供了较好的服务体验。

3. webdispute. com 网站

webdispute. com 网站是一家针对在线商务提供的专门针对仲裁服务的网站，总部位于美国，它制定了自己的仲裁规则和程序，审理周期为 5 日，周一开始仲裁，周五由双方进行总结性陈述。在整个仲裁的过程中，包括仲裁员在内的各方均是通过邮件进行交流，闭庭后，仲裁庭将不接受各方提交的任何证据。但是如果仲裁中，仲裁庭认为本案属于复杂疑难案件，且应当事人要求，可以通过“电话审理”(Telephone Hearing)以及“直接听证”(In-person Hearing)的方式对具体案情、证据及证言进行审查。裁决一般会在闭庭后的20日内通过电子邮件送达。

(二)在线调解

1. 欧盟电子消费者解决纠纷项目

该项目是由欧洲大学联盟创立,并由欧盟支持的在线纠纷解决机制,实行程序完全自治,其中调解员的建议对当事人没有约束力,其运行模式类似于早期的Square Trade。该项目主要致力于解决消费者与企业间的电子商务纠纷,一方面,世界上任何地方的消费者都可以免费试用该项目;另一方面,企业获得了与消费者调解的诉外渠道。该项目依据电商行业的特殊之处制定了相应的规则与程序;根据该项目的强制性规定,凡是向其提交申请的当事人视为自愿遵守有关规定。

该项目的争端解决程序包括3个阶段,分别为协商阶段、调解阶段与建议阶段。在协商阶段,当事人向该项目发出申请,并在24小时内得到官方发出的确认邮件。接下来该项目会根据申请人的请求向另一方发出邀请,对方当事人有7日时间来回复是否愿意接受调解。如果双方达成一致意见则进入第二阶段,如果对方当事人未作出回应或者拒绝调解则协商失败。双方进入第二阶段后,该项目会根据案情从名单中抽选一名调解员或者依据双方的共同意愿来任命调解员。调解开始后的15日内,调解员会促使双方达成调解方案,但如果双方在规定期限内未达成调解,该案则进入第三阶段,即建议阶段,调解员则会根据专业知识与案情提出自己的解决方案。但是该调解意见对于案件当事人并无法律约束力,在建议作出后的7日内,无论双方是否同意调解建议,案件即告终结。

2. EEJ-Net(European Extra-Judicial Network,现在已经更名为European Consumer Centres Network,ECC-Net)

2001年EEJ-Net由欧洲委员会设立,覆盖欧盟所有成员国、挪威以及冰岛,设立的主要目的为方便跨国消费者维护自身合法权益。EEJ-Net主要通过在各国设立中央交换所的形式,收集该国消费者的争议信息,在经过分析和整理后,提出相应的建议和应对措施。EEJ-Net在后续发展过程中变更为欧盟消费者中心网络(European Consumer Centers Network,ECC-Net),现在这一网络覆盖范围为28个欧盟成员国,挪威与冰岛。其由欧盟健康与消费者总局(Health and Consumers Directorate-General of the European Commission,DG SANCO)、各成员国政府、国内消费者组织和非政府组织共同出资,旨在使消费者明确其享有的在欧盟立法框架下的权利、增强其消费时的信心,同时向处在跨国争端解决程序中的个人消费者提供建议与帮助。2013年,欧盟开始打造一个包含ADR和ODR的综合性争端解决体系,2016年该体系初步建成。根据2017年欧盟公布的消费者信心评分,在综合性争端解决体系建立的当年,消费者对于跨境购物的信心大增,跨境交易量快速上升。根据官方给出的数据,在137,916个消费者投诉案件中,有44.53%的案件为跨境交易纠纷,这充分显示出了在这种综合性争端解决体系下的消费者有意愿积极维护自身合法权利。因此,一般当消费者对于其所购买的产品有疑问时,可以使用ADR程序在法庭之外解决纠纷,但如果消费者是通过在线渠道购买的商品或服务,还可以通过ODR方式提交投诉。消费者可以使用ODR平台直接与卖家协商解决问题,双方可以通过平台交换信息,发送附件或者图片,并可以安排在线会议。双方在程序中有极大的自主权,可以在众多方案中进行挑选,并且可以随时退出程序。

相较于其他ODR平台,ECC-Net有其独特之处。(1)该平台覆盖面极广。除了欧盟地区之外,还包括了冰岛、挪威和列支敦士登等非欧盟区域。(2)对于参与程序的每个环节,该机构都做了非常详细的描述,每一个步骤下方,都有简单易懂的案例让用户明白如何使用其平台。(3)对于商家的网页,平台做了特殊要求,即要求商品和服务的提供者不仅要明确其联络方式,更要标注从网站到ODR平台的网络链接,这是欧盟法律要求的强行性规定。(4)特别强调对在线零售商与在线服务提供者的权利保障。零售商与服务提供者也可以通过ODR平台投诉消费者。

值得注意的是,ECC-Net官网对于用户使用体验相当重视,除了重要步骤有简洁易懂的案例进行提示外,还有大量的流程图让用户明白应如何操作。网站还提供了类案检索的选项,让用户在提起申请前就能得知案件的走向与结果。根据ECC-Net官方网站所显示的数据,截至2020年该ODR平台已稳定运行超过15年,仅在2019年一年就已经帮助了超过120,000万人,85%的消费者从平台获得了建议与信息形式的帮助。在另外15%的消费者求助申请中,平台会联系商品和服务的提供者,并在平均120日内介入该纠纷。当ECC-Net平台与商家沟通过之后,52%的案件有令人满意的结果。

3. 在线监察办公室(Online Ombuds Office)与美国贸易广场(Square Trade)

在线监察办公室始于1996年马萨诸塞州立大学的一个科研项目,目的是解决当时日益增多的互联网纠纷,该项目主要为新闻业、网址域名、版权及网络服务提供商等领域提供在线调解服务。用户只要经过在线注册,都可以通过该网站申请免费的调解服务。为了提供更专业的咨询和建议,该项目建立了一个独立的数据库,并收纳了众多的案例和有关材料以供申请人和调解人员参考。在调解过程中,调解员对于调解进程起引导作用,在当事人提交了证据材料和申请之后,调解员会帮助双方归纳争议点、询问调解双方,然后拟出调解方案。如果双方均同意该调解方案,则调解成功;如果有一方不同意方案或者调解出现僵局无法进行下去,则宣布调解失败。这一调解模式启发了众多的电子商务企业,促使电商企业开始建立自己内部的纠纷化解机制。于是 Online Ombuds Office 的成功经验为 Square Trade 项目铺平了道路。

在项目成立初期,Square Trade 公司通过多种方式替客户解决争端,包括在线调解、在线和解与在线仲裁。在公司发展的过程中,逐渐确立了依托大型电商平台解决消费者投诉继而获取主要收入的发展路线,在 2017 年被 ALLstate 公司收购后,更是一以贯之。在这种模式下,Square Trade 通过解决网络交易中消费者与经过其认证的商家之间的矛盾将其业务延展到多个大型的电子商务企业,使争议双方通过事先约定的条款在其平台在线解决纠纷,降低了双方的沟通成本和维护权利的诉讼成本。

Square Trade 与商家达成协议,约定由 Square Trade 公司授予商家特殊标识,商家则向该公司交一定数量的保证金,当该商家与其消费者产生争议时,该争议必须通过 Square Trade 的争端结局平台进行解决。由于保证金政策的存在,消费者往往也会选择具有 Square Trade 标识的店铺进行消费。当该平台作出在线处理结果,并且商家愿意履行时,Square Trade 公司会对商家进行信用分数的奖励;当商家不履行在线调解处理结果时,Square Trade 会选择收回该特殊标识,禁止该店铺再次使用。

值得注意的是,与 Square Trade 合作的平台多为大型电子商务企业,该公司逐步形成了一套行之有效的保险业务作为对在线争端解决程序的一种补充。Square Trade 平台在收到消费者对某一商品的索赔申请之后,会直接通过保险金的手段对消费者进行补偿,如直接支付赔偿金、免费更换或安排维修。而用户需要做的只是在网页上点击“索赔”按钮后提交票据与证据,这大大减少了消费者解决问题的成本。

(三)在线申诉

在 IDS 机制中,BBB 会事先向争议双方提供听证官(Hearing Officer)的名单,在该名单列表中既有具备专业知识的听证人员,也有不具备专业知识的人员,争议主体各方可以根据意愿进行选择。当听证官与涉事争议主体存在如财务、业务、专业、社会关系等需要回避的利害关系时,各方均可以申请其回避,如果在收到听证官名单的 5 日内,各方均未提出异议,该机构会默认不存在需要回避的事项,听证官小组一般由 3 人组成,并且一般会存在替代方案以备不时之需。争端解决运行的方式多种多样,既可以当面以传统方式进行,也可以通过电话、邮件等方式进行,甚至可以通过其他可行的方案举行。针对特殊的专业领域,如汽车保险纠纷、物流与存储、不动产、营销与广告行业,该机构提供更加专业与定制化的争端解决服务。听证官作出的决议分为两种,第一种决议为最终决议,该决议作出后除非有涉事主体要求进一步解释,否则该争端解决程序终结。第二种为过渡性决议,当此种决议被作出后,原听证官仍有权力主持后续的程序。以上两种决议都无强制力,除非各方均以书面形式承认该决议。对于作出的决议,各方均有权要求听证官予以解释,但是仅一方不同意该决议的内容除外。当各方均同意时,该决议产生强制力。如果任何一方不同意,则各方仍保留起诉的权利。

在线申诉系统只覆盖美国、加拿大与墨西哥,当位于该地区的个人或企业产生争议时,可以使用该系统进行在线投诉。当申诉被提交后,一般两个工作日内会由该组织转发给相关方,并要求相关方 14 日内作出回应。如果该申诉未被回应,该组织会再次进行沟通,通常情况下,如果企业未能响应,则将通知消费者。投诉通常会在自提交之日起大约 30 个工作日内关闭。如果消费者对于涉事企业的回应并不满意,该机构可能要求企业进一步对问题进行解释与说明。

实体 ADR 机构明确允许申诉的范围为:涉及交通工具、通信工具与手机运营商、产品与服务、广告与慈善机构的争议,并且明确表示,当案件涉及劳动争议、歧视、已经发起的诉讼与仲裁、与商业无关的个人事件、对法律有效性的确认、政府机构的投诉时,该机构无法处理。

需要注意的是,该机构为超过 540 万家企业提供服务,并运行着一个评级系统,该系统基于企业市场行为的分数以及对消费者投诉的响应速度,对申诉行为的透明程度等信息自动生成相关的等级,其核心是对消费者投诉的响应速度。如果其要求某个被投诉的企业提供合理的信息,但企业拒绝提供时,系统会降低该企业的评级。当企业被大规模投诉时,系统也会降低该企业的信用评级。虽然机构并无法律上强制力,但是通过该信用评级系统也可以在事实上产生某种约束力,推动企业主动解决消费者的投诉,这种变相约束体系也被越来越多的机构组织采用。

四、不同类型在线非诉讼纠纷解决机制的历史演进

(一)在线仲裁

在线仲裁(Online Arbitration 或 Cyber Arbitration)是指将 ICT[①] 技术与仲裁过程相结合,将原先在线下完成的仲裁程序和裁判过程通过互联网技术实现在线完

---

① ICT 是信息、通信和技术 3 个英文单词的词头组合(Information Communications Technology, ICT)。它是信息技术与通信技术相融合而形成的一个新的概念和新的技术领域。

成。即争议双方首先对预先设定的在线仲裁规则进行确认，之后进入正式的在线仲裁阶段，争议双方与仲裁员通过数字化信息设备、视讯通信系统、智能化处理程序完成证据交换、调解、庭审以及裁决的全过程，它是一种"网上虚拟庭审"的过程。在线仲裁较之传统仲裁具有更强的灵活性，也更加自治。在互联网技术的支持下，在线仲裁为争议双方节省了更多的人力、物力和时间成本，它是当今互联网背景下更为有效的商事纠纷解决方式，人们也简单地将其称为"无纸化仲裁"。在线仲裁的产生并不是孤立存在的，它是作为ODR的重要组成部分而出现的。ODR是以互联网技术为载体，于20世纪90年代兴起，之后很快得到主要发达经济体的响应，它是为了解决ADR在面对大量的网络纠纷时所体现出的证据收集困难、纠纷行为地难以判断、执行困难以及纠纷主体不确定的状况而产生的一种在线纠纷解决的方式，通常包括在线仲裁、在线调解和在线申诉。2000年，美国对1955年颁布的《统一仲裁法》(Uniform Arbitration)进行了修订并形成了UAA2000，该法采取概括性的表述方式，规定任何中立组织体都可以进行仲裁，其中在形式上将在线仲裁包含在内。同时，该法第30条首次规定了国际及国内电子签名在仲裁中的适用、有效性、后果和执行问题，这为在线仲裁中争议双方合同的有效性及证据的交换扫清了法律上最大的障碍。2001年美国仲裁协会(American Arbitration Association，AAA)发布了世界上首份关于在线仲裁的规范性文件《网上程序和补充规则》，不仅详细规定了在线仲裁中证据材料的上传要求，还设定了纠纷双方可以通过视频会议和电话会议进行仲裁以及当事人要求当面进行审理的转换条款。该文件提出利用专门的网站对仲裁程序进行管理，文件上传后的审查、裁决以及相关文本均需在该网站上进行，并且只有获得权限的仲裁员与当事人才可以进入该仲裁网站。在当事人将有关证据材料、诉请、答辩状及其他材料上传至网站后，仲裁庭会建立一个数据库，有关文书被上传至该数据库时，即视为送达。同年，美国仲裁协会开发出所谓的电子案件管理系统(eDispute Management)。

1996年英国对1976年的《仲裁法》(Arbitration Act)进行了修改，其第52条第1款规定："争议双方可以自由约定仲裁的形式。"同时，在该法第66条中明确规定："仲裁庭依仲裁协议作出裁决，经法院准许可按法院作出的同样效果的判决或命令之方式予以强制执行。经准许，法院可按仲裁裁决作出判决。"[①]这样的规定为在线仲裁的实施以及执行提供了法律上的依据和保障。之后，英国又推出了《电子通信法》(ECA2000)，该法明确了电子签名的认可标准和技术条件，为保障

① Roberto Mangabeira Unger, *What Should the Left Propose*, London, N. Y.: Verso, 2005, p. 64 – 82.

在线仲裁的推广和实施确立了技术标准。1998 年德国生效的《民事诉讼法典》第十篇“仲裁程序”中,第 1031 条规定:“仲裁协议包括各种类型,有信件、电传、电报以及可供协议记录的电讯”,这就为在线仲裁在德国的发展提供了可能。2000 年,新加坡初级法院开始提供网上仲裁服务。2001 年,日本东京海事仲裁委员会对双方达成协议的案件使用网上仲裁。

世界上首个在线仲裁项目是 1955 年由美国自动化信息研究中心(National Center for Automated Information Research, NCAIR)、网络空间法研究所(Cyberspace Law Institute, CLI)、美国仲裁协会与维拉诺瓦大学法学院(Villanova Law School)合作建立的虚拟法官项目(Vitual Magistrate Project,VMP)。[①] VMP 采用自己预先设定的规则和美国仲裁委员会的规则来进行工作,争议双方需事先确认该规则,之后进入平台进行在线仲裁,仲裁的事项主要包括有关知识产权和不正当商业竞争领域的争议。1997 年,加拿大蒙特利尔法学院发起成立萨博裁判庭(Cyber Tribunal)提供在线仲裁服务,主要解决涉及信息技术的民商事纠纷。2000 年,NovaForum Inc. 成为加拿大第一个面向商贸纠纷的在线仲裁,其承诺在 72 小时内解决纠纷。2005 年,美国佐治亚州的网络提供商针对小额索赔争议创立了 Internet Arbitration (Net-ARB)提供在线仲裁。整个仲裁过程均使用电子邮件的方式来传递案件证据材料,并且可以约定仲裁裁决对双方是否具有约束力或者只对哪一方具有拘束力,若未约定或约定不明,则对双方都具有拘束力。企业可以选择加入有 Net-ARB 提供的 CCP 项目(Consumer Confidence Program),加入该项目可以获得特殊证明与标识。这意味着消费者与加入该项目的企业发生消费争议后,可以选择向该机构申诉,该企业必须接受 Net-ARB 的仲裁,并且作出的裁决对其具有法律效力。2011 年 10 月,Zip Court 创立,它提供更加全面的在线服务,其仲裁内容包括所有类型的争议和纠纷,相关仲裁标准在建立之初就明确参考了贸易法委员会对于在线争端解决的讨论报告,使其符合国际标准。机构确立的仲裁方案有两种:第一种是按照当地法律进行审核,最终由仲裁员作出仲裁;第二种是事先让双方各自提交一份解决方案,由仲裁员在未被告知究竟是哪一方提交的情况下,依照最接近其内心公平的标准,从两份解决方案中选出一份,该份方案即为本案的仲裁结果。但是该机构所作出的仲裁虽然可以依据《纽约公约》在美国境外也具有效力,但是并不能完全保证其具有可执行性。现阶段,无论是

① See Joon Ha Jung, Byung Chul Jeon, Byeng D. Youn, “Myungyon Kim: Omnidirectional Regeneration (ODR) of Proximity Sensor Signals for Robust Diagnosis of Journal Bearing Systems”, *Mechanical Systems and Signal Processing*, 2016(6), p. 22 - 36.

VMP、Cyber Tribunal、Net-ARB、NovaForum Inc. 还是 Zip Court，它们都是网络项目或网络公司，并不依存于实体的仲裁机构，都有着各自不同的规则和程序。而为了方便世界知识产权组织①仲裁和调解程序的当事人参与并追踪其争端的解决进程，世界知识产权组织修订了《快速仲裁规则》，明确了网上仲裁规则，成为第一个实体仲裁组织开展在线仲裁服务的机构。② 随着在线仲裁的发展，其表现出的显著优点被更多商事主体认可。我国于 2000 年首次由实体仲裁机构尝试开展在线仲裁业务。

（二）在线调解

在线调解作为 ODR 的一种辅助性手段而出现，常常是在线仲裁的前置形式，但在现代商贸纠纷中，特别是在人工智能作为在线调解的一种形式出现后，在线调解得到了长足发展。ODR 出现于 1996 年，总体看来，在线调解共经历了以下几个发展阶段：

1. 初创阶段（1996 年以前）

这主要是指 ODR 作为非诉讼纠纷解决平台出现之前，在线调解还属于一种自发的阶段，大多属于个人尝试，并没有得到更多的社会认可。

2. 发展阶段（1997～1999 年）

在这一阶段伴随着 ODR 的长足发展，在线调解作为配套制度也得到了长足的发展。1996 年由马里兰大学牵头的 The University of Maryland Online Mediation Project（UMOMP）属于在线调解的先驱者。目前，该网站已经发展成一个具有营利性质的网站。此外，由马萨诸塞大学发起的 Online Ombuds Office 也为后续的在线调解机制奠定了基础。特别是在欧盟电子消费者解决纠纷、EEJ-Net、美国互联网中立者和美国贸易广场这些在线调解项目得到社会大众的认可后，在线调解机制越来越多地应用于解决商事纠纷中。

3. 正规化阶段（1999 年以后）

在这一阶段，随着在线仲裁认可度的不断提高，在线仲裁得到了更多的资金注入，也有更多的团队将在线调解作为专业化的模式进行运营。于是在线调解出现的方式也变得多种多样，在 ODR 下表现得更加灵活，也越来越多地得到官方的认可和支持。

（三）在线申诉、在线和解

在线和解又称为在线协商，是指在没有第三人参与的情况下，纠纷双方利用互联网进行交流、沟通最终达成协议的一种纠纷解决方式。在线和解的当事人利

---

① WIPO 电子案件设施是一个在线平台，能够使用户直接上传和提交文件，对文件进行查阅和检索，文件被组织到一个电子记录表中。

② 参见郑世保：《在线纠纷解决机制的困境和对策》，载《法律科学》2013 年第6 期。

用电子邮件、电子聊天室、视频设备、语音设备等电子技术工具,沟通交流,最后由电脑已经设计好的程序直接得出一份纠纷解决协议或者双方当事人自己达成合意得出一份协议。用这种方式解决纠纷相对比较简单,一般只涉及当事人对金钱的争议,不对具体责任进行划分。虽然这种纠纷解决方式便捷、没有代价,但是成功率不是很高,如果双方在电脑系统设定的时间内对赔偿数额不能达到一致的意见,则系统将自行关闭,当事人将不能进行在线和解。在线申诉、在线和解自产生之初就一直是作为 ODR 的辅助性程序和前置程序存在,由纠纷双方自由选择。

五、在线非诉讼纠纷解决平台的特点

经过近 20 年的发展,ODR 在欧美各国间的贸易争端解决体系中已经成为不可或缺的一部分,其在实践中主要表现出以下特点:(1)从现阶段的运营模式来看,ODR 既有综合性解决平台,也有专项解决平台。例如,Square Trade 是一个综合性平台,它包含了在线调解、在线和解以及在线仲裁 3 种方式,当事人可以自由选择。而 eADR、NETCASE,和 webdlispute. com[①] 只涉及在线仲裁;ECODIR、ECC-Net、Internet Neutral[②] 只涉及在线调解;Cybersettle. com 和 Smartsettle. com 只涉及在线和解;BBB Online 只涉及在线申诉。[③](2)无论综合性还是专项平台,不同的解决方式都有着各自独立的纠纷解决规则,争议双方在使用不同平台解决纠纷前,都需要对解决规则表示合意并经双方确认。(3)由于 ODR 采取的是一种在线处理模式,仲裁、调解、申诉与和解都将通过网络进行,因此这些平台都配置了相应的在线视讯功能以及证据上传系统。其中,一些平台还拥有独特的技术特征,如 ECAF 和 NETCASE 其本身就是一套文件传输系统,既可以作为常规的仲裁辅助程序,也可以作为网络在线平台;webdlispute. com 对小额争议采取电子邮件审理; Square Trade 当事人要首先通过 Square Trade 系统进行交涉。(4)各种 ODR 平台均是以公司的形式出现,除自助交涉系统免费外都需要根据争议标的额的多少收取相应费用。

六、在线非诉讼纠纷解决机制的优势

(一)费用低廉

传统争端解决方式的一大弊端是当事人需要负担巨额费用,他们往往需要跨

---

① webdlispute. com 网站,一个在线仲裁网站,它制定了自己的仲裁规则和程序。

② 1998 年设立,世界上第一个专门的在线调解机构,主要解决在线商家和消费者或者提供商与在线商家之间的争议。

③ 参见卢云华等主编:《在线仲裁研究》,法律出版社 2008 年版,第 13 ~ 14 页。

越漫长的国境,进行长时间的跋涉前往他国参加诉讼或仲裁。传统诉讼一般需要准备大量书面文件,而在线纠纷解决机制中所有文件的传递及证据资料的提交均以数字化的形式在网上传递,这样可以大量节约成本。在线纠纷解决机制多以媒体视频会议方式进行,无须当事人及仲裁员跨地区甚至跨国界聚集在一起,这大大降低了费用并节省了时间成本。对于大部分案件的当事人,还需要额外付聘用翻译和律师的费用。对于涉案证据的鉴定取证与证据保存,同样也需要支付巨额费用。如果是跨国投资的市场主体,往往有能力负担涉外诉讼、仲裁或调解的费用,而对于相当数量的小额跨国争议来说,利用 ADR 与诉讼手段解决这类民事纠纷往往会造成解决成本远大于标的额的情况出现。因此,ODR 为当事人提供了一条高效、低成本的解决问题的途径。解决成本的减少也进一步鼓励了市场主体积极维护自身合法权益,促进“一带一路”沿线市场有序发展。

(二)便利高效

在线纠纷解决机制可在全世界范围内随时进行,不会以非工作日或非上班时间为由拒绝接受当事人申请,该机制可全天候提供服务。同时,ODR 由于利用网络技术,文件、证据传输可即时进行,还有一些调解系统是在电脑程序辅助下进行的,因此办案效率和结案率较高。ODR 服务商可以根据本地区情况制定具有地方特色的在线纠纷解决规则,当事人可以自愿决定该规则是否具有强制力。ODR 平台利用大数据技术加强对案件数据收集与分析,也能够对各地的纠纷、诉调对接情况、用户反馈数据等信息进行事实分析评判,作出大数据预警,也有利于当事人对纠纷的趋势进行整体预测,进而为其提供更加高效便捷的服务。

(三)避免当事人实力悬殊

ODR 利用网络信息技术营造了一个虚拟的纠纷解决环境来解决网络民事纠纷,在这种虚拟的环境下,解决纠纷具有平衡当事人实力悬殊的功能。(1)平衡经济上的落差。ODR 费用不高,甚至一些项目还是免费的、诉讼时间的投入也不会影响正常的生产和生活。(2)平衡政治上的落差。在传统的诉讼中,当事人相互知道对方的身份,往往政治实力大或资金较为雄厚的会给弱势的一方造成各种无形压力,使弱者的利益常常受到损害,这种现象在司法不独立的国家更加明显。而 ODR 中由于当事人身份虚拟或者距离遥远,当事人在政治上的落差往往被大大弱化。(3)平衡诉讼能力上的落差。在传统诉讼中,诉讼技巧对于胜诉有一定的意义。而 ODR 系统用网络环境来解决纠纷,所有资讯基本上都是依靠信息技术传输,并且由于数额较小一般并不需要聘请律师,因此依靠诉讼技巧决定胜败的可能性较小。

（四）降低跨境交易纠纷解决的难度

ODR 程序在设计上体现了极大的弹性，这就为当事人间“友好”解决纠纷提供了可能。在 ODR 裁决的生成过程中，当事人起到了绝对主体作用，这就为裁决的自动履行提供了可能性，同时也维护了当事人之间良好的商务合作关系。ODR 程序中信息技术的运用显然降低了纠纷解决中时间和距离所带来的困难，这就为解决跨国交易纠纷提供了可能。并且这种非直接面对面的在线争端解决平台能够缓解当事双方的紧张情绪，缓和矛盾，使双方以更加平和且高效的方式沟通协商，降低了冲突的烈度，有助于提高问题解决的成功率。

（五）间接促进跨境电商行业的发展

ODR 程序的建立与完善对于更好地发展跨境电商有促进作用。根据专注于跨境收付的知名国际金融机构派安盈发布的 2020 年第一季度全球跨境电商指数报告，中国、英国、法国、越南、韩国、印度等国 2020 年第一季度的跨境电商销售额与去年同期相比均呈现逆势增长。其中，中国跨境电商收入同比增长 25%，稳居全球跨境电商市场榜首。[①] 如果在线争端解决机制能够更加便捷地解决网购中出现的纠纷，维护消费者的合法权益，电商经营者的经营障碍会得到极大改善，这是颇具价值含量的无形资产。如果我国的跨国电商平台能主动促进 ODR 的发展，不但会提升自身的企业竞争力，更能够促进我国电子商务领域的健康发展。

（六）节约司法资源

随着跨国经济往来的逐步加深，“一带一路”沿线的市场主体越来越频繁地参与到贸易往来当中，其中相当一部分是标的额较小的纠纷，如跨境网络购物中的消费纠纷。考虑到我国司法资源有限的现状，以传统手段解决该争议，将会占用过多的司法资源，影响整体的司法效率。在实行员额制改革之前，全国法院工作人员有 34 万人左右，其中具有法官职称的只有约 19.6 万人，再结合法院内部资源配置的状况通盘考虑，一线法官解决案件的能力则相当有限，更加凸显出案多人少的状况。如果可以将 ODR 建立并利用起来，对于案件事实清楚、争议不大，但涉及多个国家的纠纷便能被引流出传统司法系统，使案件解决的效率得到提升，缓解当前司法资源紧张的局面。ODR 平台可以根据案件的需要引入最新的互联网技术，在配套的程序上可以增添多种子系统，将案件的解决时间进一步压缩，提高争端解决的效率，降低成本，缓解案多人少的矛盾，进而节约司法资源。

（七）增强案件解决的标准化

计算机技术配合大数据的加持，让案件的解决更加标准化，实现“类案类裁”

① 参见栾雨石：《疫情下，中国跨境电商逆势增长韧性十足》，载腾讯新闻，https://new.qq.com/omn/20200628/20200628A0LGQ300.html。

和“类案类调”。ODR平台利用大数据与人工智能,可以快速地对海量仲裁文书与调解书进行分析。通过对相同的情节与特征进行归纳总结,可以辅助仲裁员与调解员把握案件的走向并预测案件的最终结果。对于争议双方来说,通过提前对比ODR平台提供的案例,也能够在仲裁前或者调解前厘清案件事实,更好地提炼出自己的请求。通过大数据技术的应用,能够达到与诉讼中“类案类判”相似的要求,进一步维护社会的公平与正义。

七、在线非诉讼纠纷解决机制在中国面临的问题

(一)ODR遭遇信任性不足问题

ODR遭遇信任性不足既有网民对整个虚拟网络环境的不信任,也有对ODR机制本身的不信任。(1)网民对于整个网络虚拟环境的不信任。互联网上充斥着大量的垃圾、虚假甚至是欺诈的信息,这些信息与真实的信息混杂在一起,使人们对信息的真伪识别非常困难。而这一问题一时又难以解决,于是人们对网络虚拟环境这个整体存在不信任感。根据2015年1月中国互联网络信息中心公布的调查结果,人们对于互联网络的信任程度如下:非常信任的网络用户占5.7%,持比较信任观点的网络用户占32.3%,而有54.6%的网络用户感觉一般,5.7%的网络用户感到不太信任,有1.7%的网络用户很不信任。这一调研数据显示人们对于互联网的信任程度还是比较低的。① (2)当事人对于ODR不信任。ODR纠纷当事人对ODR的主要疑虑包括:虚拟环境中的ODR是否能解决纠纷;虚拟环境中的ODR纠纷解决程序能否达到最基本的正当程序保障;虚拟环境中的ODR裁决人能否公正而无偏颇;如果ODR网站制作了裁决书,该裁决书是否具有强制执行力;若有强制执行力,其他国家是否承认该裁决书的强制执行力;在ODR裁决书有强制力的前提下,败诉方不履行ODR裁决书时,该如何对其强制执行;由于网络本身具有安全性与保密性不足的问题,当事人是否会因使用ODR而造成个人资料的外泄等种种疑虑皆可能使当事人对于ODR机制产生不信任。从现状来看,ODR相当一部分由私营企业与民间组织发起设立,其必然面临制度障碍与效力障碍,这既是其缺陷,也是其优势和特色所在。由于其不具有类似于人民法院对人民调解协议的确认程序,ODR所作出的解决方案必然没有法律上的强制执行力,这便造成了消费者对ODR过程可靠性产生了怀疑。此外大型电子商务企业往往对争议发生时案件的管辖产生了约定,在消费者通过跨境电商平台进行跨境网购的活动中,只有用户同意格式条款中的管辖权条款,才能进行交易,这也就导

① 参见第35次CNNIC报告《中国互联网络发展状况统计报告》(2015年)。

致了 ODR 不能对“一带一路”的跨国电商产生有效约束。因为,争议解决的双方通过互联网程序沟通,往往缺乏仪式感,加之 ODR 程序的随意性与非正式性,普通民众往往对于 ODR 的可靠性与权威性产生怀疑。

(二)ODR 接近难的具体表现

1. 网站使用费用问题妨碍当事人顺利使用 ODR

由于 ODR 网站本质上是一个企业,以提供纠纷解决服务获取生存机会。ODR 网站的这种商业化运作导致了 ODR 网站的趋利性,这种趋利性的表现之一就是,没有 ODR 网站愿意解决利润很低的小额网络民事纠纷,即使有些 ODR 网站愿意对此类纠纷提供解决服务,其收取的案件受理费也可能高于标的额本身,最终这些 ODR 当事人就只能放弃对于这种小额纠纷的救济。

2. ODR 知识的有限性妨碍当事人顺利使用 ODR

当事人 ODR 知识包括当事人选择 ODR 网站的知识和当事人操作 ODR 程序的知识。(1)当事人选择 ODR 网站的知识。当事人即使对 ODR 非常信任,也习惯于利用网络来解决纠纷,但当事人要选择适合自己纠纷特点的 ODR 网站则非常麻烦。这是由于各个 ODR 网站的纠纷解决范围、请求范围、纠纷解决特点、救济责任方式等存在着差异,这种现状虽然显示了每个 ODR 网站都有自己擅长的纠纷解决领域,为当事人提供了多样化的 ODR 服务。但是 ODR 的这种多样性也导致了 ODR 网站的复杂性,因此要求当事人在众多 ODR 网站中选择一个最适合于自己的 ODR 网站实在不容易。(2)当事人操作 ODR 程序的知识。当事人即使已选择了最适合于自己的 ODR 网站,但对该 ODR 网站的程序操作,该当事人是否会使用;有没有方便的操作说明对当事人予以指导;如果当事人无法理解这些文字性的操作说明,有没有提供即时的同步的咨询、辅导;对当事人最为关心的 ODR 使用费用、裁决的执行是否有详细的规定,如果当事人对以上这些问题缺乏满意的答案就会回避对该 ODR 网站的使用。(3)网站工作语言的有限性妨碍当事人顺利使用 ODR。根据 Melissa Conley Tyler 和 Di Bretherton 在 2003 年的调研,当时的 76 家 ODR 网站,使用一种语言的有 61 个,占 80%;两种语言的有 9 个,占 12%;3 种语言的有 6 个,占 8%。一般情形下,ODR 网站大多以网站服务器所在地的当地语言为工作语言,这样虽然可以满足本国网民使用,ODR 的需要,但是由于电子商务具有跨国性,很多外国人也可能来该国进行电子购物,一旦遇到纠纷便会因为缺少语言的选择,从而给 ODR 解决纠纷带来麻烦。

(三)ODR 实践标准的不统一

ODR 实践标准的混乱,主要是指在实务中 ODR 的各类制度设计的不一致性,具体如下:(1)ODR 网站的成立标准不统一。早在 2004 年 ODR 网站已达到 115

个,随后ODR网站数目呈快速增长趋势。但是一个独立的ODR网站应该具备哪些条件,各国政府根据自己对ODR的理解,甚至各个ODR网站根据自己的理解、偏好来对网站的成立标准予以设计。仅日本具有ODR网站的认证机构,其只对已成立的ODR网站予以自愿认证,不愿认证的ODR网站仍然可以采取灵活多样的设立条件。(2)ODR的程序原则混乱。设立ODR的一个重要原则就是要保证纠纷解决的高效率,但是ODR的高效率与其他价值目标如“公正、迅速、经济、便利、公正”之间如何协调,国际组织和各国政府作出了不同的规定。(3)ODR的程序规范不统一。ODR的程序规范实质上是ODR程序原则的具体落实,而ODR程序原则如何落实,实务中各个ODR网站采取了不同的做法。到目前为止,ODR裁决人员的任命标准还没有一个统一的规范。还有对于Blind Bidding自动协商程序中,如何才算达到了合意的标准,各个ODR网站采用的标准也不一,有的为30%以内,有的为20%以内,有的则采取相差在多少以内。此外,ODR网站的案件来源方式、案件的受理方式、收费方式、裁决执行方式等也均不相同。(4)ODR的自律方式不统一。ODR主要依靠道德标准运行,怎么把ODR的道德标准转化为规范标准,各个ODR网站做法更是不一。比如,有的采取信赖标章方式来获得案源和保证ODR裁决结果的执行,而有的则利用行业管理权来取得案件的案源和保证ODR裁决结果的执行。除了这些现有的自律方式以外,各种新的自律方式也在不断地创新当中。

(四)使用ODR程序不规范

由于ODR主要用来解决小额的网络民事纠纷,因此程序设计不可能那么严格,这就导致ODR程序被不规范使用,主要表现为:(1)ODR程序受到轻视。由于ODR纠纷解决对象的特殊性以及价值定位等原因,在对ODR进行程序设计时,把ODR制度设计得相当富有弹性。ODR这种极大的程序弹性导致了当事人对于ODR程序的不尊重甚至是轻视,使ODR在纠纷解决中所投入的所有人力、财力、精力完全徒劳。具体表现为:当事人是否使用ODR程序、是否退出ODR程序等均具有随意性,而且不论程序进行到何种程度,当事人均可以单方自由地退出ODR程序(专属管辖的ODR案件除外)。即便是ODR网站作出了ODR裁决书,该裁决书的执行一般情形下也需依靠“败诉”方当事人的自愿,如果该当事人不履行该ODR裁决。(2)ODR机制成为拖延时效的手段。如果ODR与诉讼制度间缺乏相互衔接,ODR极有可能成为拖延诉讼时效的一个很好的手段,一个妨碍当事人行使诉权的“温柔陷阱”。例如,对于请求权时效较为短暂的网络民事纠纷而言,或者对于较为复杂而耗费时间的网络民事纠纷而言,又或者对于他方存心拖延时间的网络民事纠纷而言,如果ODR无法解决纠纷很可能导致当事人向法院起诉的诉讼时效消灭。(3)除了拖延诉讼时效之外,ODR还可以成为当事人达到其他不当目的的工具。例如,当事人假借ODR之名,探询对方对于纠纷的最后态度;或者假借ODR之名,行收集对方资料之实。另外,有的ODR当事人甚至利用黑客来提前盗取对方的诉讼资料。这就导致对方当事人的相关诉讼资料提前暴露,使自己占领纠纷解决的资源优势。

(五)ODR平台整合水平较低

国内跨平台之间的衔接与整合水平较低,线上与线下纠纷解决机制对接不流畅。2015年10月13日,中央全面深化改革领导小组第十七次会议审议通过了中共中央办公厅、国务院办公厅《关于完善矛盾纠纷多元化解机制的意见》,并指出,要着力完善制度、健全机制、搭建平台、强化保障,推动各种矛盾纠纷化解方式的衔接配合,建立健全有机衔接、协调联动、高效便捷的矛盾纠纷多元化解机制。目前,国内在线纠纷解决平台包括3个层级:一是大型电商平台、大型互联网社区平台基于其本身的商业模式而建设的纠纷解决平台,如淘宝的评审团模式、"淘小二"和新浪微博社区调解平台。二是全国法院系统统一的在线纠纷解决平台。三是综治组织建立的矛盾纠纷预防化解平台。① 从现状来分析,首先,目前各个平台相互独立,并未对资源进行整合。全国性质的统一在线纠纷解决服务平台尚未建立,不能利用国内高速发展的互联网技术与5G科技聚合全国性的调解资源。其次,诉讼与ODR衔接不完善。并未借助互联网在线平台及时快速地导入纠纷案源,对容易发生在线纠纷的场合,并未设置有关案情信息的快速传递与受理渠道,并且与行业有关主体如保险公司并未完美对接。最后,各平台的信息收集与处理系统有待建立。数量众多的纠纷解决平台势必会产生大量的数据,运用大数据技术对各平台的数据分析与处理体系仍有待完善。各个平台数据标准的不统一也间接造成了这一问题。未来势必要对各个平台的数据进行深度挖掘,对矛盾的集中点进行重点挖掘与把握,对纠纷密集的行业与商家进行预测、分析与提前干涉,将矛盾化解于萌芽阶段。

(六)具备跨境争端解决专业能力的人员数量不足

涉外法律服务人才队伍存在总量偏小、质量不高、经验不足等问题,不能适应高水平对外开放格局和日益多元化的涉外法律服务需求,应充分认识涉外法律服务人才队伍建设的重要性,统筹建设涉外法律服务人才队伍。根据司法部于2020年6月发布的《2019年度律师、基层法律服务工作统计分析》,截至2019年年底,全国共有执业律师47.3万多人,其中接受过境外教育并获得学位的律师有7735

---

① 参见龙飞:《中国在线纠纷解决机制的发展现状及未来前景》,载《法律适用》2016年第10期。

人,仅占1.48%。根据司法部于2019年发布的全国千名涉外律师人才名单,经地方组织申报初审,司法部经过集中审核,入围的仅有985人,作为“一带一路”的起点——陕西仅有27人通过审查。根据人民日报的报道,“一带一路”沿线国家多达60多个,所使用的国语及官方语言约60多种,我国高校教学尚未开设的语种约20种,占全语种的2/3,语言人才储备不足,语言问题、法律问题错综复杂。[①] “一带一路”的争端解决机制不仅要解决政府与大企业之间的争端,同样也会涉及普通百姓生活的方方面面,在政府层面可以用英语来解决,但某一特定外国语言并不能够解决一般市场主体或者消费者之间产生的纠纷。跨境争端解决人员如果不能掌握当地语言了解当地风土人情,很有可能出现语言障碍,不利于问题的彻底解决。

(七)政府职能未得到充分发挥

首先,政府对于ODR宣传力度有待加强。我国正在建立法治国家,民众对于政府和法律权威的信任与日俱增,消费者对于行政机关和市场监督管理部门同样也相当信任。作为市场的管理者,相关职能部门应当主动对ODR平台与相关配套制度进行宣传。[②] 当消费者发生争议前,往往不知道通过何种渠道维护自己的权益,往往是在争端已经产生后,才会关注纠纷解决的途径,因此,市场监督管理部门应该强制要求电子商务网站将ODR平台放在显著位置并对消费者予以提醒。其次,对于ODR平台的帮扶力度有待提升。例如,对于优秀的ODR平台,应当予以税收优惠,并且在技术与政策上主动进行帮扶,以解决平台和专业人员的供应不足问题。政府职能部门应当建立双层的争端解决平台机制,一层应当由政府统一建立,将平台与企业和司法机关对接,形成权威的ODR平台;另一层应当发挥市场的灵活性与主动性,积极接入国内与国外的ODR平台。最后,完善平台审核准入制度。只有通过审查认定的机构,才能被吸纳入该平台,保证平台具备应有的资质与能力,提升公众对ODR的信任感。

---

① 参见杨鸣:《“一带一路”建设面临语言服务能力不足问题,提高国家语言能力迫在眉睫》,载《人民日报》2015年11月24日,第7版。

② 参见胡晓霞:《我国在线纠纷解决机制发展的现实困境与未来出路》,载《法学论坛》2017年第3期。

第六章 构建我国“一带一路”贸易纠纷在线非诉讼解决机制

“一带一路”倡议，是一项包括政治、经济、社会、外交、文化等各方面交流合作的系统工程。随着“一带一路”建设步入“快车道”，越来越多的投资项目、基础设施项目等在沿线国家落地。这些项目的可持续发展不能仅靠政策，更应当依靠法治。通过国内立法来解决“一带一路”贸易纠纷问题，在现阶段还面临着巨大困难。如果按照现有国际通行的争端解决机制，如多边投资担保机构、国际投资争端解决中心以及世界贸易组织所建立的贸易纠纷处理机制，来解决“一带一路”贸易纠纷问题，由于受到这些机制预先设定争议受理条件的限制，也存在很大的局限性。多边投资担保机构的业务范围仅限于承保非商业性风险和提供促进性以及咨询性服务；国际投资争端解决中心的案件一般都是一方为缔约国，另一方为另一缔约国的国民，而争议的内容主要涉及缔约国是否违反了保护其他缔约国国民（投资人）的国际义务；世界贸易组织也是仅解决成员国间的贸易纠纷。因此，现阶段，“一带一路”沿线国家在贸易纠纷中还没有建立起专为“一带一路”设计的独立的、有针对性的法律保障机制，这成为制约“一带一路”倡议实施的“短板”。在“一带一路”倡议的法治化发展中，建立一个便捷高效、多元协作、共享共赢的纠纷解决机制至关重要。①

一、引入的必要性及可行性

随着“一带一路”贸易纠纷数量的不断上升，处理该区域纠纷的不同解决方式已成为法学界关注的焦点。现阶段，无论选择传统诉讼还是仲裁解决，“一带一路”贸易纠纷问题都会因“一带一路”的复杂状况而面临诸多的法律和现实问题。因此，在互联网经济背景下，构建“一带一路”贸易纠纷在线非诉讼纠纷解决机制以专门应对“一带一路”贸易中出现的各种纠纷问题，能够规避使用传统法律在解决纠纷时所要面对的不同国家法律，以及不同国家由于政治制度、经济实力和法律文化的巨大差异而对案件本身的影响。同时，使用“虚拟空间”解决纠纷也满足了互联网经济对高效、快捷的内在需求。“一带一路”贸易纠纷在线非诉讼解决机制的构建，是“一带一路”贸易纠纷多元化解决机制的重要部分。②

首先，从保障“一带一路”倡议实施的目的来看。“一带一路”倡议提出的核心诉求是，要实现“一带一路”沿线国家的共同发展、共同参与、互联互通，最终形成共同繁荣的新格局。倡议首先关注的焦点是“一带一路”沿线国家的经济问题、贸易问题和发展问题，法律问题在“一带一路”发展的初期并不是关注的焦点。但随着“一带一路”贸易额的不断增加，更多不同国家的商事主体参与到“一带一路”建设中，因贸易纠纷而产生的案件数量逐年攀升，现阶段这种贸易纠纷更多地表现为中国企业与外国企业的商事纠纷。2014 年至 2019 年，中国与“一带一路”沿线国家贸易额累计超 44 万亿元（以人民币计），中国已经成为沿线 25 个国家最大的贸易伙伴。2019 年中国与“一带一路”沿线国家进出口总值是 9.27 万亿元，增长了 10.8%，高出外贸整体增速 7.4 个百分点，占进出口总值将近 30%，占进出口总值的比重比 2018 年提升了 2 个百分点。2019 年，中国对外签署的海关检验检疫合作文件 198 份，涉及“一带一路”沿线国家 89 份。截至 2019 年年底，中国海关已经与 15 个经济体的 42 个国家（地区）签订了 AEO 互认安排，互认国家（地区）数量居全球首位，其中包括 18 个“一带一路”沿线国家。③ 未来随着我国不断推进“一带一路”的发展，贸易额必将实现跨越式增长，而因此产生的贸易纠纷也在所难免。于是，现阶段对“一带一路”法律保障机制的研究就显得特别重要，只有具

---

① 参见龙飞：《“一带一路”战略中多元化纠纷解决机制的地位》，载新浪网，http://news.sina.com.cn/sf/news/fzrd/2017-07-17/doc-ifyiakwa4270310.shtml。

② 参见倪楠：《构建“一带一路”贸易纠纷在线仲裁解决机制研究》，载《北京联合大学学报（人文社会科学版）》2017 年第 4 期。

③ 中华人民共和国驻新加坡共和国大使馆经济商务处统计。

备了完备的法律机制、良好的法律环境,才能有效地保障"一带一路"沿线国家更好地参与到"一带一路"建设中来。

其次,从"一带一路"沿线各国在政治、经济和法律制度上的发展状况来看,各国之间都存在较大的差异。从政治上看,一些国家存在地缘政治紧张、国内矛盾尖锐以及不同民族、种族、宗教冲突频发的状况。从经济上看,少数国家属于发达经济体,而大部分国家仍处于发展中和欠发达的经济水平。从法律上看,沿线国家中不仅有大陆法系国家,还有英美法系国家和伊斯兰法系国家;即使在大陆法系国家之间,法律体系也存在较大差距,难以为当事人提供稳定、统一的法律服务。"一带一路"横跨欧、亚、非 70 多个国家和地区,并且仍在不断扩大,沿线国家中既有大陆法系国家也有英美法系国家,这种差异会导致法律冲突,给当事人诉讼增加难度。而且基于不同的文化传统和国情,沿线各国对待法治的态度和标准不一致,主要体现在司法制度和法律适用上。因而,在不同法系和不同制度之间,难免会出现司法保障的水平不均衡。尤其是在发达国家和发展中国家之间,很难实现对当事人真正的同等保护。而且,不少沿线国家法律制度不健全。通过司法途径救济权利,前提是要有一套完备的、行之有效的法律制度。在"一带一路"沿线国家中,很多国家政局不稳,或是经济发展不充分,导致其法治建设起步晚、进程缓慢。即使有较为健全的法制,也可能缺乏可操作性,这必将给争端的解决带来挑战。[①] 从最高人民法院发布的两批涉"一带一路"建设典型案例可以看出,在"一带一路"跨境贸易纠纷中,如果通过诉讼解决纠纷,各国都要面对大量的涉外司法管辖的国际冲突、国际平行诉讼以及境外当事人身份查明、证据审查、证人作证等问题。即使最终法院作出判决,依然要面对沿线各国对司法判决的相互承认与执行、司法文书送达以及司法协助请求等问题。

最后,从现行国际通行争端解决机制的局限性角度来看。(1)多边投资担保机构是向外国私人投资者提供政治风险担保,包括征收风险、货币转移限制、违约、战争和内乱风险担保,并向成员国政府提供投资促进服务,加强成员国吸引外资能力,从而推动外商直接投资流入发展中国家的组织。作为其担保业务的一部分,多边投资担保机构也帮助投资者和政府解决可能对其担保的投资项目造成不利影响的争端,以防止潜在索赔要求升级,使项目得以继续。但是,仅限于承保非商业性风险和提供促进性、咨询性服务。(2)国际投资争端解决中心作为依据《解决国家与他国国民间投资争端公约》而建立的世界上第一个专门解决国际投资争

---

① 参见石春雷:《国际商事仲裁在"一带一路"争端解决机制中的定位与发展》,载《法学杂志》2018 年第 8 期。

议的仲裁机构,通过调解和仲裁的方式为解决政府与外国私人投资者之间的争端提供便利。但是,其案件通常只解决缔约国与其他缔约国国民之间的纠纷,解决争议的内容限于缔约国是否侵害了其他缔约国国民的相关国际义务。(3)世界贸易组织建立的争端解决机制,是保障世界贸易组织多边贸易体制的可靠性和预见性的核心,其中DSU规则对争端解决的基本方法和程序做了极为详细的规定,包括磋商、斡旋、调解和调停、专家小组等基本程序。但是,世界贸易组织建立的争端解决机制也仅解决成员国间的贸易纠纷。因此,现阶段“一带一路”沿线国家在贸易纠纷中还没有建立起专为“一带一路”设计的具有独立性和针对性的法律保障机制,这也必将成为制约“一带一路”倡议实施的“短板”。①

为了化解“一带一路”贸易纠纷,克服传统纠纷解决机制中所面临的问题,笔者提出构建“一带一路”贸易纠纷在线非诉讼解决机制。该机制借助网络平台,通过诉讼以外的其他方式解决“一带一路”贸易纠纷。在线非诉讼解决机制包括在线仲裁、在线调解、在线申诉以及在线和解四种解决方式,以现代网络技术为基础,通过网络技术的应用来克服“一带一路”沿线国家之间在地域上的距离。该机制的应用无关各国现有的法律框架,充分尊重其在政治、法律、文化、宗教等因素上的差异,也充分体现参与者的自主选择权,符合现代经济对争议纠纷解决快捷、高效和方便的要求。“一带一路”贸易纠纷在线非诉讼解决机制也是“一带一路”法律保障机制研究的一部分,对该问题的研究有利于更好地推动“一带一路”相关领域的法律保障机制研究,对进一步加强区域经济合作有着重要的意义。

同时,我国具有适应“一带一路”贸易纠纷在线非诉讼解决机制顺利发展的政策及司法“土壤”。(1)自2013年习近平总书记先后提出共建“丝绸之路经济带”和“21世纪海上丝绸之路”的倡议,“一带一路”作为弘扬古代丝绸之路精神的合作共赢之路以及推动构建人类命运共同体的创新实践之路,得到国际社会广泛关注和积极响应。② (2)2015年4月9日,最高人民法院院长周强在全国法院多元化纠纷解决机制改革工作推进会上指出,中国的一些城市,包括北京、上海、福建厦门,都具备“区域性国际商事纠纷解决中心”的条件。打造区域性国际商事纠纷解决中心,吸引更多涉“一带一路”纠纷当事人到中国化解纠纷,需要深化改革,构建多元化纠纷解决机制的平台,以充分发挥调解、仲裁和诉讼的特色和优势,满足当事人的多元需求。中国多元化纠纷解决机制的理念产生于世纪之交,具有鲜明的

---

① 参见倪楠:《构建“一带一路”贸易纠纷在线非诉讼解决机制研究》,载《人文杂志》2017年第1期。

② 参见乔文心:《公正高效便利解决国际商事纠纷——人民法院服务保障“一带一路”建设工作综述》,载搜狐网2019年3月6日,https://www.sohu.com/a/299382663_120025340。

中国特色。中国的多元化纠纷解决机制不仅包括调解、仲裁、中立评估、行政裁决等各种非诉讼纠纷解决方式,还包括纠纷解决的主力军“诉讼”,更为重要的是,建立起一个诉讼与非诉讼有机衔接、相互配合的多元化纠纷解决体系,人民法院在其中发挥着重要的引领、推动和保障作用。① 从《人民法院第二个五年改革纲要(2004～2008)》首次提出建立多元化纠纷解决机制以来,该项改革历经十多年的发展,从理念更新到组织健全,从机制建设到制度完善,从“单打独斗”到资源整合,从“散兵游勇”到“解纷”队伍建设,从制定政策到推动立法,取得了显著成效。尤其是党的十八届四中全会《中共中央关于全面推进依法治国若干重大问题的决定》将“健全社会矛盾纠纷预防化解机制,完善调解、仲裁、行政裁决、行政复议、诉讼等有机衔接、相互协调的多元化纠纷解决机制”正式确定为国家治理的发展目标之后,这项机制更是焕发出勃勃生机。随着“一带一路”建设的不断深入,中国的多元化纠纷解决机制改革已经逐渐为“一带一路”沿线各国乃至世界所了解。中国在“一带一路”高峰论坛、中国—东盟大法官论坛、中国—中东欧国家最高法院院长会议、中英司法圆桌会议、中国互联网大会、亚洲调解协会国际调解研讨会、在线纠纷解决机制(ODR)国际会议等各种场合广泛宣传和推广多元化纠纷解决机制改革经验。许多国家和地区的有关机构或组织开始与中国的商事调解组织进行合作,寻求解决“一带一路”纠纷的共赢机制。② (3)最高人民法院在研究和构建“一带一路”纠纷解决机制方面一直发挥着积极的引领作用。从2015年成立“一带一路”司法研究中心,到加强与“一带一路”沿线国家和地区司法机构的交流;从制定为“一带一路”建设提供司法服务和保障的政策性文件,到发布两批涉“一带一路”建设争议解决典型案例;从服务海洋强国战略、加大长江经济带司法保护力度、促进自贸试验区法治建设的深入发展,到为“一带一路”建设提供司法保障机制特别是纠纷解决机制的建立。最高人民法院充分尊重中外当事人法律文化的多元性,支持其自愿选择调解、仲裁等非诉讼方式解决纠纷,依法及时化解涉“一带一路”建设的相关争议争端,为推动“一带一路”建设走深走实、行稳致远提供公正高效的法律服务和保障。加快建立“一带一路”纠纷解决机制建设已经提到了实现国家战略的重要议事日程上来。③ (4)2018年1月23日,中央全面深化改革领导小组第二次会议审议通过《关于建立“一带一路”国际商事争端解决机

① 参见王贵国等编:《“一带一路”的考前法律视野:香港2015“一带一路”国际论坛文集》,浙江大学出版社2016年版,第199～276页。

② 参见刘卫东等:《“一带一路”战略研究》,商务印书馆2017年版,第154～158页。

③ 参见蒋惠岭:《建立“一带一路”纠纷解决机制的七项指引》,载《人民法院报》2017年7月7日,第5版。

制和机构的意见》,要求建立“一带一路”国际商事争端解决机制和机构。同年全国“两会”上,周强院长在作最高人民法院工作报告时明确指出,要设立最高人民法院国际商事法庭,推进“一带一路”多元化纠纷解决机制建设。2018 年 6 月 29 日,最高人民法院第一国际商事法庭、第二国际商事法庭分别在深圳市和西安市揭牌,正式办公;2018 年 8 月 26 日,最高人民法院国际商事专家委员会成立,来自 14 个国家和地区的 31 名中外专家被聘任为首批专家委员。此后,随着《最高人民法院国际商事法庭程序规则(试行)》《最高人民法院国际商事专家委员会工作规则(试行)》《最高人民法院办公厅关于确定首批纳入“一站式”国际商事纠纷多元化解决机制的国际商事仲裁及调解机构的通知》等文件相继出台,标志着诉讼与仲裁、调解有机衔接的“一站式”国际商事纠纷多元化解决平台正式落成,进入运行阶段。①

二、以往研究成果与该机制的区别

目前,以构建“一带一路”贸易纠纷在线仲裁解决机制为主要研究对象的直接成果都较为宏观,多集中在对“一带一路”贸易纠纷解决机制的总体构想和规划上,较为具体的研究主要是针对传统商事仲裁规则本身。国外学者现阶段对“一带一路”贸易纠纷解决方式的研究关注较少,在线仲裁领域的研究成果较为丰富,但其主要围绕不同在线平台所使用的不同在线仲裁规则而展开。

(一)提出构建“一带一路”贸易纠纷解决机制的总体构想和原则

蒋惠岭等提出建立“一带一路”贸易纠纷解决机制应坚持以下原则指引:(1)主导化:中国作为“一带一路”建设的主要倡导者,已经对这一宏大建设的基础、设计、框架、内容、步骤、未来等做了全面深入的研究,并做了政策、制度、物质、人才等方面的充分准备。中国深知“一带一路”对中国乃至世界的重大现实意义和历史意义,更清楚中国在其中发挥着不可替代的主导作用。在包括纠纷解决机制在内的各种具体机制建设中,中国应当负起责任,引领潮流,赢得信任,发挥主导作用。(2)国际化:未来建立的“一带一路”纠纷解决机制应当是一个更加国际化的机制,其机构、程序、标准、组成人员、工作地点等都应当体现沿线各国的参与度和话语权。无论这个机制依托于各国共同建立的国际组织,还是依托于某一个国家的司法机构,都应当比现有的普通纠纷解决机制更具可接受性、统一性和公信度。(3)开放化:无论是“共建”还是“自建”,“一带一路”贸易纠纷在线非诉讼

---

① 参见乔文心:《公正高效便利解决国际商事纠纷——人民法院服务保障“一带一路”建设工作综述》,载搜狐网 2019 年 3 月 6 日,https://www.sohu.com/a/299382663_120025340。

解决机制，均应当向各相关国家和地区开放，随时可以加入或者退出。在这一机制之内，各方主体应当共同负责、共同维护、共同发展，而不是封闭、排外和独享。(4)自治化：纠纷解决机制建立之后，或者对于各国已经存在且行之有效的解决机制，“一带一路”沿线各国的当事人在各个方面都有最大限度的自主决定权，可以协议选择本国法律或者第三国法律作为解决纠纷的准据法，或者根据国际条约、国际惯例将纠纷提交给相应的机构解决。(5)便利化：“一带一路”沿线国家多、线路长、地域广、经济发展不平衡、语言种类多、文化差异大，因此建立相应的纠纷解决机制时，应当尽可能为各国当事人提供最大的便利。这样，一方面，可以提高解决纠纷的效率；另一方面，也可以避免因文化、宗教、语言上的差异而影响纠纷解决的效果。在为纠纷当事人提供最为适合的解纷渠道的同时，还要从管辖标准、“审仲调”地点、简化程序、减轻纠纷当事人压力等方面予以考虑。这也是提供优质法律服务的重要组成部分。(6)信息化：通过网上立案、网上办案、数据分析等，可以提高工作效率，为当事人节约诉讼成本，为国家节省司法资源。同时，信息化技术的运用可以促进纠纷解决机制更加公正、成熟和有效。我国在建设智慧法院、线上调解、互联网法院等方面取得的成果，同样可以运用在建立“一带一路”纠纷解决机制过程中。①

(二)研究“一带一路”贸易纠纷解决中心的构建方式

初北平、龙飞等提出构建“一带一路”贸易纠纷解决平台的基本结构和实现方式，强调建立多元衔接的国际争端解决平台，强调利用技术手段丰富解决方式，强调扩大司法确认的范围，强调与国际标准对接。龙飞从树立现代纠纷解决理念、完善诉调对接机制、建立线上线下互联融通机制，以及优化多元化纠纷解决法律体系等方面综合施策，努力构建政府负责、法治保障、科技支撑的多元化纠纷解决中心。② 初北平研究认为，我国国际纠纷解决机制尚未在“一带一路”沿线国间自然形成中心地位，构建调解、仲裁、司法三位一体的“一带一路”纠纷解决中心，应从当下和未来两个层面进行价值考量：调解、仲裁和司法三位一体模式的纠纷解决中心，是国家海外贸易及投资权益维护举措的应急与补缺；是推动相关纠纷交由“一带一路”沿线国家共同参与的争端解决机构进行裁判的试验场。以此为近期目标，“一带一路”纠纷解决中心建设需要理性地接纳境外仲裁机构进入中国并与中国争端解决机构合作；需要改变司法主权过度扩张的观念以促进司法协助和

① 参见蒋惠岭：《建立“一带一路”纠纷解决机制的七项指引》，载《人民法院报》2017年7月7日，第5版。

② 参见龙飞：《“把非诉讼纠纷解决机制挺在前面”的实证研究——以重庆法院实践为样本》，载《法律适用》2019年第23期。

合作;需要推进调解机制的国际协调及“软法规制”。“一带一路”纠纷解决中心的近期功能受制于沿线国的信任度以及当事方的意思自治,而其承载的诚信文化沟通、“一带一路”区域仲裁机构形成以及国际化人才培养的三大远期功能将是建设该中心的核心价值所在。①

(三)研究“一带一路”仲裁的具体规则

王贵国、余民才等研究了“一带一路”仲裁规则设立的原则,王贵国的《“一带一路”争端解决机制》蓝皮书首次建设性地提出“一带一路”商事仲裁的具体规则。该书充分考虑、分析了国际上现有制度运作情况,建议“一带一路”争端解决机制注重东方文化的特点和价值观。(1)指出现有解决商事争议、国家间经贸争议和投资争议的争端解决机制均有其不足,且多体现为普通法诉讼程序和技巧不大符合“一带一路”倡议大部分参与国的实际情况;(2)为提高争端解决的效率,避免程序的重复及高昂的费用,建议“一带一路”争端解决机制采用“一站式”服务模式,即所有经贸争议均可在建议的“‘一带一路’争端解决机制”下获得解决,这些争议包括“一带一路”参与国间的经贸争议、投资者与东道国间的投资争议以及企业间的商事争议;(3)建议“一带一路”倡议的提出国中国引领制定、完善“一带一路”争端解决机制,包括争端解决机构的设立;(4)在分析国际现有机制运作情况的基础上,提出一套涵盖斡旋、调解与仲裁及上诉的制度,既充分反映中国传统文化的大智慧,又对国际上的现行制度有所扬弃。②

(四)研究构建在线仲裁的可行性

石春雷、高薇等对建立在线仲裁的可行性进行了论证,并研究和分析了在我国实际运行中所遇到的困难和需要解决的相关问题。随着网络技术、数字技术和移动通信技术的迅猛发展,社会生活和经济交往均呈现电子化、网络化特征,各种媒介和电子、网络技术在全球治理中发挥着日益重要的作用。其中,一些技术催生和促进了在线纠纷解决方式的发展,扩大了纠纷解决的场域。传统的争议解决机制是建立在将致害行为或损害本身场所化的基础之上的,而在互联网时代,网络空间的全球性和虚拟性客观上难以将致害行为或损害本身予以场所化。

此外,争议类型的复杂性、新颖性,争议双方的不对等地位,法律规定的滞后性等一系列问题,给传统争议解决机制带来了严峻的挑战。因此,一种专门迎合网络时代的更加高效能、低成本、便捷的在线纠纷解决机制悄然兴起,在线仲裁正

---

① 参见初北平:《“一带一路”多元争端解决中心构建的当下与未来》,载《中国法学》2017 年第 6 期。

② 参见王贵国:《“一带一路”争端解决制度研究》,载《中国法学》2017 年第 6 期。

是其中之一。在线仲裁是传统仲裁在互联网上的延伸,其除了具备离线仲裁的一般优点外,在线仲裁还具有费用低、效率高、可利用性强、吸引力大等优势。我国在线仲裁业务发展较快,除了中国国际经济贸易仲裁委员会自2010年开始进行在线仲裁业务外,广州仲裁委员会于2015年10月发布了《中国广州仲裁委员会网络仲裁规则》,正式开展在线仲裁业务;上海仲裁委员会也于2017年4月正式开通网上在线立案平台,向在线仲裁迈出了第一步;北京仲裁委员会也正在筹备在线仲裁服务,这些都是有益的尝试。但是,当前我国并没有设立直接的在线仲裁项目,现阶段开展的在线仲裁服务主要依托实体仲裁机构,是一种简单的将线下服务转为线上服务的形式。缺失完备的开放、高效、经济、低对抗性的在线仲裁服务,会制约"一带一路"争端解决机制的建立。[①]

本书研究的创新主要表现在:(1)载体不同,平台不同。现有研究成果是以实体仲裁为主体,而本书研究的在线仲裁是一种"网上虚拟庭审"过程。(2)基础不同、出发点不同。现有研究主要集中在将仲裁规则与国际商会、美国仲裁协会、伦敦国际仲裁院、国际投资争端解决中心和国际商会仲裁院规则相配套或相协调,而笔者构建的"一带一路"贸易纠纷在线仲裁解决机制是要建立与"一带一路"沿线国家政治、经济和法律发展状况相适应的在线仲裁纠纷解决平台。(3)研究视角不同。现有的研究成果并没有根本性改变"一带一路"贸易纠纷所需面对的程序、实体问题,而本书研究的是在实现顶层设计下的系统性研究,要求研究成果充分体现"一带一路"的实际情况,解决原有涉外司法管辖的国际冲突、国际平行诉讼以及境外当事人身份查明、证据审查、证人作证等相关疑难问题。

三、我国现有非诉讼纠纷解决机制的类型和基本状况

我们所说的"一带一路"贸易纠纷在线非诉讼解决机制,是指在"一带一路"沿线国家之间建立通过诉讼以外的其他方式解决国民与国民之间出现的跨境贸易纠纷,主要包括在线仲裁、在线调解、在线申诉和在线和解四种形式。现阶段,我国现有的在线非诉讼解决机制主要表现为有条件的在线仲裁,而在线调解、在线和解和在线申诉主要是根据国内法设立,仅服务于国内民事纠纷。

(一)在线仲裁

在线仲裁(Online Arbitration 或 Cyber Arbitration)是指将ICT技术与仲裁过程相结合,将原先在线下完成的仲裁程序和裁判过程通过互联网技术实现在线完

---

① 参见石春雷:《国际商事仲裁在"一带一路"争端解决机制中的定位与发展》,载《法学杂志》2018年第8期。

成。争议双方首先对预先设定的在线仲裁规则进行确认，其次进入正式的在线仲裁阶段，最后争议双方与仲裁员通过数字化信息设备、视讯通信系统、智能化处理程序完成证据交换、调解、庭审以及裁决的全过程，它是一种“网上虚拟庭审”过程。在线仲裁较之传统仲裁具有更强的灵活性，也更加自治，在互联网技术的支持下，在线仲裁为争议双方节省了更多的人力、物力和时间成本，它是当今互联网背景下更为有效的商事纠纷解决方式，人们将其称为“无纸化仲裁”。随着在线仲裁的发展，其表现出的显著优点被更多商事主体认可，我国于2000年首次由实体仲裁机构尝试开展在线仲裁业务。① 虽然我国目前已经推行网上仲裁，但网上仲裁制度仍有一些问题亟待解决，如法律理念的制约、网上仲裁协议有效性规定缺失等问题。同时，我国还未设立直接的在线仲裁项目或在线仲裁服务公司，现阶段开展的在线仲裁服务主要依托实体仲裁机构，是一种简单的、将线下服务转为线上服务的形式。缺失完备的开放、高效、经济、低对抗性的在线仲裁服务，会制约“一带一路”争端解决机制的建立。②

1. 中国国际经济贸易仲裁委员会域名争议解决中心

域名争议解决中心是我国最早实行在线仲裁的机构，它是中国国际经济贸易仲裁委员会于2000年12月成立的(贸仲委)网上争议解决中心。该中心于2005年7月同时启用“贸仲委网上争议解决中心”的名称，并于2007年8月在保留“贸仲委域名争议解决中心”名称的同时，正式以“贸仲委网上争议解决中心”名称对外开展工作。该中心以因互联网络域名的注册或者使用而引发的争议为主要受案范围，其中主要包括域名抢注(. CN/中文域名争议、. COM等通用顶级域名争议)、通用网址抢注、无线网址抢注和短信网址抢注4项纠纷。该中心依据《中国互联网络信息中心国家顶级域名争议解决办法》制定了《中国互联网络信息中心国家顶级域名争议解决程序规则》，并于2014年11月起施行。同时，从法律依据上看，“贸仲委网上争议解决中心”对于4项不同的域名争议分别适用不同的法律规范：(1)对于域名抢注纠纷(. CN/中文域名争议、. COM等通用顶级域名争议)，“贸仲委网上争议解决中心”作为中国互联网络信息中心授权的争议解决机构，依据《中国互联网络信息中心域名争议解决办法》解决. CN/中文域名争议；作为美国互联网络名称和编码分配机构所指定的世界四家通用顶级域名争议解决机构之一的亚洲域名争议解决中心北京秘书处，依据互联网络名称和编码分配机构

① 参见倪楠：《构建“一带一路”贸易纠纷在线仲裁解决机制研究》，载《北京联合大学学报(人文社会科学版)》2017年第4期。

② 参见石春雷：《国际商事仲裁在“一带一路”争端解决机制中的定位与发展》，载《法学杂志》2018年第8期。

《统一域名争议解决政策》解决诸如. COM、. ORG、. NET 等通用顶级域名争议。(2)对于通用网址抢注纠纷,“贸仲委网上争议解决中心”作为中国互联网络信息中心授权的通用网址争议解决机构,依据《中国互联网络信息中心通用网址争议解决办法》,解决中国互联网络信息中心负责管理和维护的通用网址争议。(3)对于无线网址抢注纠纷,“贸仲委网上争议解决中心”作为中国互联网络信息中心授权的无线网址争议解决机构,依据《中国互联网络信息中心无线网址争议解决办法》,解决中国互联网络信息中心负责管理和维护的无线网址争议。(4)对于短信网址抢注纠纷,“贸仲委网上争议解决中心”作为中国移动通信联合会授权的短信网址争议机构,依据中国移动通信联合会短信网址联合信息中心《短信网址争议解决办法》,解决由中国移动通信联合会短信网址联合信息中心负责管理和维护的短信网址争议。[①] 从工作组织机制上看,域名争议解决中心现已接受中国互联网络信息中心的委托与授权,作为中文域名争议解决机构和通用网址争议解决机构,负责解决中文域名争议和通用网址争议。域名争议解决中心由主任一人、副主任两人组成并实行主任会议制。该中心下设秘书处,在秘书长的领导下负责处理中心的日常事务。[②] 从程序的运行规则看,依据《中国国际经济贸易仲裁委员会域名争议解决中心程序规则》,该中心实行专家组负责解决争议的制度。任何一个机构和个人都可以启动这一仲裁程序,首先应向域名争议解决中心的秘书处递交投诉书,秘书处通过形式审查后会向所涉. CN 域名和中文域名注册、持有人发出投诉通知,并转去投诉书副本。域名注册、持有人需提交答辩书,答辩期从程序开始日起 20 日,域名争议解决中心的秘书处将根据案情确定专家组的组成并作出裁决。该过程全部在线上进行,一般不超过 60 日,专家组应于成立后 14 日内作出裁决,最低收费为 4000 元。[③]

2. 中国国际经济贸易仲裁委员会网上仲裁

中国国际经济贸易仲裁委员会,简称“贸仲委”,是我国成立最早、影响力最大的商事仲裁机构,于 1956 年 4 月由中国国际贸易促进委员会组织设立,当时名称为“对外贸易仲裁委员会”,后于 1988 年改名为“中国国际经济贸易仲裁委员会”。在 2000 年,中国国际经济贸易仲裁委员会同时启用中国国际商会仲裁院的名称。

---

① 参见中国国际贸易促进委员会:《中国国际经济贸易仲裁委员会域名争议解决中心暨网上争议解决中心》,载中国国际贸易促进委员会官网,http://www. ccpit. org/Contents/Channel_3531/2014/0808/408125/content_408125. htm。

② “中国国际经济贸易仲裁委员会域名争议解决中心”,载百度百科 2012 年 3 月 5 日,https://baike. so. com/doc/8028480 - 8345460. html。

③ 参见郑世保:《在线解决纠纷机制(ODR)研究》,法律出版社 2012 年版,第 155 ~ 232 页。

该院于2009年5月1日推出《网上仲裁规则》，正式开展在线仲裁业务。根据仲裁规则规定，申请人应当采用电子邮件、电子数据交换和传真等方式向仲裁委员会提交仲裁申请、书面陈述、证据及其他与仲裁相关的文件和材料，仲裁过程都通过在线完成。按照申请规则，申请人需要根据在线仲裁系统的规定完成注册，并按照固定的格式提交申请书，完成证据上传。同时，申请人可以在线提交委托授权、财产保全、证据保全以及完成仲裁员选定事项，为了更好地实现在线仲裁申请人或其仲裁代理人均须对所提交的文件进行电子签章或电子签名。该规则主要用于解决电子商务争议，以电子、光学、磁或者类似手段生成、发送、接收或者储存数据电文，利用互联网以网络视频会议及其他电子或者计算机通讯形式进行调解和庭审活动，仲裁庭应当在完成组建之日起4个月内作出仲裁裁决，最低收费4000元，涉外案件另收1万元。

“贸仲委”开展的在线仲裁业务，是我国首次以网络为平台开展在线仲裁活动，这是适应现阶段跨境、跨区域网络贸易纠纷对仲裁裁决高效、快捷的要求。在线仲裁更加体现了公平和平等，这也是国际仲裁发展的新趋势，但“贸仲委”的在线仲裁并不以解决“一带一路”贸易纠纷为目的。(1)《网上仲裁规则》规定“贸仲委”网上仲裁案件的受理范围并不涉及普通的贸易纠纷，而是将受案范围规定在通用网址抢注纠纷、无线网址抢注纠纷、域名抢注纠纷和短信网址抢注纠纷等域名争议领域。(2)现有的在线仲裁规则主要针对解决我国国民与外国国民或本国国民之间的相关纠纷而设立，缺乏争议双方为非我国国民的相关争议解决规则。(3)从《网上仲裁规则》规定的收费标准来看，最低收费为4000元，这在一定程度上限制了大量的小额争议使用网络仲裁解决。同时，《网上仲裁规则》也没有为小额争议设置专门的绿色通道。2013年10月22日，上海国际仲裁中心设立了中国(上海)自由贸易试验区仲裁院，并于2014年4月8日颁布《中国(上海)自由贸易试验区仲裁规则》，这是我国首部针对自贸区的仲裁规则。该规则大量地采用国际仲裁标准，首次在我国实行仲裁员名册开放制度、仲裁规则开放制度、仲裁临时措施以及引入了司法监督程序，还专门建立了“小额争议程序”以服务于争议额较小的纠纷。同时，上海国际仲裁院还配置了一流的仲裁设施，但现阶段其并不支持网络在线仲裁，仅对自贸区的贸易纠纷进行仲裁。因此，现阶段我们所使用的在线仲裁虽与“一带一路”非诉讼解决机制中的在线仲裁存在形式上的统一，但其纠纷解决规则和配套机制都不能满足“一带一路”的发展需求。①

---

① 参见倪楠：《构建“一带一路”贸易纠纷在线非诉讼解决机制研究》，载《人文杂志》2017年第1期。

3. 其他组织的在线仲裁

2015 年 10 月，广州仲裁委员会发布《中国广州仲裁委员会网络仲裁规则》，正式开展在线仲裁业务。《中国广州仲裁委员会仲裁规则》从概括式的肯定性规定和列举式的否定性规定两个方面规定了自身的受案范围。该规则作为仲裁规则的组成部分，并未在规则中复述仲裁规则有关受案范围的规定。在规则的适用范围上，依据该规则的规定，以下情形视为选择网络仲裁：第一，当事人明确在仲裁协议中约定通过网络仲裁的方式解决争议，若当事人所达成的仲裁协议中出现了电子仲裁、在线仲裁、线上仲裁、网上仲裁、互联网仲裁等字眼，视为选择了网络仲裁。第二，可以选择进行网络仲裁的案件包括但不限于因网络交易产生的争议。对于非网络交易产生的平等主体的自然人、法人和其他组织之间以及他们相互之间发生的财产性权益争议也可以选择通过网络仲裁的方式解决。同时，根据该规则所确立的仲裁审理方式，在网络仲裁程序中，书面审理是主要的审理方式，辅之以网络视频庭审、网上交流和电话会议等其他网络审理方式。在审理方式上，网络仲裁借助于迅猛发展的科学技术完全突破了传统仲裁审理方式，完全摒弃了开庭审理的方式。书面审理或是网络化的审理方式，在提高仲裁效率、节约当事人仲裁成本方面具有开庭审理不可比拟的优势，但从维护程序正义、保障当事人程序权利的角度看，书面审理以及网络化的审理方式的正当性存疑。如何在书面审理以及网络化的审理方式中保障当事人的程序权利，是网络仲裁理论研究和仲裁实践的难点和重点。①

2017 年 4 月 1 日，上海仲裁委员会正式开通网上在线立案平台，标志着上海仲裁委员会的仲裁信息化建设已经迈出了实质性的一步。上海仲裁委员会作为解决商事纠纷的国内知名仲裁机构，始终把如何提升办案质效、提升仲裁公信力作为最重要的使命。在坚持"高端化、专业化、国际化"的同时，将"信息化"融入新的发展战略，是上海仲裁委现阶段工作的重要内容。为推出网上在线立案平台，上海仲裁委前期进行了多轮调研，并针对当事人的实际立案需求、立案工作特点以及信息安全性等方面，做了反复论证和系统调试，并形成了以下特点：一是化繁为简，使操作步骤清晰易懂，免去了同类机构网上立案平台所要求的先期注册的步骤，当事人无须完成烦琐的用户注册，即可直接登录系统进行立案操作。操作界面清晰，且多为按钮选项，当事人只要根据操作指引和提示，即可完成整个立案步骤。二是人性化设置，适合不同当事人的需要。网上在线立案平台就不同类型

---

① 参见李昕：《浅析网络仲裁的程序规则——以中国广州仲裁委员会网络仲裁规则为分析对象》，载《才智》2017 年第 16 期。

案件、不同当事人主体提供了相对应的操作选项。为满足部分涉裁经验不足的当事人的实际需要,网上在线立案平台还提供了仲裁申请书模板等附件,供当事人自主下载参考使用。三是“一站式”服务,真正实现网上立案的便捷性。上海仲裁委员会推出的网上在线立案平台,率先做到网上立案全覆盖。当事人网上立案操作完成以后,经立案人员审查通过,即可凭手机短信缴费,完成全套立案程序,当事人无须再为立案事宜往返于仲裁机构,极大地节省了时间成本。四是立案操作无痕化,切实保护当事人的合法权益。为有效防范在网上立案过程中当事人的相关信息泄露,上海仲裁委员会对系统进行了针对性的优化设置。当事人在立案信息提交后,系统会采取必要的安全措施,以避免相关信息外泄的隐患。未来,上海仲裁委员会将以网上在线立案平台的推出为先导,加速推进仲裁信息化建设,并充分运用大数据、云计算和智能庭审系统,加强和提升仲裁管理能力和水平,提升办案质效;推进建设“互联网 + 仲裁”,进一步提升仲裁服务保障能力,打造符合仲裁现代化要求的高效、专业、公正的智慧仲裁平台。[①]

现阶段北京仲裁委也正在筹备在线仲裁服务,但目前仅能提供在线仲裁申请。

(二)在线调解、在线和解和在线申诉

从严格意义上讲,我国还没有建立真正意义上的在线调解、在线和解和在线申诉的处理机制,也缺乏在线解决平台。现阶段,我国正在使用的调解、和解和申诉机制都是依照国内法设立,以处理消费者与经营者的消费纠纷为核心,这主要是根据《消费者权益保护法》第 39 条第 1、2、3 项的规定,在消费者与经营者发生消费者权益纠纷时可以通过与经营者协商和解、请求消费者协会或者依法成立的其他调解组织调解以及向有关行政部门投诉的方式予以解决。同时,《消费者权益保护法》在第 37 条第 1 款第 5 项还赋予了消费者协会受理投诉并进行调查和调解的权利。自 1993 年后,消费者协会成为我国调解消费者与经营者纠纷的主体。1999 年后,12315 投诉热线一直是消费者进行调解、和解和申诉的主要途径。而笔者提出的“一带一路”贸易纠纷非诉讼解决机制中的在线调解、在线和解以及在线申诉都完全不同于国内现行的处理机制,它们有特有的启动形式、调解规则、处理机制以及运行方式。[②]

---

① 参见《推进信息化建设,打造智慧仲裁平台——上海仲裁委员会开通网上在线立案平台》,载上海仲裁委员会官网 2017 年 3 月 31 日,http://www.accsh.org/index.php? m = content&c = index&a = show&catid = 68&id = 152。

② 参见倪楠:《构建“一带一路”贸易纠纷在线非诉讼解决机制研究》,载《人文杂志》2017 年第 1 期。

四、我国现有的以ODR技术为基础的诉讼解决方式

互联网已经进入人们生活的多个方面。互联网的普及和发展对法院的司法审判工作也提出了新的要求。人们的交易交往媒介越来越多地由线下转为线上，在互联网上进行交易交往的多个主体，他们很可能在物理距离上相去千万里。如果他们之间产生争议，通过线下的方式到传统法院进行诉讼，至少有一方当事人需要奔波千万里。如果我们把纠纷解决的媒介转移到线上，就可以在很大程度上为当事人节约诉讼成本，也提高了争议解决的效率。互联网本身也给传统的法律行为和法律责任认定带来了一些改变。比如，未经授权演唱他人创作的歌曲的行为，在线下举办的演出中，受众可能是成千上万人；但如果在直播平台的网络直播间演唱，那受众可能就是几十万人、几百万人。在这两种不同的场景下，侵权人承担责任的力度不同，对二者行为的规制方式也要有所区别。为了更好地规范互联网上的行为秩序，实现网络空间综合治理，营造清朗的网络环境，确实也需要对涉互联网案件进行集中管辖。2017年6月26日，中央全面深化改革领导小组审议通过《关于设立杭州互联网法院的方案》。2017年8月18日，杭州互联网法院挂牌成立，集中审理浙江省杭州市辖区内基层人民法院有管辖权的6类涉互联网一审民事、行政案件，开启了中国互联网案件集中管辖、专业审判的新篇章。2018年7月6日，中央全面深化改革委员会第三次会议审议通过《关于增设北京互联网法院、广州互联网法院的方案》。2018年9月9日，北京互联网法院挂牌成立。2018年9月28日，广州互联网法院正式挂牌成立。2018年9月7日，最高人民法院颁布《关于互联网法院审理案件若干问题的规定》，确定了互联网法院的管辖范围和案件审理规则等。①

(一)杭州互联网法院

2017年8月18日，根据中央全面深化改革领导小组审议通过的方案，杭州互联网法院挂牌成立。该院通过制度创新和信息技术应用，打破时空限制，实现全流程在线办案，方便群众诉讼，提高审判效能。登录杭州互联网法院诉讼平台，当事人通过勾选和填充表单式的结构化选项，5分钟内即可完成起诉立案申请。立案后，系统自动生成相关法律文书并加盖法院公章，以短信、语音、电子邮件等电子方式进行送达。在举证及质证环节，系统会自动提示证据交换动态，便于当事人利用空余时间完成诉讼。庭审以视频方式进行，当事人只需一台电脑或者手机，足不出户便可参与庭审。庭审时，电子证据通过诉讼平台在线展示，双方围绕

① 参见《中国互联网法院法治发展报告(2017～2019)》。

争议焦点进行调查和辩论，语音识别系统实时生成电子笔录，大大缩短了庭审时间。该院根据涉网案件特点及审理要求探索出台的《诉讼平台审理规程》《当事人权利义务告知书》等涉网案件审理规范，破解了诉讼主体身份确认难、当事人在线质证难、在线行为控制难等难题，搭建起涉网案件诉讼规则的基本框架。①

（二）北京互联网法院

北京互联网法院成立于2018年9月9日，集中管辖北京市辖区内应当由基层人民法院受理的第一审特定类型互联网案件。法院内设立案庭、3个综合审判业务庭、执行局、审判管理办公室、政治处、综合办公室8个部门。法院将按照“网上案件网上审理”的基本思路，通过全流程一体化在线服务平台，实现案件起诉、调解、立案、送达、庭审、宣判、执行、上诉等诉讼环节的在线进行，切实做到高效便民，切实提高审判质效，从而推动我国科技强国战略的实施和网络空间治理的法治化进程。管辖范围包括：(1)通过电子商务平台签订或者履行网络购物合同而产生的纠纷；(2)签订、履行行为均在互联网上完成的网络服务合同纠纷；(3)签订、履行行为均在互联网上完成的金融借款合同纠纷、小额借款合同纠纷；(4)在互联网上首次发表作品的著作权或者邻接权权属纠纷；(5)在互联网上侵害在线发表或者传播作品的著作权或者邻接权而产生的纠纷；(6)互联网域名权属、侵权及合同纠纷；(7)在互联网上侵害他人人身权、财产权等民事权益而产生的纠纷；(8)通过电子商务平台购买的产品，因存在产品缺陷，侵害他人人身、财产权益而产生的产品责任纠纷；(9)检察机关提起的互联网公益诉讼案件；(10)因行政机关作出互联网信息服务管理、互联网商品交易及有关服务管理等行政行为而产生的行政纠纷；(11)上级人民法院指定管辖的其他互联网民事、行政案件。②

（三）广州互联网法院

2018年7月6日，中央全面深化改革委员会审议通过《关于增设北京互联网法院、广州互联网法院的方案》，确定在广州设立互联网法院。2018年9月28日，广州互联网法院正式挂牌成立。广州互联网法院按广州市城区基层人民法院设置，由广州市管理，对广州市人民代表大会常务委员会负责，接受广州市中级人民法院的监督和指导，集中管辖广州市辖区内应当由基层人民法院受理的11类互联网案件。广州互联网法院坚持“政治为本、公正为魂、创新为源、科技为基”工作方针，努力践行“网通法联，明断善治”院训，积极探索完善符合互联网规律的新型

---

① 参见杭州互联网法院：《法院概况》，载杭州互联网法院门户网2017年8月8日，http://hztl.zjcourt.cn/col/col1225177/index.html。

② 参见北京互联网法院：《法院概况》，载北京互联网法院门户网2018年9月9日，https://www.bjinternetcourt.gov.cn/cac/zw/1535125700291.html。

技术平台、新型诉讼规则、新型裁判规则、新型治理规则，致力于打造维护网络安全、化解涉网纠纷、服务保障互联网经济发展的示范点和排头兵，打造粤港澳大湾区一站式法律服务中心，不断为走中国特色社会主义法治道路、实施网络强国战略贡献广州智慧。①

---

① 参见广州互联网法院：《法院概况》，载广州互联网法院门户网2018年7月6日，https://www.gzinternetcourt.gov.cn/article-detail-29.html。

第七章　构建“一带一路”贸易纠纷在线非诉讼解决机制的法律对策

“一带一路”贸易纠纷在线非诉讼解决机制的构建,并不是将实体仲裁、调解、和解以及申诉制度简单化、网络化后直接应用于“一带一路”贸易纠纷。它是要在总体设计下,制定真正与“一带一路”沿线国家政治、经济和民主以及法律发展状况相适应的规则、程序,实现顶层设计,完善框架体系。之所以采取在线这种形式,主要是因为“一带一路”沿线跨度较长,穿越了亚欧大陆,涉及的国家众多,在线解决能够满足当下人们在互联网经济下对高效、快捷和便利的更高要求,充分体现人性化设置和互联网技术的广泛应用。在线纠纷解决机制,能够最大化地避免在传统诉讼中因当事人经济实力、政治背景以及其他因素对裁决结果的影响,其在线纠纷解决的结果往往更加客观公正。在完备的顶层设计下,纠纷解决的公正性、程序的合法性也能够得到有效的监督,对争议双方能够实现最大化的保障。①

一、建立纠纷解决中心,实现顶层设计

“一带一路”建立的初衷是为应对世界正在发生的复杂深刻的变化,国际金融危机深层次影响继续显现,世界经济缓慢复苏、发展分化,国际投资贸易格局和多边投资贸易规则酝酿深刻调整等问题而提出。“一带一路”倡议

① 参见倪楠:《构建“一带一路”贸易纠纷在线仲裁解决机制研究》,载《北京联合大学学报(人文社会科学版)》2017年第4期。

本身是通过政府间的多边合作带动"一带一路"沿线国家贸易发展，这种模式具有很强的政治特色和地缘特色。同时，在"一带一路"争端解决机制中，国际贸易纠纷解决机制的科学发展和有效运行，需从顶层设计和行动布局上作出全面谋划。新时代的国际贸易纠纷需要国家通过发展战略、政策、宏观规划和立法等加以理念倡导和制度保障。建立"一带一路"纠纷解决机制和机构已经被确定为国家的重要改革任务，最高人民法院也在牵头研究和推进这项工作。① 因此，对"一带一路"贸易纠纷在线非诉讼解决机制的构架也应该放在对"一带一路"倡议的总体构想下进行设计，首先应解决由谁负责筹建该机制，该机制应在什么框架下运行，在哪里设立以及由谁参与等相关问题，这也是建立"一带一路"贸易纠纷在线非诉讼解决机制面临的最重要的问题。

构建为"一带一路"倡议经贸合作保驾护航，保证相关民商事争端公正、高效解决的争端解决机制，并增加我国在争端解决中的话语权就成为当务之急。对于争端解决机制的构建模式有3种代表性观点：一是依托"一带一路"的多边公约或联合声明创设附属的争端解决机构；二是在前述公约无法短期内达成的情况下由我国主导创设面向"一带一路"沿线国家的专门争端解决中心；三是在对设立专门争端解决中心的功效尚不敢太过乐观的情况下，由我国相关部门牵头联合国际上知名或"一带一路"沿线有代表性的争端解决机构成立"一带一路"争端解决联盟。② 考虑到"一带一路"倡议当前的发展形势及"一带一路"沿线及周边国家的政治、经济、法律状况，本书以第二种模式下的纠纷解决中心作为研究重点。

根据"一带一路"走向，陆上依托国际大通道，以沿线中心城市为支撑，以重点经贸产业园区为合作平台，共同打造新亚欧大陆桥、中蒙俄、中国—中亚—西亚、中国—中南半岛等国际经济合作走廊；海上以重点港口为节点，共同建设通畅安全高效的运输大通道。在"一带一路"建设中，中国既是发起国，又是经济中心，也是"一带一路"中最大的经济体，"一带一路"中的经济合作大多是与中国发生的，虽然"一带一路"是以经济合作为目的，但法律保障体系的构建是保障经济合作的基石。因此，为保障"一带一路"贸易的可持续发展，减少摩擦，快速化解贸易纠纷，应尽快设立"一带一路"贸易纠纷解决中心，且设在中国。中国作为该中心的发起国并由沿线各国广泛参与，使其成为具有国际性的、高水平的专门服务于"一

---

① 参见石春雷：《国际商事仲裁在"一带一路"争端解决机制中的定位与发展》，载《法学杂志》2018年第8期。

② 参见初北平：《"一带一路"多元争端解决中心构建的当下与未来》，载《中国法学》2017年第6期。

带一路”贸易纠纷的非政府纠纷解决平台，该平台包括在线仲裁、在线调解、在线和解以及在线申诉4种非诉讼纠纷解决方式。同时，从国际贸易争端解决机构的分布来看，无论常设性的还是地区性的，都主要分布在英、美、瑞士以及日本等国家，现阶段还没有专门为“一带一路”设立的裁决机构，亚洲也缺乏具有国际影响力的裁决机构。因此，中国作为联合国安理会常任理事国、世界经济总量第二，“一带一路”发起国，“一带一路”的经济中心和核心经济体，主导建立“一带一路”贸易纠纷解决中心是非常合适和必要的，这也有利于巩固我国在亚太地区司法中心的地位。“一带一路”作为中国从区域强国向世界强国转型的重要窗口，只有提供更好的公共产品和完备的法律保障机制才能有效地推动与沿线各国的经贸往来。

“一带一路”倡议是一个自愿、平等、开放和共同发展的平台，不是一个区域间的经济组织，它与世界贸易组织建立时的出发点不相同。世界贸易组织是以设立规则为核心，而“一带一路”倡议谋求的是共同发展，打造和谐家园。目前，“一带一路”还只是一个由中国发起的，沿线国家广泛参与的倡议，更多地表现为中国与沿线国家的经贸往来，但这并不是说在这个涉及65个国家的庞大区域不需要规则，而恰恰由于“一带一路”沿线国家在政治、经济和文化上巨大的差异，更加需要一个顶层设计，有一个专为解决“一带一路”贸易纠纷问题而设立的纠纷解决中心，特别是在“一带一路”贸易额不断增长、纠纷案件数量不断上升的情况下，“一带一路”贸易纠纷解决中心的建立已成为一种需求和必然趋势。(1)纠纷解决中心的性质。按照常态化的设置，纠纷解决中心可以选择非官方或官方性质。如果按照非官方性质进行设立，私人组织面对的最大挑战就是公信力问题，同时，还要承受平台运营成本的考验。如果由官方设立，则需要面对“一带一路”只是一个倡议或是一个公共平台，并没有一个固定的官方组织，也没有一个沿线国家共同签署的协议文件的问题。笔者认为，“一带一路”倡议的设立本身就是一种创新和对国际经济秩序的新变革，权威性和公信力是这个横跨欧亚大陆的纠纷解决中心的生存之本，因此纠纷解决中心理应选择由官方设立。(2)纠纷解决中心的构建。“一带一路”多元纠纷解决中心的构建应当正视“一带一路”下各沿线国法律文化和法律传统上的多样性，并为这种多样性提供制度上的针对性保障。中国是该区域最大的国家，也是“一带一路”倡议的发起国；现阶段，中国已与137个国家和30余个国际组织签署了相关合作协议。这些协议中大多规定了纠纷解决方式，无论是2013年签订的《中国—东盟国家睦邻友好合作条约》，还是2017年3月与新西兰签署的“一带一路”合作协议，都明确将磋商、斡旋、调解、调停和仲裁作为解决纠纷的选择，这样的设置有效地避免了国家间的摩擦和纠纷的升级。① 这些合作协议的纠纷解决方式就是纠纷解决中心构建的基础，构建纠纷解决中心时应由中国提出意向，由“一带一路”沿线国家中与我国已签署合作纠纷协议的国家参与联合共同组建。从现实的可操作性上来讲，多国纠纷解决机构和组织共同参与的“一带一路”纠纷解决中心模式比依赖我国单一的争端解决机构在现阶段更具现实性，且能够以合作共赢的模式有效整合优质资源，避免不必要的竞争。同时，“一带一路”多元纠纷解决中心构建的核心和关键在于提升该争端解决机制的国际公信力和影响力，并吸引“一带一路”沿线国将争议提交到该机制下处理。吸引现有的域外优质资源共同参与的多元争端解决中心，比建立一个可能引起“一带一路”沿线国家猜忌的排他性争端解决机构更容易实现上述目标。有鉴于此，有必要邀请国际知名及“一带一路”沿线国家的相关仲裁机构、调解机构在中心设立分支机构，为“一带一路”倡议提供公正、专业的法律服务。国务院已批准国际知名商事争议解决机构在符合京津冀协同发展战略总体要求的前提下，在北京设立代表机构，这为未来“一带一路”多元争端解决中心吸引更多的外国仲裁机构或调解组织、外籍仲裁员和调解员提供了可能。② (3)纠纷中心的运营模式。纠纷解决中心应实施理事会制，各参与国因签订了“纠纷解决机制的相关文件”而成为理事成员。纠纷解决中心的日常管理团队由理事会选举产生，中心主任负责纠纷中心的日常运行和在线仲裁工作。同时，理事会选出监督委员会，负责对仲裁员不当行为和仲裁结果的公正性进行审查，并及时纠正在线仲裁中的错误行为，这样就不再需要像传统仲裁那样由国内法来救济与干预。

二、创设纠纷解决规则，搭建运行机制

由于尚未建立统一、独立的“一带一路”纠纷解决规则，解决涉及“一带一路”国际商事纠纷或相关纠纷仍然还是依靠沿线各国各自原有的司法制度以及仲裁、调解、协商等规则解决相关纠纷，有时也会依托现有的已经成熟的国际解纷规则。这种做法有效地利用了各国的解纷资源，但因缺乏完整统一、共同接受的机制和规则，从而容易引发解纷标准不统一、具体措施相冲突、权利保护力度不均衡等问

① 参见倪楠：《构建“一带一路”贸易纠纷在线非诉讼解决机制研究》，载《人文杂志》2017 年第 1 期。

② 参见初北平：《“一带一路”多元争端解决中心构建的当下与未来》，载《中国法学》2017 年第 6 期。

题,最终甚至会影响国际合作的效能。[①] 随着纠纷解决中心的平稳运转、知名度的提升以及“一带一路”倡议的顺利推进,为了规范和引导当事人能够充分利用纠纷解决中心所提供的便利,也为了展示中心所倡导的竞争与合作精神,“一带一路”贸易纠纷在线非诉讼解决机制宜制定导引规则,阐明机制的宗旨、流程、设施使用以及合作等事项,以维持机制所追求的价值和功能。[②]

“一带一路”贸易纠纷在线非诉讼解决机制具体包括在线仲裁、在线调解、在线和解和在线申诉4种解决方式。“一带一路”贸易纠纷解决中心建立后,在非诉讼解决平台上无论采用哪一种方式解决纠纷,都需要由争议双方首先作出是否接受和认可纠纷规则的判断,那么制定和选择什么样的仲裁、调解、和解和申诉规则就十分重要。从国际消费者联合会在最初调查过的30家专门从事ODR的机构的发展状况来看,这些机构大多不存在了。导致这一状况的原因突出表现为法律冲突问题,即当事人应该选择位于哪一国的ODR机构来解决纠纷,以及这些机构在受理跨境纠纷时适用什么规则或法律来处理没有统一的规则,往往造成争议双方对争议结果缺乏必要的预判。那么,在构建“一带一路”在线非诉讼解决平台时采用什么样的具体运行标准、运行规则和程序,且这些标准、规则和程序要为“一带一路”沿线不同发展阶段的国家所广为接受,这是一个非常实际且必须解决的问题。首先,纠纷解决规则的建立要尊重国际法、尊重国际交易习惯、尊重“一带一路”沿线国家的发展状况,充分体现公平自愿的原则,只有这样该解决机制才会被沿线国家认可,才会被沿线各国国民信任并大量使用。2015年中国最高人民法院发布《关于人民法院为“一带一路”建设提供司法服务和保障的若干意见》,该意见提出要及时化解涉及“一带一路”建设中的相关争议争端,支持发展多元化纠纷解决机制,应充分尊重沿线各国在政治、经济、文化、宗教,特别是法律领域的差异,要使沿线各国当事人能够在自愿选择的基础上通过各种非诉讼的途径更加便捷地解决纠纷。[③] 其次,规则的建立不能“一刀切”。由于“一带一路”有65个国家和地区,现阶段已是世界上最大的经济走廊,其中不仅有英美法系国家也有大陆法系国家,这就要求我们在最开始建立具体规则时不可能采取一元化或标准化的方式。规则的建立应是分阶段、有步骤地完成,应首先通过双边或多边谈判在经

---

① 参见蒋惠岭:《建立“一带一路”纠纷解决机制的七项指引》,载《人民法院报》2017年7月7日,第5版。

② 参见初北平:《“一带一路”多元争端解决中心构建的当下与未来》,载《中国法学》2017年第6期。

③ 参见倪楠:《构建“一带一路”贸易纠纷在线非诉讼解决机制研究》,载《人文杂志》2017年第1期。

济发展状况相近和法律体系相同的国家间建立起纠纷规则,使规则能够先投入运行,其余国家可以选择加入规则也可以重新制定规则。最后,规则的建立要充分体现便捷性、中立性、专业性和国际性。便捷、高效是"一带一路"贸易纠纷在线非诉讼解决机制的生命,只有充分保证规则的高效、便捷以及可操作性,才能保证该机制被各国国民采用,特别是在和解程序中要充分保障规则的灵活性。中立性是"一带一路"贸易纠纷在线非诉讼解决机制的生存之本,任何一个规则的设立,都要保障中立和公正以及信息透明,并且不能受到所在国政治、经济的影响和干预,纠纷解决的过程要做到相关信息对争议双方绝对公开。

三、以仲裁为突破口,对现有仲裁机制进行改革和创新

就仲裁而言,国际商事仲裁是目前商业实践中使用率最高的争端解决方式,也是目前最兼具效益和公平的争端解决方式之一。尤其是1958年《承认与执行外国仲裁裁决公约》(以下简称《纽约公约》)在全球范围内对仲裁裁决可执行性的有效保障,使仲裁更易得到商业社会的自愿选择。基于"一带一路"争端解决机制构建的首要目标和价值在于满足具有多元法律文化背景的"一带一路"沿线国当事人对公平、高效的争端解决机制的紧迫需求,且绝大多数"一带一路"沿线国都是《纽约公约》参加国,仲裁必然成为"一带一路"倡议下商事主体选择最为普遍的争端解决方式。[①] 从现阶段我国非诉讼解决机制的发展现状来看,在线仲裁已具备一定的基础和条件,下一步应以在线仲裁为突破口搭建"一带一路"贸易纠纷的非诉讼解决机制。

第一,"一带一路"为我国国际商事仲裁发展带来了机遇。从国际范围来看,非诉讼解决纠纷处理机制的4种类型中,仲裁较之调解、申诉和和解的应用更为广泛,也更加有基础。从"一带一路"相关国家来看,65个国家大多为发展中国家,在这些国家中仲裁都相对比较健全,只是现阶段还缺乏具有国际影响力和高水平的仲裁机构,特别是在"一带一路"中除了中国"贸仲委"开展网上仲裁工作外,其他各国尚未开展此项目。因此,"一带一路"为我国处理国际商事仲裁特别是在线仲裁领域带来了前所未有的发展机遇和挑战。第一,作为世界第二大经济体,"一带一路"的发起国,我国应该具备"一带一路"贸易纠纷商事仲裁的领导地位和话语权。同时,"一带一路"的发展也将增加我国涉外案件的数量,提高涉外案件的质量,为提升我国涉外商事仲裁的知名度创造条件。另外,通过近20年的发展,我

---

① 参见初北平:《"一带一路"多元争端解决中心构建的当下与未来》,载《中国法学》2017年第6期。

国已经具备了从事较高水平涉外商事仲裁的能力。中国仲裁法学研究会发布的《中国国际商事仲裁年度报告(2014)》显示:2014 年,我国已有 235 家仲裁委员会机构,其中有 61 家仲裁委员会受理涉外及我国涉港澳台地区案件,案件总数为 1785 件。涉外案件 665 件,占比 37.25%。[①]

第二,随着“一带一路”发展战略的不断推进,与“一带一路”相关的案件必将持续增加,国内现有机构为应对这种变化应有所改变。2014 年 4 月,《中国(上海)自由贸易试验区仲裁规则》在上海颁布,这是我国第一个针对自贸区内仲裁的规则,该规则完全采用与国际接轨的制度。2015 年 7 月,深圳国际仲裁院(SCIA)首次采用联盟制,粤港澳商事调解联盟来自内地、香港特别行政区等地、澳门特别行政区等地的 14 个会员单位,使用“调解 + 仲裁”的平台优势,解决跨境纠纷,服务“一带一路”倡议。[②] 2016 年 10 月,“一带一路”(中国)仲裁院成立,这是中国首家专门服务“一带一路”建设的仲裁院,成为新的“一带一路”纠纷解决中心的重要组成部分。建设过程中,既要注重对现有多元化纠纷解决资源进行整合并合理配置,最大限度地节约司法和其他公共资源,又要坚持开放包容、平等协商的原则,不局限于国内现有资源,既要借鉴参考《华盛顿公约》创立的仲裁模式,也要突出中国传统和特色。另外,还应注重顶层设计与具体实践相结合,继续鼓励司法机关和社会组织不断推陈出新,培育可供复制的“中国经验”,逐步推向世界。[③] 我们更应该看到,互联网技术的广泛应用已经对仲裁本身产生了重要的影响,在线仲裁已成为两者结合的产物,更加快捷和方便,也更加节省成本。因此,在线仲裁已成为未来仲裁发展的必然趋势。

第三,我国现阶段还没有完全意义上的在线仲裁,也没有专门针对“一带一路”的在线仲裁机制。“贸仲委”的在线仲裁只针对域名争议;上海国际仲裁中心发布的《中国(上海)自由贸易试验区仲裁规则》仅适用于自贸区中的争议纠纷;深圳国际仲裁院所采用的新机制也只针对港澳台的 14 家会员单位。未来在线仲裁要想在“一带一路”贸易纠纷中发挥作用,就要建立专门的针对“一带一路”贸易纠纷而设立的在线仲裁机构,该机构建立之初就要与国际接轨,在制定新的仲裁规则时,可以适当参考瑞典斯德哥尔摩国际仲裁院、伦敦国际仲裁院、国际商会仲裁

① 参见刘斌斌、蔡秉坤:《网络交易主要法律问题研究》,中国社会科学出版社 2013 年版,第 156～157 页。

② 参见深圳国际仲裁院:《跨境商事调解与自贸区法治环境》,载深圳国际研究院网 2015 年 7 月 2 日,http://www.sccietac.org/web/news/notice_detail/1565.html。

③ 参见石春雷:《国际商事仲裁在“一带一路”争端解决机制中的定位与发展》,载《法学杂志》2018 年第 8 期。

院等世界主要国际仲裁中心较为成熟的仲裁规则，以增强中国在线仲裁规则的接受度，以得到“一带一路”国家的认可。同时，国内司法机关也要有完善的涉外仲裁裁决承认和执行的制度，要形成统一的司法标准，确保涉外仲裁司法审查标准的统一。

“一带一路”在线仲裁纠纷解决机制的构建，并不是依托于某一国家、国际组织或经济体之上，现阶段也没有强制措施予以保障，它的落实与执行需要必要的配套措施予以保障。这种配套措施主要表现在参与国法律层面的配套、仲裁人员设置上的配套以及在线仲裁作为一个技术平台所需的技术配套。只有具备了完备的配套措施，才能有效地保障在线仲裁的顺利进行，保障裁决的顺利执行，这样“一带一路”在线仲裁机构才会具有权威性，才会被沿线国家接受，才有意义。(1)法律层面的配套。“一带一路”在线仲裁是一种“悬空仲裁”或“非国内仲裁”，仲裁规则和仲裁裁决并不受传统仲裁中法院地的监督和制约，主要依靠纠纷解决中心的监督委员会进行监督和审查。但无论是实体仲裁还是在线仲裁，都要面对一个现实问题，就是裁决的承认和执行问题，即使纠纷双方都是《纽约公约》的缔约国，也存在缔约国的互惠保留、商事保留、申请承认和执行的形式要件以及电子文书的效力、电子签名的认可、电子证据的接纳程度、当事人是否适格、协议是否有效、仲裁员是否超权限这些足以影响仲裁效力和合法性因素的规定。这些问题的解决，首先需要纠纷解决中心理事国的共同同意并签署相关文件，各个国家还要将在线仲裁规则以及承认和执行的程序和操作细节与国内法进行对接，得到议会或其他权力部门的授权后方可施行。因此，在线仲裁需要有完善的法律配套措施，不能在原先《纽约公约》的框架下简单地进行，否则，在线仲裁就成了实体仲裁在线上的一种简单复制，也就丧失了针对“一带一路”贸易纠纷所设立的必要性。(2)人员设置上的配套。“一带一路”贸易纠纷在线仲裁解决机制是一个开放的平台，为国内学者、实务界人士参与国际争端解决、培养国际化的法律人才提供环境和机遇。以“一带一路”倡议的实施为代表，我国在全球经济中承担的角色日益突出，在全球范围内维护中方合法权益的法律诉求也在此过程中日益突出。[①] 由于“一带一路”沿线国家有着复杂的政治环境、不同的经济条件以及不同的法系，一名普通的在线仲裁人员很难应对所有的仲裁案件，甚至同一法系国家的纠纷主体也可能有不同的法律文化背景。因此，“一带一路”贸易纠纷在线仲裁机制在构建时就需要有大量的专业仲裁人员，这些人员不仅要懂在线规则、熟知各国法律，还

---

① 参见初北平：《“一带一路”多元争端解决中心构建的当下与未来》，载《中国法学》2017年第6期。

要拥有大量的人文知识以及熟练地调解和裁决技能。同时,在设置时,我们还应该允许由当事人自主选择仲裁员,可以选择纠纷解决中心的仲裁员,也可以选择纠纷中心以外并在调解中心备案的仲裁员。在仲裁员的设置上,也应采取专职设置与仲裁人员备案式相结合。采取备案式,是为了应对“一带一路”沿线国家法律复杂的情况,仲裁员也存在相关的局限性,通过备案的方式能够最大化地为贸易纠纷主体提供仲裁服务。采取备案式,也有效地避免了国内法因仲裁员身份问题而导致仲裁无效的情况。同时,备案式也坚持了在线仲裁自治和开放的原则。(3)技术设备上的配套。在线仲裁机制作为一个技术平台,需要有一个合格的网络保障各纠纷主体顺畅沟通。合格的网络是在线仲裁最基础的配置,其核心技术主要来自两个方面。一是在线调解技术。在线调解技术中有一部分需要提供系统自动调解,这就需要有预先设定好的技术能够支持自动调解程序。二是在线仲裁“虚拟空间”技术,在线仲裁平台需要提供同步传输(synchronous communication)①、异步传输(asynchronous communication)②、图像(image)、文本(text)及视频(video)等基础技术。技术设备上的保障是在线仲裁生存和运行的前提,只有拥有了现代化的网络技术,才可能充分发挥在线仲裁的优势,为“一带一路”沿线不同地域的国家提供仲裁服务。

四、创设在线仲裁规则及在线调解机制

设立“一带一路”纠纷解决中心是构建在线仲裁纠纷解决机制的基础,创设“一带一路”在线仲裁规则是运行在线仲裁机制的前提条件。创建“一带一路”在线仲裁机制就是为了专门解决“一带一路”贸易纠纷问题。法律所保障的秩序应同该地区的政治民主状况、经济发展情况和社会进步等级相适应。这样才能更好地维护该区域市场的状况,推动该区域经济更好地发展。“一带一路”贸易纠纷在线仲裁解决机制的构建正是从该点出发,充分尊重中外当事人法律文化的多元性,支持其自愿选择调解、仲裁等非诉讼方式解决纠纷,充分发挥各种纠纷解决方式的优势,依法及时化解涉“一带一路”建设的相关争议争端,满足中外市场主体的多元需求。它是“一带一路”法律保障机制的重要环节。③ 在国内视野中,上海自贸区、广东自贸区、福建自贸区以及西安自贸区虽然为了应对自贸区特有的园

---

① 同步传输是为纠纷双方及裁决者提供同步聊天的空间,即“在线聊天室”。

② 异步传输是为纠纷双方及裁决者提供单独交流,可以通过电子邮件或在线信息交流系统进行传输和交流。

③ 参见初北平:《“一带一路”多元争端解决中心构建的当下与未来》,载《中国法学》2017 年第 6 期。

区设置并解决“一带一路”贸易纠纷而设置了不同的仲裁规则，上海第二中级人民法院还发布了指导意见以解决仲裁中的执行问题。但随着自贸区的不断建立，不同的自贸区都会根据自身的发展需要形成不同的仲裁规则，这样往往会造成仲裁规则的碎片化和无序性，仲裁机构也无法树立良好的公信力和权威性。因此，在处理“一带一路”贸易纠纷时应设立统一的仲裁规则，特别是在创设“一带一路”在线仲裁机制中，贸易纠纷主体要使用在线仲裁平台进行仲裁就需要纠纷双方认可和同意预先设定的在线仲裁规则，仲裁规则的开放性、公平性、合理性以及是否能代表“一带一路”沿线国最大多数的利益就显得极为重要。我们在设立“一带一路”在线仲裁规则时，既要尊重仲裁规则与司法实践的有效对接，还要体现在线仲裁规则突破和创新传统仲裁规则的内在需求以及快捷、方便和实用的特点。

第一，扩大仲裁范围。在互联网经济的推动下，新的经济现象不断出现，传统的贸易纠纷也会有新的变化和表现形式，从最高人民法院公布的“一带一路”典型案件中，不难看到现阶段的争议纠纷不仅包括海上运输合同、海域污染损害赔偿，股权转让合同、居间合同，同时还增加了跨境金融、劳务输出、电子商务以及融资租赁等随着网络经济而出现的新纠纷形式。因此，在线仲裁应适应“一带一路”经济发展的需求，能够处理更多类型的争议案件，只有拥有更广泛的受案范围，才能拓宽在线仲裁的实用性，其便捷性才能在使用中得到凸显，才能有效规避“一带一路”沿线国复杂的法律问题。

第二，引入在线调解机制。作为目前最典型的非正式争端解决方式，调解具有自愿性、灵活性和契约性等特征，在降低争端解决成本，维系当事人之间商业合作关系和商业信誉等方面具有独到的优势。尤其是在“一带一路”语境下，调解能提供一种灵活的谈判协商方式，多侧重于商业情势、合作关系的考量而不过多纠结于法律上的权利义务与证据规则，能够避免非对即错的结果模式，有利于促成“一揽子”解决问题的方案，这与“一带一路”倡议所倡导的“以和为贵”“合作互赢”的理念不谋而合。因此，调解应该是“一带一路”争端解决的优先方式。[①] 无论是在线仲裁还是在线调解，都是为了更好地解决纠纷，是为了更加高效地解决纠纷。我们在正式进入在线仲裁前实行在线调解，由纠纷主体选择是否接受在线调解还是直接进入在线仲裁，选择调解后就有两种方式可供选择。第一种是由智能系统自动进行调解，这类似于现在国内网络平台“淘宝”“京东”的在线客服系统。第二种是由调解员进行在线调解。这样的设置使一些较为简单、争议不大且法律关系较

① 参见初北平：《“一带一路”多元争端解决中心构建的当下与未来》，载《中国法学》2017 年第 6 期。

为清晰的案件能够更加快捷和迅速地解决,为纠纷主体提供更加多元化的服务。这样一来,在线仲裁才能更融洽地在多元化的"一带一路"争端解决机制中发挥作用。

第三,充分实现自治,设置友好仲裁①和临时仲裁机制。② 一套能够被"一带一路"沿线国家广泛应用的规则,不仅应有创新,还应重视对现有仲裁规则的继承和使用,这样才能更加完善,并具有代表性。1982 年,在《联合国国际贸易法委员会国际商事仲裁示范法》中,第 19 条就规定了当事人可以自由约定仲裁庭所遵循的程序。现阶段,国内仲裁机构大都排除了这两项制度,而"一带一路"在线仲裁机制构建的基础本身就是双方贸易纠纷主体的合意和对规则的认可,其核心就是意思自治。友好仲裁和临时仲裁机制可以根据纠纷主体的合意选择双方确认的规则处理纠纷,也可以自主选择"量身定制"程序,这正是对"一带一路"在线仲裁原则和设立精神的体现,这种多样化的设置最大限度上体现了对纠纷主体的尊重,也更加人性化。最高人民法院于 2016 年 12 月 30 日发布的《关于为自由贸易试验区建设提供司法保障的意见》第 9 条规定,"在自贸试验区内注册的企业相互之间约定在内地特定地点、按照特定仲裁规则、由特定人员对有关争议进行仲裁的,可以认定该仲裁协议有效",对临时仲裁采取了宽容和支持的态度。2017 年 3 月 23 日,《横琴自由贸易试验区临时仲裁规则》正式颁布,标志着临时仲裁在中国境内的真正落地。③

五、研究纠纷解决机制的配套制度,形成无缝对接

在构建"一带一路"贸易纠纷在线非诉讼解决机制时,必须考虑多种争端解决方式的联动与衔接,不仅各种争端解决方式需要互相支持与配合,形成联动的整体,而且各种纠纷解决手段也需要综合运用。总体而言,一是保持各种纠纷解决机制之间的"生态平衡",避免单一化、过度集中和恶性竞争,削弱不同争端解决机制的固有功能。二是注重争端解决机制间的联动和程序衔接,联合发挥各种机制的作用并形成合力,及时、有效地处理纠纷。在与司法的衔接上,我国最高人民法院出台了一系列司法解释,从严格限制拒绝承认和执行外国仲裁裁决条件的适用,明确互惠原则的适用标准等方面,大力支持仲裁制度改革,这些措施都有待于

---

① 友好仲裁(Amiable Arbitration),一般是指仲裁庭在当事人的授权下,可以依据其认为公正的原则裁定争议而不必参考任何特定国家的法律。

② 临时仲裁(adhoc Arbitration)是指当事人自己依协议组建仲裁庭,或即使常设仲裁机构介入,仲裁机构也不进行程序上的管理,而是由当事人依协议约定临时程序或参考某一特定的仲裁规则或授权仲裁庭自选程序。

③ 参见石春雷:《国际商事仲裁在"一带一路"争端解决机制中的定位与发展》,载《法学杂志》2018 年第 8 期。

在实践中认真落实。在“一带一路”倡议背景下，许多地方法院与当地仲裁机构签订了仲裁、调解对接的合作协议，这将促进国际商事仲裁在“一带一路”争端解决中发挥重要作用。在与调解的衔接上，应将国际商事调解内嵌于国际商事仲裁，实现二者的有机结合。“一带一路”建设中的争端进入国际纠纷解决程序后，可以先组织当事人调解，采用中立评估机制处理，经过上述阶段争端无法解决时，再提交由仲裁机构作出裁决。这样一来，国际商事仲裁才能更融洽地在多元化的“一带一路”争端解决机制中发挥作用。①

“一带一路”贸易纠纷在线非诉讼解决机制从运行到落实不可能是一个单一的制度，还需要大量的保障和配套措施。现阶段，这些措施集中体现为足够的技术支撑、相应的管理体制配套，以及裁决在沿线国家的配套执行。其中裁决的执行尤为重要，由于“一带一路”沿线国家有的是《纽约公约》的缔约国，有些并没有加入该公约，那么裁决的相互承认和执行有待于各国国内法的确认。这些配套措施的落实直接关系到该机制的运行效果和存在价值，对于这些问题的研究，有利于推动和促进该机制的进一步完善，以利于更好地服务于“一带一路”贸易发展。第一，要实现技术更新和技术配套。ODR所采用的先进技术手段值得我们借鉴，总体来看，要实现在线解决纠纷最基本的是要有合格的网络，无论是仲裁、调解、和解还是申诉，都要具备资料和图片的上传功能。在仲裁和调解模式下，还应具备视频和多方通话功能，这些设备是实现在线解决纠纷的必备技术手段。第二，要有专业化的纠纷解决团队。在“一带一路”贸易纠纷在线非诉讼解决机制中有两大系统：一种是程序辅助系统，没有工作人员介入，由预先设定的程序帮助争议双方沟通和解决争议；另一种是在预先规则的设定下，由裁决员主持进行纠纷解决。在第二种情况下，就需要将专业性较强，具备裁决、调解能力的人才纳入裁决人员数据库，以供争议双方选择。这就需要有一支专业化的队伍，他们不仅要精通规则，还要了解各个行业的基本情况，懂得网络信息技术以及拥有较高的语言和沟通能力。第三，参与国要有配套的法律解释。“一带一路”贸易纠纷在线非诉讼解决机制是为解决“一带一路”沿线各国的跨境贸易纠纷问题而构建，这种在线解决纠纷的方式最大化地体现了高效和公平。但是不可回避的是，在线纠纷解决机制所形成的法律文书和经双方认可的调解与和解协议都需要与传统诉讼相对接。面对不同国家的司法审查、效力认定以及执行问题，通过在线非诉讼解决机制处理后，形成的仲裁文书或和解文书，都会遇到司法审查、执行或当事人反悔后

---

① 参见石春雷：《国际商事仲裁在“一带一路”争端解决机制中的定位与发展》，载《法学杂志》2018年第8期。

需要选择法院进行诉讼的问题。如果参与国的现行法律没有形成与“一带一路”在线非诉讼纠纷解决机制相配套的制度和法律解释，[①]往往会造成在仲裁或调解过后无法得到有效执行的问题，之后争议者只能选择诉讼，那么我们所建立的非诉讼纠纷解决机制也就失去了意义。为了避免这种问题的出现，欧盟于2000年发布了“布鲁塞尔Ⅰ条例”，[②]2008年发布了“罗马Ⅰ条例”，[③]以解决跨境纠纷中的管辖权和法律适用问题，并通过《消费者纠纷ADR指令草案》和《消费者纠纷ODR条例草案》[④]的运行来构建诉讼外的纠纷解决机制。因此，在“一带一路”贸易纠纷在线非诉讼解决机制下，应要求参与国法院对这些问题有预先的解释或相关的法律规定，以保障该机制的有效实施。

“一带一路”贸易纠纷在线非诉讼解决机制作为我国法治建设的一个对外窗口和平台，在与境外仲裁、调解机构或组织的平台互动中展现我国法治建设和改革的成果，在补足我国参与国际争端解决的缺位、提升我国参与国际争端解决的意识和水准、加强与国际仲裁机构的交流与合作等方面，具有不可估量的价值。由于我国一直以来主张通过和平协商谈判的方式解决国际争端，很少以国家的身份参与国际争端解决程序，导致不少国家存在“中国不参与国际法治”的误解。因此，以开放、合作为理念的“一带一路”贸易纠纷在线非诉讼纠纷解决机制的构建，有助于澄清之前国际社会对我国法治环境存在的不当误解，在国际社会树立我国国际法治坚定维护者和建设者的形象。同时，“一带一路”贸易纠纷在线非诉讼解决机制是我国在争端解决领域提升话语权的重要组成部分。在不断推进法治中国建设的同时，我国也需要在全球治理的法治化进程中阐述立场，实现国际法治的中国表达。“一带一路”贸易纠纷在线非诉讼解决机制的创新与构建是我国实现法治中国表达的重要途径，它对于弘扬我国的社会主义价值观，彰显我国解决争端的智慧，提升我国参与全球治理的能力具有重要价值。[⑤]

---

① 参见石春雷：《国际商事仲裁在“一带一路”争端解决机制中的定位与发展》，载《法学杂志》2018年第8期。

② 布鲁塞尔Ⅰ条例是欧盟于2000年通过的《民商事管辖权及判决承认与执行条例》，目的在于解决欧盟民商事管辖权及判决承认与执行问题，其中对消费者合同的跨国管辖权作了单独的规定。

③ 罗马Ⅰ条例是欧盟于2008年通过的《欧盟合同义务法律适用条例》，规定了跨国合同法律适用问题。

④ 2011年11月29日，欧盟委员会公布了《消费者纠纷ADR指令草案》和《消费者纠纷ODR条例草案》两个立法草案，ADR指令在于确保为消费者合同中的双方当事人提供高质量的法院为解决机制；ODR规则的建立目的在于建立一个泛欧盟跨境远程消费纠纷解决ODR平台，该平台于2015年开始全面运营。

⑤ 参见初北平：《“一带一路”多元争端解决中心构建的当下与未来》，载《中国法学》2017年第6期。

第八章　陕西省在构建“一带一路”法律保障体系中的地位和作用

陕西省是古丝绸之路的起点，是西部大开发的桥头堡，在振兴西部经济中起着重要的作用。陕西省在“一带一路”建设中有着重要的区位优势、历史文化优势、经济优势以及战略优势，随着“一带一路建设”的稳步推进，陕西将成为中国对外开放的新窗口。近些年来，陕西省政府不断推动“一带一路”建设，先后发布《共建丝绸之路经济带西安宣言》《陕西省推进建设丝绸之路经济带和21世纪海上丝绸之路实施方案(2015～2020年)》《陕西省标准联通共建“一带一路”行动计划(2018～2020年)》《陕西省“一带一路”建设2019年行动计划》，不断将“一带一路”建设推向高品质、高规格。借助“一带一路”的发展机遇，陕西正在利用自身独特的优势成为中国内陆发展新的增长点，形成丝路贸易物流、国际产能合作、沿线教育合作、国际旅游文化和丝路金融五大增长极。

一、陕西省在构建“一带一路”法律保障体系中的优势

(一)区位优势

陕西省简称“陕”或“秦”，地处中国内陆腹地，黄河中游，位于东经105°29′～111°15′、北纬31°42′～39°35′。东邻山西、河南，西连宁夏、甘肃，南抵四川、重庆、湖北，北接内蒙古，居于连接中国东、中部地区和西北、西南的重要位置。中国的大地原点在泾阳县永乐镇境内。陕西位于中

国版图的中心位置,对内连接东部沿海地区和西部地区,对外连通中亚地区。陕西的西安是古丝绸之路的起点,新亚欧大陆桥的重要枢纽。陕西天然具有地理区位优势。① 陕西是中华民族及华夏文化的重要发祥地之一,有秦、汉、唐等10多个政权或朝代在陕西建都,时间长达1000余年。黄帝陵、兵马俑、延安宝塔、秦岭、华山等,是中华文明、中国革命、中华地理的精神标识和自然标识。

在“一带一路”倡议下,陕西已经形成“米”字形高铁网、高密度公路网、新型航空港组成的综合交通枢纽系统。陕西高速公路是西北地区通往西南、华北、中南地区的公路交通枢纽系统,以及新丝绸之路和新亚欧大陆桥上重要的过境通道。2019年1月11日,根据陕西全省交通工作会议,2020年陕西省将建成高速公路超过6300公里,实现县县通高速,最终建设完成2条环形线,3条南北纵向线,6条以西安为中心的辐射线,7条东西横向线和18条联络线,规划总里程8000公里,其中国家高速公路5800公里,省级高速公路2200公里,省际出口30个。② 2019年,西安咸阳国际机场货邮吞吐量增速全国第一,机场客流吞吐量4739.3万人次,位居全国第7,增速6.13%。截至2020年5月6日,中欧班列开行数量创下纪录,西安始发的中欧班列开行数量已突破1000列,比去年同期提前78日达到这一数字。货运总量已达192.3万吨,同比增长41.7%。“自2020年4月起,中欧班列新增了从西安到巴塞罗那的班列。该班列于4月8日首次发车,耗时18日抵达巴塞罗那,使中欧班列的覆盖范围延伸至欧洲西部。”③

(二)历史文化优势

陕西是中华民族重要的发祥地之一,其历史厚重绵长。100多万年前的“蓝田猿人”是迄今已知最早在陕西生活的古人类。随后的“大荔人”“黄龙人”等古人类在此繁衍进化。距今6000多年前的半坡遗址是黄河流域著名的仰韶文化母系氏族村落遗址。距今5000多年前生活在姬水流域的黄帝部落和姜水流域的炎帝部落,在冲突中走向融合,逐渐形成了中国历史上最早的民族共同体——华夏族,开启了中华民族5000年文明历史。先后共有西周、秦、西汉、新、东汉、西晋、前赵、前秦、后秦、大夏、西魏、北周、隋、唐14个朝代在陕西建都。④

---

① 参见付颖:《陕西在“一带一路”战略中的优势及发展定位》,载《新西部(理论版)》2015年第18期。

② 参见许可:《陕西构建综合交通大枢纽》,载三秦网,http://www.sanqin.com/2018/0819/378553.shtml。

③ 参见蒋黛:《中欧班列长安号集中“亮相”多家外国媒体》,载西部新闻网,http://news.cnwest.com/xian/a/2020/06/23/18869104.html。

④ 参见《陕西省地方志》,载陕西省政府门户网,http://dfz.shaanxi.gov.cn/sxsq/lsyg/202003/t20200313_962458.html。

古代丝绸之路的起点是中国的长安（今西安），长安是汉朝和唐朝的国都，当时各地丝绸和其他商品集中在长安以后，再由各国商人把一捆捆的生丝和一匹匹绸缎，用油漆麻布和皮革装裹，然后浩浩荡荡地组成商队，从长安到敦煌走南道，从长安西行过咸阳，爬上陕甘高原，陇西、临洮、兰州越过乌鞘岭，经过甘肃的武威，穿过河西走廊，到达当时的中西交通要道敦煌。西出阳关，在新疆境内走南道，经楼兰、若羌、且末、和田、于阗、莎车、南越葱岭通往中亚、西亚，另外经过青海（也是丝绸之路的重要通道），再往西途经世界最大的塔克拉玛干沙漠和被称为世界屋脊的帕米尔高原。远在公元前5世纪，中国丝绸就传到了希腊等遥远的西方国家。公元前7世纪，中国丝绸就已作为珍品馈赠外宾。西汉（公元前2世纪前后），张骞通西域，开辟了从长安经甘肃、新疆，到中亚、西亚，并联结地中海各国的陆上通道，这就是举世闻名的北方丝绸之路。中华民族，默默绵延几千年为世界人民提供着绚美华贵的丝绸产品，为绚丽世界作出了巨大的贡献。丝绸之路，作为中国大西北的主要旅游路线，经过十几年的开发和建设，基础设施正在完善，已经成为中国诸多旅游产品中极具吸引力的一条主题线路。①

陕西自古就是中国对外开放的窗口，早在3000多年前的西周时期，就与许多国家交流往来。2100多年前的西汉时期，使者张骞正是从长安城出使中亚，开辟出连接欧亚的丝绸之路。1300年前的唐朝时期，长安城已成为世界最大的国际化都市，100万人口中有10万是外国人。“一带一路”倡议的实施，使陕西再次成为对外开放的前沿。西安古称长安，是中国西北部最大的中心城市，下辖11个区、2个县、7个国家及省级重点开发区，并代管一个国家级新区。全市总面积10,752平方公里（含西咸新区）。常住人口超过1000万人（含西咸新区）。西安地处关中平原中部，是国家明确建设的国际化大都市、国家中心城市，先后获评国家卫生城市，国家园林城市，中国形象最佳城市，中国国际形象最佳城市，中国最具幸福感城市，全国第四届、第五届文明城市。2019年，全市地区生产总值9321.19亿元，比上年增长7.0%。地方财政一般公共预算收入702.56亿元，增长2.6%，其中，税收收入580.75亿元，增长4.3%。地方财政一般公共预算支出1247.99亿元，增长8.3%。全市居民人均可支配收入34,064元，比上年增长8.5%，其中，城镇常住居民人均可支配收入41,850元，增长8.1%，农村常住居民人均可支配收入14,588元，增长9.8%。2019年，全社会固定资产投资比上年增长1.1%，其中，固定资产投资（不含农户）增长1.1%。社会消费品零售总额比上年增长6.0%。全

① 参见孙杰：《加快发展“三个经济”　为“一带一路”建设贡献陕西力量》，载《北方经济》2019年第11期。

年实际使用外资 70.57 亿美元,比上年增长 11.1%。全年进出口总值 3243.06 亿元,比上年下降 1.8%。其中,出口 1730.21 亿元,下降 11.6%;进口 1512.85 亿元,增长 12.4%。全年接待国内外游客 30,110.43 万人次,比上年增长 21.7%;旅游业总收入 3146.05 亿元,增长 23.1%。全年新登记各类市场主体 88.31 万户,比上年增长 62.6%。①

未来陕西西安必将借助“一带一路”的发展契机实现新的突破,成为“一带一路”发展的桥头堡。随着“一带一路”贸易额的不断提升,贸易纠纷和摩擦也必然会不断增加,如何通过构建合理的机制去化解纠纷,已成为维护“一带一路”经济成果的重要课题。构建“一带一路”纠纷解决中心也有利于提升陕西西安在“一带一路”沿线城市中的地位,更好地发挥陕西西安在“一带一路”中的区位优势,助力陕西西安实现更大的飞跃。

(三)经济优势

2019 年年底,陕西省常住人口 3876.21 万人,土地面积 20.56 万平方千米。2019 年生产总值 25,793.17 亿元,比上年增长 6.0%。其中,第一产业增加值 1990.93 亿元,增长 4.4%,占生产总值的 7.7%;第二产业增加值 11,980.75 亿元,增长 5.7%,占生产总值的 46.5%;第三产业增加值 11,821.49 亿元,增长 6.5%,占生产总值的 45.8%。人均生产总值 66,649 元,比上年增长 5.4%。2019 年全部工业增加值 9609.7 亿元,比上年增长 5.1%。全年社会消费品零售总额 9598.73 亿元,比上年增长 7.4%。全年农业增加值 1501.35 亿元,比上年增长 6.3%;林业增加值 63.91 亿元,比上年增长 7.7%;牧业增加值 408.04 亿元,下降 3.0%;渔业增加值 17.63 亿元,增长 4.7%。全年外贸进出口总值 3515.75 亿元,比上年增长 0.1%。年末全省金融机构本外币各项存款余额 44,536.65 亿元,同比增长 8.8%。2019 年,在全国收录了的 31 个省级政区中陕西排名第 14 位,国内生产总值增速达到了 5.54%,全国排名第 19 位。②

陕西正在持续推进更高水平开放,统筹利用两个市场、两种资源,扩大对内对外开放的程度,推进“一带一路”五大中心建设,大力发展“三个经济”,落实西部陆海新通道总体规划,发挥第五航权功能,支持西安、咸阳共建临空经济示范区,支持榆林航空口岸开放和大宗能化产品交易市场建设。开展空铁、公铁、海铁联运试点示范,完善无水港、飞地港布局,推动中欧班列长安号运贸结合。加快自贸试

---

① 参见西安市统计局:《西安市情》,载西安市门户网,http://www.xa.gov.cn/sq/csgk/sqjj/1.html,最后访问日期:2020 年 5 月 4 日。

② 参见陕西省统计局:《陕西省 2019 年国民经济和社会发展统计公报》,载中国统计信息网,http://www.tjcn.org/tjgb/27sx/36234.html,最后访问日期:2020 年 6 月 5 日。

验区制度创新及成果复制，全面落实外商投资准入负面清单。加快上合组织农业技术交流培训示范基地建设。加快建设进口商品展示交易分拨中心、跨境电商国际合作中心、加工贸易转移承接中心。精心办好丝博会、农高会等展会，积极用好进博会等平台，围绕重点产业及产业链，加大定向招商和务实招商力度，积极吸引和承接国内外产业转移。抓好面向“一带一路”国家地区“走出去”项目和园区建设，引导企业开拓多元化出口市场，建设“海外仓”和陕西商品展示中心。①

（四）综合发展优势

2016年由人民日报社主办、以“命运共同体、合作新格局”为主题的“一带一路”媒体合作论坛在国家会议中心举行。原陕西省省长胡和平表示，“十三五”期间，陕西将立足自身优势，全面拓展对外开放的广度和深度。陕西省在“一带一路”发展中有七大优势：

1. 交通、商贸、物流优势

陕西省位于我国版图的中心位置，对内连接东部沿海地区和西部地区，对外连通中亚地区。其省会西安是古丝绸之路的起点，新亚欧大陆桥的重要枢纽。陕西省天然具有地理区位优势，经过多年的发展，形成了陆、空、数字三条新的丝绸之路大通道。公路方面，陕西全省高速公路形成了东西南北的重要枢纽。铁路方面，陕西是全国六大铁路枢纽之一，重要的是开通了至中亚的“长安号”国际货运班列，目前已经常态化运营的路线有：西安至鹿特丹、西安至莫斯科、西安至阿拉木图、西安至热姆。航空方面，西咸新区空港新城是全国首个国家航空城实验区，西安（咸阳）国际机场现已开通240多条国内国际航线，且已实现72小时过境免签。陕西省基本实现了铁路、公路、航空运输的立体联动，亚欧大陆桥陕西段的通行能力全面提升。② 陕西省将进一步完善全国首个内陆型港口西安港，西安空港综合交通中心，建设复合型的现代物流体系。该体系融合运输、仓储、信息等产业，通过交通物流业的辐射带动作用，促进多产业的共同发展，最终实现贸易和投资便利化，促进地区经济发展。

2. 能源化工优势

陕西省能源资源富集，煤炭、石油、天然气等化石能源资源储量大、品质优、开采条件好，具备建设大型能源化工基地的独特优势，煤炭已探明储量1700亿吨，居全国第3位；石油已探明地质储量19亿吨，居全国第5位；天然气已探明地质储量

---

① 参见陕西省人民政府：《陕西省2020年政府工作报告》，载陕西省政府门户网2020年1月15日，http://new.shaanxi.gov.cn/info/iList.jsp?tm_id=416&cat_id=17581&info_id=160690。

② 参见强力：《内陆型自贸试验区与“一带一路”倡议的深度融合——以陕西自贸试验区为例》，载《国际商务研究》2018年第5期。

1.2万亿立方米,居全国第3位;岩盐探明储量8865亿吨,居全国之首。各类矿产资源储量的潜在总价值约42万亿元,约占全国的1/3,居全国之首。其他资源储量也较为丰富,生物质能资源的总量约折合3829万吨标煤,常年可利用总量约折合2071万吨标煤;全省大部分区域属太阳能资源高值区;水资源总量居全国第13位。[①] 基于此,应强化互补联动,着力构建国际产能合作中心。陕西是中国的能源大省和重要的装备制造基地,目前,正在同韩国、俄罗斯、哈萨克斯坦等多个国家合作建设产业园区,涉及电子、航空、现代农业等多个领域。下一步,陕西省将在加快推进在建项目的同时,支持省内建筑、铁路、公路和电力四大领域企业横向合作,积极在海外开展设计、采购、施工、承包和联合体项目,为产能合作开辟新的空间。

3.林果、畜牧业优势

在林果方面,陕西省是中国第一的苹果种植大省,水果四大宝“苹果、梨、枣、猕猴桃”名扬国内外。而陕西省的畜牧业发展同样闻名全国,陕西省内不同的自然环境为畜牧业的发展提供好了良好的条件,秦川牛、陕北白绒山羊、陕南瘦肉型猪特色明显,奶牛和奶类产量均居中国前列,已成为中国重要的奶源基地。

4.科教优势

陕西省拥有高校96所,各类科研院所1000多个,在校学生100多万人,专业技术人员110多万人。一方面,将围绕产业方向积极推进国际科技合作,在能源开采、精细化工、生物医药、电子信息等领域推动国际联合技术攻关。另一方面,将通过建立双边、多边国际合作机制,深化国际培训教育合作,加快建设中国西部科技创新港、丝绸之路经济带、教育文化研究交流中心、经济带人力资源服务产业园,并积极建设丝绸之路大学联盟,为联合培养创新人才探索路径。

5.历史文化优势

陕西省历史悠久,是中华文明的重要发祥地,凝聚着中华民族5000年文化的精华。周、秦、汉、唐等13个朝代在此建都长达1100多年,留下了大量珍贵的文物与文化遗址。在文化背景方面,陕西省与哈萨克斯坦、乌兹别克斯坦等国历史渊源较深。比如,哈萨克斯坦的东干族至今仍保留有“陕西村”。陕西省的科研机构和高等院校数量在全国居于前列,科研教育优势明显。对于中亚地区的国家来说,旅游、留学首选之地就是陕西。近年来,陕西省相继成功举办了丝绸之路博览会、丝绸之路国际电影节和艺术节、丝绸之路国际旅游博览会、丝绸之路网络平台国际大会等活动。目前,正在打造丝路起点风情体验旅游走廊、大秦岭人文生态

① 参见张旭梅等:《陕西省煤炭资源储量》,载《内蒙古煤炭经济》2015年第6期。

旅游度假圈等新的旅游项目,并不断完善各地旅游的软件和硬件设施。

6. 工业体系完备优势

陕西省工业制造体系比较完整,在电气设备制造、数控机床、工程机械、风机制造、汽车制造、电子信息等领域位居全国前列。通过加强与以能源型为主的中亚国家在工业制造领域的合作,一方面,通过工业产品的出口来带动陕西工业的发展;另一方面,可以通过能源合作来调整、优化产业结构。把以西安为主阵地的大关中地区建成“新丝绸之路经济带”上的工业产业带,将陕西的工业产业带推向世界的舞台。经过“三线建设”、西部大开发等一系列国家建设,陕西的工业体系日趋完备,加之国家的诸多科研基地和生产基地均设在陕西,因此,陕西在航空航天、数控机床、汽车制造、电器及电工设备制造、风机制造等领域具有优势。以西安为中心的“关天经济区”是全国重要的先进制造业基地,如宝鸡市占有全国85%的钛材生产能力和市场份额。

7. 西部金融中心优势

陕西省已经形成了立体化、多层次的现代金融机构体系,众多国内外知名金融机构落户运营。未来几年,我们将不断扩大金融开放合作,引进金砖开发银行、国际复兴银行、亚洲开发银行等国际性开发机构来陕西设立分支机构或代表处,着力打造丝绸之路经济带能源交易和结算平台,推动开展离岸金融和跨境双向人民币资金池业务,搭建“一带一路”国际金融网络信息服务平台,进一步提升金融服务国际经贸合作的能力。同时,在“新丝绸之路”经济带上,集中了众多重要的能源生产国家,其蕴藏了大量的煤炭、石油和天然气等能源资源。《陕西西咸新区总体方案》中对西咸新区发展也有明确定位,就是将其建设成大西北重要的能源金融中心,这是全国首个针对能源金融的投资优惠政策。因此,要加强区域金融体系建设,树立西安区域金融中心地位。充分利用现有金融组织的桥梁作用,以煤炭交易为突破口,整合煤炭交易市场,搭建电子化交易平台,先争取在西安设立能源交易中心,最终把陕西省打造成中国向西开放的能源交易中心和结算中心。①

二、陕西省在“一带一路”建设中对法律保障机制的探索

陕西省有着丰富的教育资源和优秀的研究能力,自“一带一路”倡议提出后,陕西省就成为“一带一路”法律保障机制研究的重要智库,这主要集中在陕西省的两座著名高校——西安交通大学法学院和西北政法大学丝绸之路区域合作与发

① 参见付颖:《陕西在“一带一路”战略中的优势及发展定位》,载《新西部(理论版)》2015年第18期。

展法律研究院。经过多年的努力,陕西省已有大量的研究成果,成为国家政策制定的依据。

(一)西安交通大学法学院

西安交通大学法学专业于1985年恢复,当年即招收了经济法专业的硕士研究生,是我国最早的经济法硕士点之一。2008年,法学院正式成立,旨在建设一所“高起点、国际化、研究型”的国际一流法学院。2011年,法学学科成为西安交通大学“985工程”三期重点建设学科之一,其中国际经济法与比较法学科被确定为拟建世界一流学科。2012年,法学学科首批获得由教育部和中央政法委员会联合评审批准的两个国家级高水平卓越法律人才教育培养基地——“应用型、复合型法律职业人才教育培养基地”和“涉外法律人才教育培养基地”。学院现已形成“法律治理学”(Law and Governance)交叉学科博士点、法学硕士(一级学科硕士点)和法学本科的完整法学人才培养体系,并取得了法律硕士专业学位授予权,在校学生(包括博士生、硕士生、本硕连读生和本科生)400余人,是我国最重要的法学人才培养基地之一。①

2016年11月,西安交通大学法学院与最高人民法院国际合作局签署合作框架协议,成立最高人民法院司法协助研究(西安交通大学)基地,这是最高人民法院在西北地区的唯一一个研究基地。西安交通大学法学院在国内司法改革的背景下,加强将陕西打造成面向“一带一路”和引领国内省级司法改革的司法高地。

2016年11月,“‘一带一路’倡议背景下中国与国际争端解决机制的发展”国际学术研讨会在西安交通大学举行,来自发达国家和地区的专家学者围绕“一带一路”建设,就“中国与国际争端解决机制的发展”主题展开深入研讨。本次国际学术研讨会由西安交通大学主办,丝绸之路国际法与比较法研究所、丝绸之路经济带研究协同创新中心承办,系丝绸之路国际法与比较法研究所10周年纪念系列活动之一,也是丝绸之路大学联盟下新丝路法学院联盟的国际交流活动。

2017年4月1日,陕西自由贸易试验区正式挂牌,陕西省成为西北地区唯一获批设立自贸试验区的省份。作为国家战略的组成部分,陕西省也已确立了“一带一路”核心区和内陆改革开放新高地的重要地位。本着助力地方经济社会发展、服务国家重大战略实施的精神,2017年7月15日,“一带一路与自贸试验区:开放·共赢”高端学术论坛在西安交通大学召开。论坛由西安交大“一带一路”自由贸易试验区研究院法律治理研究中心、北京市康达(西安)律师事务所、西安交

① 参见西安交通大学:《西安交大法学院 学院简介》,载西安交通大学门户网2017年6月28日,http://fxy.xjtu.edu.cn/gk/xyjj.htm。

大国际法与比较法研究所、西安交大丝绸之路经济带研究协同创新中心共同举办。来自国内外各地50多名专家学者参加了会议。

2017年4月，陕西省人民政府办公厅印发了《陕西省“一带一路”建设2017年行动计划》，明确指出要加强知识产权合作，建立国际知识产权合作机制，积极争取在陕设立“丝绸之路经济带知识产权国际交流合作中心”，依托西安交通大学知识产权研究中心、西安外国语大学丝绸之路语言服务协同创新中心和国家级翻译实践教育基地，建设以培养外语类知识产权国际化人才为主要目标的教育实践基地。这是陕西省贯彻国家“一带一路”倡议，推动丝绸之路经济带新起点，建设打造西部科学发展新引擎、内陆改革开放新高地的新举措。

2017年10月24日，由最高人民法院和西安交通大学主办，最高人民法院民事审判第四庭、西安交通大学丝绸之路国际法与比较法研究所和西安交通大学“一带一路”自贸区研究院法律治理研究中心承办的“一带一路”争端解决机制建设圆桌讨论会在西安交通大学召开。来自最高人民法院、商务部、陕西省委省政府、陕西省高级人民法院等政府部门，来自西安交通大学、中国社会科学院、复旦大学、武汉大学、厦门大学、中国政法大学、对外经济贸易大学、西北政法大学等学术机构，和来自中国国际经济贸易仲裁委员会、中国东方航空集团公司、环球律师事务所、中伦律师事务所等实务部门的40余位专家学者齐聚西安，围绕“一带一路”争端解决机制建设与司法保障建言献策。

2019年1月18日，为积极落实“一带一路”倡议，西安交通大学发起成立“丝绸之路大学联盟”，搭建高等教育合作平台，积极探索“一带一路”教育合作新路径，促进区域合作发展，推动校际交流、人才培养、科学研究、文化沟通、政策研究、社会服务等方面合作，已有来自五大洲38个国家和地区的151所高校加入联盟。推进学科深入合作，鼓励学科子联盟建设，推动管理学院与中亚五所高校联合发起成立“丝绸之路管理学院联盟”、法学院与五大洲21所大学法学院共同发起创建“丝绸之路大学法学院联盟”、机械学院与多所国内外大学合作成立“丝路先进制造与纳米技术联盟”，出版“一带一路”合作发展系列丛书，涵盖区域合作、经贸金融、旅游人文等方面，深化各国互学互鉴，为“一带一路”建设贡献力量。①

（二）西北政法大学丝绸之路区域合作与发展法律研究院

丝绸之路区域合作与发展法律研究院是经中国法学会批准，在西北政法大学

① 参见中华人民共和国教育部：《西安交通大学搭建高等教育合作平台 推进“一带一路”教育合作》，载中华人民共和国教育部网，http://www.moe.gov.cn/jyb_xwfb/s6192/s133/s215/201901/t20190118_367322.html。

设立的学术研究、人才培养和科研服务综合型高校智库平台。研究院院长由西北政法大学副校长、博士研究生导师王瀚教授担任,专职研究人员34人,具有博士学历人员23人。研究院拥有600平方米的专门办公场所、独立的图书馆和资料信息中心、独立的学术报告厅和会议室。研究院设有国际运输与物流法律研究所、上海合作组织法律研究所、丝绸之路金融合作法律研究所、海上丝绸之路法律与政策研究所、航空与空间法研究所、反恐与区域刑事法律合作研究所、国际贸易与投资法律研究所、中国与中亚国家法律比较研究所、国际电子商务法律研究所、中国西北内陆自贸区法律问题研究所、丝绸之路商务风险研究所。研究院分别与武汉大学、大连海事大学、香港国际商事仲裁中心、加拿大约克大学法学院、加拿大吉尔大学航空法研究所等中外高校的研究机构和著名专家学者建立有稳定的学术交流与信息资料交换关系。研究院立足西北,面向全国,着眼世界,已成为我国直接服务于国家“一带一路”建设的西北地区国际法高级专门人才培养基地、国际法和涉外法律的教学科研中心、社会服务中心及国际法信息资料中心。①

2014年4月,由中共中央对外联络部牵头,国务院发展研究中心及国内50余家单位参与的“一带一路”智库合作联盟理事会成立会议暨专题研讨会在北京召开。西北大学丝绸之路研究院、西北政法大学反恐怖主义研究院和民族宗教研究院获邀为理事单位,加入国家“一带一路”智库合作联盟理事会。

2015年5月,由中国法学会、西安市法学会和西北政法大学共同承办“‘一带一路’法治论坛”工作会议召开。西安市政府有关职能部门负责人围绕西安国际旅游城市的建设,提出了“一带一路”背景下西安旅游法制建设和旅游促进机制建设的若干问题,希望加强与理论研究界的合作。与会代表还就西安物流港建设、保税区建设、网上丝绸之路建设等方面的法律问题进行了探讨。与会代表均表示要将“‘一带一路’法治保障”作为一个长久的课题,不断加强理论界和实务界的合作,共同为“一带一路”法制建设做出努力。

2016年5月13日,由陕西省教育厅举办、西北政法大学承办的“‘一带一路’合作与发展法律论坛”在西安召开。来自中国政法大学、西南政法大学、华东政法大学、中南财经政法大学、西北政法大学、乌兹别克斯坦塔什干国立法律大学、俄罗斯圣彼得堡国立亚历山大一世交通大学等国内外十几所高校的校长、法学院院长、法学专家参加了论坛。

2017年6月14日,西北政法大学国际法学院、丝绸之路区域合作与发展法律

① 参见西北政法大学国际法学院:《西北政法大学丝绸之路区域合作与发展法律研究院》,载西北政法大学国际法学院门户网2016年3月2日,https://nwsil.nwupl.edu.cn/hsdt/hsjl/60333.htm。

研究院，在西北政法大学雁塔校区丝绸之路区域合作与发展法律研究院举办了"最高人民法院'一带一路'典型案例研讨会"。

2017年6月27日，中国教育报和中国教育新闻网以"陕西：拓展'一带一路'教育圈——高校发挥区位和科教资源优势，全方位推进丝绸之路沿线教育合作交流"报道了西北政法大学"一带一路"建设成果。

2018年5月11日，由中国贸促会、陕西省人民政府主办，中国贸促会法律事务部、陕西省贸促会、西北政法大学、中国人民大学法学院、中国政法大学仲裁研究院和国际法学院、西安交通大学法学院、中国贸促会（陕西）自由贸易试验区服务中心、中国贸仲委丝绸之路仲裁中心共同承办的"一带一路"商事法治环境论坛在西安成功召开。论坛以"一带一路"商事法治环境保障为主题，分开幕式和专题讨论两个环节进行，共有来自"一带一路"共建国家和地区的中外法律界专家学者，相关部门和企业界代表180余人参加。

2019年4月9日，为发挥陕西省在"一带一路"建设中的区位优势，陕西一带一路律师学院在西北政法大学揭牌成立，将为本地乃至全国培养高水平、国际化、应用型法律人才。陕西省"一带一路"律师学院是省司法厅、省商务厅、省贸促会、西北政法大学、省律师协会联合发起设立的。学院依托西北政法大学教育资源，立足省内，面向国际，研究"一带一路"沿线国家涉外法律服务需求，为涉外法律工作者搭建实践、理论交流平台，并提供法律实务培训。西北政法大学校长杨宗科介绍说，陕西省"一带一路"律师学院成立后，将充分利用西北政法大学教育资源优势和西安"一带一路"核心城市的区位优势，坚持高起点定位、高标准办学、高质量发展、国际化接轨的要求，协同配合，构筑丝绸之路法学高地新平台，加快服务"一带一路"倡议的专业法律人才培养，为"一带一路"建设提供公正、高效的法律服务和法治保障。省律师协会会长韩永安表示，陕西省"一带一路"律师学院的成立，是陕西省律师行业顺应时代要求、加快推进律师制度改革、全面调整律师教育培训格局、推进律师事业健康发展的一项重要举措。①

三、陕西省组建"一带一路"在线贸易争端解决中心的可行性

（一）自贸区的建立，为保障机制的构建提供了试验田

中国（陕西）自由贸易试验区是党中央、国务院于2016年8月31日批准设立的我国第三批自由贸易试验区，是西北地区唯一的自由贸易试验区。作为联结

---

① 参见西北政法大学：《陕西一带一路律师学院在西北政法大学揭牌成立》，载西北政法大学门户网2019年4月9日，https://www.nwupl.edu.cn/news/cdxw/61698.htm。

“一带一路”的重要枢纽,陕西省处于“向西开放”的战略前沿,也是西北地区重要门户。在陕西设立自贸试验区将有利于更好地发挥“一带一路”建设对西部大开发的带动作用,推动西部地区产业转型升级,从而带动西部大开发战略的深入实施,为打造中国经济升级版提供更有力的支撑。从历史上看,汉唐长安就是丝绸之路的起点和中国几何中心,也是当时的“自贸园区”。目前,国家丝绸之路经济带合作交流的平台主要在陕西西安,如欧亚经济论坛及欧亚经济综合园区、丝绸之路国际博览会、丝绸之路国际艺术节、西咸新区能源金融贸易中心、亚欧大陆桥最大的陆港西安国际港务区及综合保税区、丝绸之路最大的空港及航空城试验区、世界历史文化名城及国际一流旅游目的地等。随着西安被国家列入全面创新改革试验区,西安高新区成为国家自主创新示范区。

中国(陕西)自由贸易试验区的战略定位是:以制度创新为核心,以可复制可推广为基本要求,全面落实党中央、国务院关于更好发挥“一带一路”建设对西部大开发的带动作用、加大西部地区门户城市开放力度的要求,努力将自贸试验区建设成为全面改革开放试验田、内陆型改革开放新高地、“一带一路”经济合作和人文交流重要支点。中国(陕西)自由贸易试验区总面积119.95平方公里,涵盖3个片区:中心片区87.76平方公里(含陕西西安出口加工区A区0.75平方公里、B区0.79平方公里,西安高新综合保税区3.64平方公里和陕西西咸保税物流中心〔B型〕0.36平方公里),包括西安高新区、西安经开区和西咸新区沣东新城、秦汉新城、空港新城部分区域;西安国际港务区片区26.43平方公里(含西安综合保税区6.17平方公里),包括西安国际港务区和西安浐灞生态区部分区域;西安杨凌示范区片区5.76平方公里,包括杨凌示范区部分区域。

自贸试验区中心片区涵盖了整个西安乃至陕西发展最快和最成熟的区域。这里汇聚了包括三星、美光等国际企业,其中西安和咸阳两个保税物流中心本身就具有保税物流仓储、全球采购、国际分拨配送以及进出口贸易等自贸区功能。该片区重点发展战略性新兴产业和高新技术产业,着力发展高端制造、航空物流、贸易金融等产业,推进服务贸易促进体系建设,拓展科技、教育、文化、旅游、健康医疗等人文交流的深度和广度,打造面向“一带一路”的高端产业高地和人文交流高地;其中,高新区主要突出科技创新和科技服务业特色,坚持“双自联动”,通过对外开放,吸引全球高端创新要素和资源,促进国际国内科技、金融、贸易、产业的双向融合,成为人才、资本、技术、知识全球配置的世界一流科技园区,建设“一带一路”创新之都。经开区大力发展先进制造业、新金融产业和制造服务业,打造“两高地”、建设“两园区”、促进“一合作”,即打造“一带一路”先进制造业高地和制造服务业高地;建设“一带一路”金融创新试验区和产融结合示范区;促进“一带一路”国际产能合作。西咸新区充分发挥西咸新区国家级服务贸易示范园区的平台作用，重点发展航空物流、航空维修、健康医疗、文化旅游、能源金融等服务贸易产业。① 西安国际港务区片区重点发展国际贸易、现代物流、金融服务、旅游会展、电子商务等产业，建设“一带一路”国际中转内陆枢纽港、开放型金融产业创新高地及欧亚贸易和人文交流合作新平台；杨凌示范区片区以农业科技创新、示范推广为重点，通过全面扩大农业领域国际合作交流，打造“一带一路”现代农业国际合作中心。

经过3~5年改革探索，中国(陕西)自由贸易试验区将形成与国际投资贸易通行规则相衔接的制度创新体系，营造出法治化、国际化、便利化的营商环境，努力建成投资贸易便利、高端产业聚集、金融服务完善、人文交流深入、监管高效便捷、法治环境规范的高水平高标准自由贸易园区。

自贸区是“一带一路”经济合作和人文交流的重要支点。为了实现这一目标，一方面，要推动、扩大与“一带一路”沿线国家经济合作。具体体现在以下几点：(1)加强科技创新合作。健全政府对话、企业合作、民间互动的多层次、多领域合作机制，构筑全方位立体化开放通道，建设“一带一路”交通、商贸、快递物流中心。在自贸试验区内组建符合条件的本地货运航空公司，大力发展空港货运物流，打造国家航空运输枢纽。拓展西安陆路口岸铁路监管功能，推动国际中转集拼业务发展。提升中欧班列辐射能力，推动将中欧班列纳入中欧“安智贸”试点计划。地方可根据实际需要，引入社会资本推动设立“走出去”发展引导基金。开启“两国双园”国际产能合作新模式，支持自贸试验区打造绿色低碳企业集群和国家级绿色品牌企业，打造农业领域国际合作交流创新平台，创立国家农业技术标准创新基地。创新中外农业高等教育和职业教育联合办学模式，允许引进符合条件的国外专业保险公司，开展涉农保险业务。创建与“一带一路”沿线国家人文交流新模式，建立健全政府间科技创新合作及对话机制，发挥企业创新主体作用。积极发现与“一带一路”沿线国家产业发展的契合点和共振点，鼓励民间科技组织广泛开展各类科技公益活动。以信息基础设施为载体，开辟以通信和互联网产业为抓手的新型国际贸易之路。(2)教育与文化。拓展与“一带一路”沿线国家跨境教育合作空间，推动教育资源共享。围绕“一带一路”建设需求，调整优化相关院校的学科及专业设置。在自贸试验区设立国际汉唐学院和中国书法学院。加强与“一带一路”沿线国家合作，构建全方位、多层次、宽领域的对外文化交流新格局。建设

① 参见重庆马路社：《陕西自贸区：探索与丝路沿线国家合作新模式》，载搜狐网2018年11月22日，https://www.sohu.com/a/134472348_353364。

以丝绸之路文化为主题的智慧博物馆国际合作交流平台和历史文化研究交流平台,依托自贸试验区开展陕西文物国际展示、国际交流试点,鼓励社会资本以多种形式参与文化产业和文化园区建设。加强对非物质文化遗产、民间文艺、传统知识的普查、保护和合理利用,打造“国风秦韵”等具有国际影响力的文化品牌。依托现有交易场所,在国家政策法规允许范围内开展文化艺术品交易业务,积极推动文化产品和服务出口,减少对文化出口的行政审批事项。对完全针对国外外语市场开展出版业务的非公有制企业、中外合资企业给予特殊政策扶持。加快西安国家数字出版基地、西安印刷包装产业基地建设,创建国家级出版物物流基地。开展文化产品跨境电子商务试点,积极推进文化金融改革创新。(3)旅游、医疗、卫生层面。允许在自贸试验区内注册符合条件的中外合资旅行社,从事除台湾地区以外的出境旅游服务。吸引外商投资旅行社在自贸试验区内设立公司运营总部,积极与“一带一路”沿线国家签订旅游合作框架协议等,合作举办国际旅游展会。推动中医药健康旅游发展,在卫生合作机制、传统医药、卫生发展援助等重点领域与“一带一路”沿线国家进行广泛合作。允许“一带一路”沿线国家与国内中医药服务机构在自贸试验区内投资中医理疗、康复、培训、宣传、国际推广等机构。

另一方面,发挥“一带一路”建设对西部大开发带动作用。西部大开发战略的深入实施应加大西部地区门户城市开放力度,并从以下四个方面推动西部大开发战略深入实施。(1)带动区域开放型经济发展。充分利用自贸试验区的载体和平台作用,在积极承接外向型产业转移的同时,将陕西的科技、产业优势向西部其他地区辐射。培育建设产业集群发展带,推动关中—天水、新疆天山北坡、呼包银榆等重点经济区域协同开放、一体发展,形成西部地区新增长极。联合西部地区相关省份开展多式联运,畅通沟通境内外、连接东中西的新亚欧大陆桥国际经济走廊。建立西部地区联合对外合作交流平台,以资源优势为重点,以资源加工工业为主体,强化国际国内交流,带动西部贫困地区、民族地区开放战略实施。加强区域口岸合作,推动陆港联动,实现口岸功能延伸,提升对外开放、公共卫生安全保障能力。(2)推动区域创新发展。积极鼓励自贸试验区各科研院所与西部地区各类企业合作,推进协同创新。推动有条件的地区建设具有强大带动力的创新型城市和区域创新中心,培育一批知识产权试点示范城市和知识产权强市、强县。创新军民融合发展机制,建立军民成果双向转化“人才池”和“专利池”,建立重点产业专利导航工作机制,建设国家知识产权服务业聚集区。依托国家知识产权运营军民融合特色试点平台,探索国防专利横向流通转化、国防专利解密与普通专利跟进保护有机衔接、普通专利参与军品研发生产等机制,促进军民科技成果共享共用。推动西部地区军民技术相互有效利用,开展军民两用技术联合攻关,推动产业化发展。(3)促进区域产业转型升级。通过自贸试验区高端产业集聚,促进西部地区优化现代服务业、先进制造业和战略性新兴产业布局,创新区域经济合作模式。以产业链为纽带,促进西部地区在研发设计、生产销售和物流配送等环节的协同配合,支持西部地区企业通过跨区域兼并重组实现产业转型升级。(4)构建服务区域发展的人才高地。率先在自贸试验区建立健全高层次人才评价机制、简化高层次人才评价认定程序、完善符合条件的外国籍高层次人才签证及居留政策等,推动境内外专业人才双向流动,积累经验并向西部地区推广。联合打造西部优质人才载体,提升西部地区高层次人才发展及创业创新平台建设水平。建设面向西部地区的高层次人才综合服务体系,大力发展人力资源服务业。①

陕西自贸区刚刚成立,在发展中应该借鉴成熟自贸区的发展成果,助力陕西经济发展,助推“一带一路”的发展。例如,上海自贸区就实现了制度创新,全国人民代表大会常务委员会《关于授权国务院在中国(上海)自由贸易试验区暂时调整有关法律规定的行政审批的决定》、国务院《关于在自由贸易试验区暂时调整有关行政法规、国务院文件和经国务院批准的部门规章规定的决定》、国家发展改革委印发《境外投资项目核准和备案管理办法》、上海市商务委员会、中国(上海)自由贸易试验区管理委员会保税区管理局《关于中国(上海)自由贸易试验区平行进口汽车试点企业动态调整的通知》、上海市人民政府办公厅《关于印发〈上海市事中事后综合监管平台建设工作方案〉的通知》、《上海服务国家“一带一路”建设发挥桥头堡作用行动方案》、上海市人民政府关于印发《中国(上海)自由贸易试验区境外投资开办企业备案管理办法》的通知、上海市工商行政管理局《关于服务自贸试验区和科技创新中心建设的若干意见》、上海市人民政府《关于印发〈中国(上海)自由贸易试验区境外投资项目备案管理办法〉的通知》。我们期望陕西自贸区也能够结合自身的发展需要助力“一带一路”。

(二)在线非诉讼贸易纠纷解决机制,已成为多元化纠纷解决机制的重要组成部分

随着“一带一路”倡议不断前进发展,越来越多的资源不断涌入,国际投资环境日益复杂和恶化,各类诉讼日益增多,以传统国内诉讼为主的纠纷解决方式无法满足这样的需求。而通过对“一带一路”沿线国家的实际情况进行分析后发现,它们更倾向于运用非诉讼方式,如仲裁和调解来处理各种纠纷,所以建立一个减少冲突和矛盾并保护合法利益的多元纠纷解决机制,实现有效的诉讼纠纷解决就

---

① 参见重庆马路社:《陕西自贸区:探索与丝路沿线国家合作新模式》,载搜狐网2018年11月22日,https://www.sohu.com/a/134472348_353364。

变得非常有价值。

2015年4月9日，最高人民法院院长周强在全国法院多元化纠纷解决机制改革工作推进会上指出，北京、上海、厦门，都具备“区域性国际商事纠纷解决中心”的条件。打造区域性国际商事纠纷解决中心，吸引更多涉“一带一路”纠纷当事人到中国化解纠纷，需要深化改革，构建多元化纠纷解决机制的平台，以充分发挥调解、仲裁和诉讼的特色和优势，满足当事人的多元需求。中国作为“一带一路”建设的倡议者，各国必然更加关注中国法律制度特别是纠纷解决机制的运行情况。①

2015年10月，广州仲裁委发布《中国广州仲裁委员会网络仲裁规则》，正式开展在线仲裁业务。2016年10月14日，最高人民法院司法改革办公室将北京融商“一带一路”法律与商事服务中心确定为多元化纠纷解决机制改革项目子课题单位。北京多元调解发展促进会于2016年12月9日向调解中心授会员匾牌。2016年12月27日，北京市第四中级人民法院与“一带一路”国际商事调解中心签署合作协议进行诉调对接。2017年4月1日，上海仲裁委正式开通网上在线立案平台，向在线仲裁迈出了第一步，而现阶段北京仲裁委也正在筹备在线仲裁服务，但目前仅能提供在线仲裁申请。

西安仲裁委员会是西安市人民政府依据《仲裁法》和国务院有关规定重新组建的新型仲裁机构，也是全国第一批组建的七个试点机构之一。2016年10月26日，中国西安“一带一路”国家法律交流与合作座谈会在西安市高新区隆重举办。西安仲裁委员会秘书长潘俊星受邀参加本次会议并作主题发言。2017年11月8日，西安仲裁委员会与西安交通大学法学院共建“丝路国际仲裁人才教学实践基地”。我们认为，西安仲裁委应在“一带一路”法律保障机制上作出重大贡献，应在多元化纠纷解决机制上作出更多探索和尝试。同年4月15日，陕西自贸区首家公共法律服务中心在国际港务区揭牌成立，“一带一路”服务机制和“一带一路”国际商事调解中心在西安国际港务区设立办公室和调解室，“一带一路”国际商事调解中心将大大提升解决“一带一路”国际商事争议和纠纷的方式和效率，从而吸引更多进出口、贸易、科技、互联网等高附加值企业落户，推动陕西、西安与“一带一路”沿线国家的深入合作，这为开展在线非诉讼纠纷解决机制提供了有利的平台。

2017年9月，为落实推进“一带一路”建设，支持中国（陕西）自由贸易试验区打造“一带一路”经济合作和人文交流重要支点，提升西北地区法治化营商环境，经批准，中国国际经济贸易仲裁委员会丝绸之路仲裁中心（以下简称贸仲丝绸之

① 参见徐光明：《“一带一路”背景下商事纠纷的多元化解决》，载中国法院网2017年9月15日，https://www.chinacourt.org/article/detail/2017/09/id/2998615.shtml。

路仲裁中心）揭牌成立，作为中国国际经济贸易仲裁委员会（以下简称贸仲）的直属派出机构，经贸仲授权，在陕西省西安市接受仲裁申请，管理仲裁案件。贸仲丝绸之路仲裁中心与贸仲适用统一的《仲裁规则》和《仲裁员名册》，受理当事人约定贸仲丝绸之路仲裁中心仲裁的国内、国际（涉外）案件，就近为西北地区市场主体解决商事争议提供便利。贸仲丝绸之路仲裁中心秉承公平公正、独立高效、严谨务实的态度，竭诚为中外当事人提供国际化、规范化、专业化的仲裁法律服务。对于当事人之间的商事争议，应提交贸仲丝绸之路仲裁中心，按照申请仲裁时中国国际经济贸易仲裁委员会现行有效的仲裁规则进行仲裁，仲裁裁决是终局的，对双方均有约束力。

建设在线非诉讼争端解决机制来解决“一带一路”沿线国家的争端问题，无论从时间成本还是经济成本考虑，都是最快捷的方式。虽然争端仍然需要当事人提交相互约定的国外仲裁机构仲裁，但是这大大提升了我国参与国际争端解决的意识和水平，有利于我国加强和国际仲裁机构的交流与合作，具有巨大的理论价值和实践价值。① 具体体现在以下 4 个方面：

第一，提升我国参与国际争端解决的意识和水准。我国作为世界大国，随着经济飞速发展，在国际上的话语权和影响力也在不断上升，但是我国自古以来都以和平协商谈判的方式解决国际争端，导致很多国家对我国有了我国不参与国际法治的不当误解。因此，我国要做的就是在国际社会中树立一个国际法治坚定维护者和建设者的大国形象。因为随着我国与世界各国的交流合作不断增加，我国需要在全球治理的法治化进程中有主导的话语权来保护本国的合法权益。因此，以发起国的身份，以开放、合作为理念提出的“一带一路”多元争端解决的构建，就是我国在国际社会传播我国开放、合作为理念的社会价值观，彰显我国参与全球治理的能力和决心的重要表现。

第二，符合“一带一路”所倡导的“以和为贵”的价值理念。相比于诉讼争端解决方式拘泥于法律条文的死板，以仲裁和调解为代表的非诉讼争端解决方式在时间成本效率经济方面都有明显的优势，争端双方可以不拘泥于条文的解释，可创造性地通过双方的谈判和磋商达到合意来解决争端，避免诉讼非对即错的尴尬局面发生，有利于保持投资和被投资人双方长久友好的投资关系，也有利于进行后续合作。而这也是“一带一路”所倡导的“以和为贵”的价值理念。另外，“一带一路”以经济发展为主要目标，以投资者为例，投资者在“一带一路”中的投资方向主

---

① 参见付颖：《陕西在“一带一路”战略中的优势及发展定位》，载《新西部（理论版）》2015 年第 18 期。

要以基础建设为主。该项投资耗时长,成本高,政治风险大。投资者只有通过与东道国保持持续友好的合作才能取得稳定的收益。而“一带一路”沿线国90%都是经济不发达的发展中国家,对于基础建设的需求量是非常大的。投资者与东道国之间是相互依赖共同发展的关系,只有保持和平友好的合作才能在“一带一路”倡议的发展中取得双赢。其实通过国际新闻动态就会发现,“一带一路”沿线国家存在国内政局动荡,恐怖主义活动频发,经济管控不严,法律条文不完善,发展缓慢等问题。例如,伊朗、阿富汗、也门;有的国家则因为独立或分立不久,法治建设起步晚,发展慢,如原南联盟分立的黑山、塞尔维亚等。有的国家虽然法制较全,但并不完善,如印度尼西亚。印度尼西亚法律体系相对完整,但是也有很多法律规定模糊,实践性差。相比之下建立非诉讼争端解决机制就有了非常重要的实践价值。

第三,有利于和平高效解决争端。首先,有些沿线国家执法和司法程序烦琐或缓慢,司法判决执行难。一些国家,如文莱,由于生活安逸,生活节奏很慢,反映到政府部门的工作效率上,行政审批等程序随意性较强、耗时较长。司法判决执行难也是沿线各国普遍存在的问题,约旦、越南、阿塞拜疆等国尤为典型。以约旦为例,根据《对外投资合作指南》对约旦法律制度的调研显示,该国司法程序一般要经历3至4年,而从获得裁决到执行一般要等待12至18个月。其次,沿线多国民族主义和排外势力强烈。有些国家在司法程序中对外国当事人不公,如也门、印度尼西亚、土库曼斯坦等。也门是一个投资政治风险比较大的国家。因为该国政府经常以向外国投资者索要各种费用的方式来打压外国投资者,保护和庇护当地企业的发展。在劳资纠纷处理过程中,外国投资者也很难得到劳动管理部门的公平对待。甚至当地投资伙伴恶意侵犯外国投资者合法权益时,也门当地监管部门也选择视若无睹。因此,当事人通过以向投资东道国司法机构去寻求帮助的诉讼方式解决问题,并不是最佳选择,只会让争端问题被搁置,甚至遭受到不公正的待遇。以调节和仲裁为主要解决方式的非诉讼争端解决机制就不存在以上问题。以调解为例,调解是争端纠纷发生后双方当事人最愿意选择的解决方式,只需要双方达成合意即可,不存在立案难的问题。而且调解不需要有专业人士在场,只需要双方合意找到中立的第三方和解员即可。最后调解的结果是双方磋商互相妥协的结果,双方都能接受的结果,不存在执行难的问题。对非诉讼争端解决机制的研究有非常大的实践意义。

第四,私力救济成本较低。私力救济的成本在于个人自主或者凭借他人的力量去寻求权利的救济,导致产生的交易成本。私力救济是个人力量实行的一种合意。私力救济的成本是最低的,因为私人有成本最小化的最充分的动机,一旦私力救济的成本超过了公立救济时，当事人就是倾向于选择公立救济。和私力救济相比，公力救济当事人还需要支付巨额的经济成本，其中包含：诉讼费、律师的代理费用、诉讼的辅助费用，采取诉讼方式解决纠纷的成本远远高于采取非诉讼方式。“一带一路”倡议的提出以合作共赢为理念，以带动沿线国家的经济发展为目标。虽然涉及国家众多，地理条件与政治法律条件复杂，但是解决问题的出发点永远是以经济发展为导向，在不影响双方合作关系和经济发展的同时，高效快捷地解决发展进程中的贸易摩擦。但是，如果采取以诉讼为主的争端解决方式，将代表着长时间内双方当事人都将消耗大量的时间、金钱、精力去解决争端。而且诉讼资源是有限的，矛盾争端却是不断增加的，所以只能在有限的最大的能力内做到公平和效益。而非诉讼争端解决方式因为不利用国家社会资源所以成本低，能以比较小的成本或者双方合意的结果，避免了对国家诉讼资源的浪费，而且规避了东道国的法律条文界定模糊带来的法律风险和政治风险。①

无论是从“一带一路”所倡导的“以和为贵”的理论价值理念，还是从民商事争议解决的实践价值实际效果来看，非诉讼解决争端的方式相对而言能够更好地解决“一带一路”沿线国家争端纠纷，最大限度为沿线国家的民众提供成本低、操作便捷的解决方法。

（三）商事行为不断增加，成为纠纷解决机制诞生的新诉求

2018 年 1 月 23 日，习近平总书记主持召开中央全面深化改革领导小组第二次会议并审议通过了《关于建立“一带一路”国际商事争端解决机制和机构的意见》。强调建立“一带一路”争端解决机制和机构的重要性，“建立‘一带一路’争端解决机制和机构，要坚持共商、共建、共享原则，依托我国现有司法、仲裁和调解机构，吸收、整合国内外法律服务资源，建立诉讼、调解、仲裁有效衔接的多元化纠纷解决机制”。自 2013 年提出以来，共建“一带一路”倡议得到全世界很多国家的响应，项目合作正在快速推进，在基础设施、能源、贸易、投资、金融等方面都有深入的合作。然而，这必然带来一个问题：商事与民事争端也在增加，法律风险上升。解决法律问题的难度在于，“一带一路”跨越了几大法律系统，既有大陆法系的国家，也有海洋法系的国家，还有伊斯兰法系影响较大的国家，现有解决争端的机制难以满足多元化的现实需要。②

为贯彻落实上述意见及解决多元化争端的需要，最高人民法院充分论证、深

① 参见霍雅西：《“一带一路”非诉讼争端解决机制的研究》，河北经贸大学 2019 年硕士学位论文，第 234 页。

② 参见程诚等：《专家：建立争端解决机制，为“一带一路”护航》，载搜狐新闻网 2018 年 2 月 2 日，https://www.sohu.com/a/220548770_681182。

入研究,并在吸纳各方面意见基础上提出了建立国际商事法庭的具体方案。最高人民法院设立国际商事法庭,牵头组建国际商事专家委员会,支持“一带一路”国际商事纠纷通过调解、仲裁等方式解决,推动建立诉讼与调解、仲裁有效衔接的多元化纠纷解决机制,形成便利、快捷、低成本的“一站式”争端解决中心,为“一带一路”建设参与国当事人提供优质高效的法律服务。国际商事法庭充分体现了国际性特点,具体为其受案范围的国际性、适用法律的国际性、机构人员组成的国际性等方面。受案范围包括参与“一带一路”建设各国商事主体自愿选择国际商事法庭管辖的民商事争端等。适用的法律规则应具有广泛包容性,包括国际公认的国际法规则,如国际贸易、投资、金融法律规则,国际商事规则,以及国际法一般法律原则和国际惯例,也适用当事人选择的内国法以及联合国示范法规则。国际商事法庭建立的国际商事专家委员会具有广泛的国际代表性,应聘请“一带一路”参与国具有高超民商事法律、国际贸易法律、国际投资法律理论水平的仲裁员、法律专家,以及具备丰富司法实践经验、品德高尚的资深法官组成。

2018 年 6 月 30 日,最高人民法院第二国际商事法庭在陕西省西安市揭牌。西安位于古代丝绸之路的起点,古往今来都是融汇东西方商贸和文化的关键节点,又是内陆型改革开放的新高地,第二国际商事法庭落户西安,有着地缘优势和社会环境,将有助于依法妥善化解面向涉陆上“丝绸之路经济带”的国际商事纠纷。西安国际商事法庭将营造稳定、公平、透明、可预期的法治化营商环境,平等保护中外当事人合法权益,丰富中外市场主体的权利救济渠道,公平公正、专业高效、透明便利且低成本地解决国际商事纠纷。

随着“一带一路”建设的不断推进和逐步深化,营造稳定、公平、透明、可预期的法治化营商环境、为“一带一路”建设提供法制保障的任务就更为紧迫和繁重,最高人民法院西安国际商事法庭正是深刻把握时代背景、适应“一带一路”建设法治化进程需求的时代产物,具有重要的历史意义,必将对“一带一路”建设的顺利推进产生重大而深远的影响。主要体现在:(1)为“一带一路”建设创造良好的法治环境。争端解决机制是法律体系构建中必不可少的重要环节,缺少争端解决机制的保障,“一带一路”法治化体系将失去生机和活力。构建公正、高效的争端解决机制需要从国际、国内两个层面深思谋虑,需要国际争端解决机制与国内司法机制之间的有机结合。在借鉴国际经贸争端解决机制成功经验的同时,“一带一路”争端解决机制必须符合“一带一路”建设的特点,获得广大“一带一路”参与国商事主体的信任,真正成为定分止争的有效机制。而国际商事法庭的建立将为及时化解“一带一路”建设中产生的民商事纠纷提供一个高质量、高效率的司法服务平台。(2)满足参与“一带一路”建设的各国商事主体维护自身合法权益的现实需求。在"一带一路"建设过程中,参与国众多商事主体开展了大量的贸易与投资活动,广大投身于"一带一路"建设的参与国商事主体对于建立一个公平、公正、高质量、高效率的商事争端解决机构的呼声十分强烈。参与"一带一路"建设的国家法治发展环境各异、司法体制各异,给各国企业开展跨国性商务活动带来极大的法律方面的困难和挑战,建立一个统一、公正、高效的争端解决机构,对帮助他们克服上述法律困难、防范巨大的法律风险、避免重大经济损失、有效地维护自身合法权益具有十分重要的现实意义。(3)促进"一带一路"建设法治化进程、提升全球经济治理法治化水平。作为中国首倡的全球经贸发展新路径,"一带一路"的制度建设和发展模式对于21世纪全球经济治理最终能否成功将产生巨大影响。只有构建一套法治化体系,选择一条法治化的发展路径,实现国内法治与国际法治的良性互动,"一带一路"才能确保长期稳定健康发展,全球经济治理的法治化水平才能提升。①

法治化体系离不开公平、高效的争端解决机制,在共商共建共享的基础上,应通过平等协商、谈判解决争端,运用现代国际法规则及公认的国际商事规则解决争端,根据推动司法合作与协助的原则,构建"一带一路"国际商事争端解决机制。中国应与广大"一带一路"参与国协商建立创新性国际商事争端解决机制,充分发挥各自司法优势,运用各国司法机制广泛开展司法协助和司法合作,形成一套多层次、立体化、国际机制与国内机制相互配合、良性互动的"一带一路"商事争端解决格局。西安国际商事法庭的建立正是"一带一路"法治化不断推进的重要标志,是中国为全球经济治理法治化水平提升作出的又一重大贡献。

① 参见刘敬东:《国际商事法庭的时代意义和使命》,载中国法院网2018年7月5日,https://www.chinacourt.org/article/detail/2018/07/id/3380606.shtml。

后　记

我与“一带一路”贸易纠纷非诉讼解决机制的渊源源于西北政法大学经济法学院举办的“第二届长安与罗马·两个文明的对话国际学术研讨会”。当时国家主席习近平刚刚提出建设“新丝绸之路经济带”和“21 世纪海上丝绸之路”的合作倡议不久。研讨会上一位罗马第二大学的教授提问:“如此广阔的区域,如果产生贸易纠纷怎么办? 应该如何解决?”在这位教授提问后,参会的很多学者相互对视。因为,倡议提出不久,在现实中还没有更多的纠纷发生,很难给出一个更加准确的回复。当时,我接过话筒谈了一些自己的想法,主要提到可以借鉴 ODR 机制来进行解决。也许正是这个不经意间的回答,开启了我近 7 年对“一带一路”相关法律问题的探索。

对一个新问题的研究起初是比较困难的,幸好拜读了郑世保教授所著《在线解决纠纷机制(ODR)研究》一书,该书对于我进一步解放思想,更好地认识在线纠纷解决机制提供了重要的参考。随着“一带一路”合作倡议不断得到国际社会的认可,更多的国家加入倡议中来,“一带一路”的贸易额不断攀升。西安作为丝绸之路的起点,西北政法大学作为西部法学重镇高度关注“一带一路”中的法学问题,西北政法大学丝绸之路区域合作与发展法律研究院挂牌成立,我也成为其中的一名研究员,投身“一带一路”法治建设成为我的一种责任。

作为一名青年学者,撰写论文、完成课题已成为我日常的主要工作,特别是在最高人民法院出台《最高人民法院涉“一带一路”建设典型案例》和《最高人民法院关于人民法院为"一带一路"建设提供司法服务和保障的若干意见》后,我撰写了一批论文对"一带一路"贸易纠纷非诉讼解决机制进行阐述。当时学界对该问题的研究并不多,国际社会一些国家还对"一带一路"合作倡议有很多不理解和不同的声音,在这个时候谈法律规制似乎有些不切实际,论文的发表也经历了一个十分艰难的过程。此时,幸好得到一些课题的资助,为进一步开展科学研究提供了有效的支撑。

2017 年 5 月 14 ~ 15 日,第一届"一带一路"国际合作高峰论坛在北京举行,29 位外国元首、政府首脑及联合国秘书长、红十字国际委员会主席 3 位重要国际组织负责人出席高峰论坛,来自 130 多个国家的约 1500 名各界贵宾出席论坛,来自全球的 4000 余名记者报道该次论坛。论坛全面总结"一带一路"建设的积极进展,展现早期重要收获成果,进一步凝聚合作共识,巩固良好的合作态势。论坛共商下一阶段重要合作举措,进一步推动各方加强发展战略对接,深化伙伴关系,实现联动发展。论坛的圆满成功以及引起的广泛认同,经济上取得的巨大成就,也掀起了国内研究"一带一路"相关问题的浪潮。

2019 年第二届"一带一路"国际合作高峰论坛在北京雁栖湖国际会议中心举行圆桌峰会,这次会议成为"一带一路"倡议的标志性时刻。习近平主席在开幕辞中指出,首届"一带一路"国际合作高峰论坛举行两年来,我们本着共商共建共享原则,全面推进政策沟通、设施联通、贸易畅通、资金融通、民心相通,为世界经济增长注入了新动力,为全球发展开辟了新空间。中方期待同各方一道,强化合作机制,着力构建互联互通伙伴关系。要共同推动建设开放型世界经济,反对保护主义,继续把共建"一带一路"同各国发展战略、区域和国际发展议程有效对接、协同增效,鼓励更多国家和企业深入参与,做大共同利益的蛋糕。要本着多边主义精神,扎实推进共建"一带一路"机制建设,为各领域务实合作提供坚实保障。随着会议的成功召开,更多的学者开始关注如何构建"一带一路"保障机制。

2020 年 1 月 14 日,国务院新闻办公室举行新闻发布会,海关总署副署长邹志武介绍,自共建"一带一路"倡议提出以来,我国与"一带一路"沿线国家贸易规模持续扩大,2014 年至 2019 年贸易值累计超过 44 万亿元,年均增长率达到 6.1%,我国已经成为沿线 25 个国家最大的贸易伙伴。2019 年,我国与"一带一路"沿线国家进出口总值是 9.27 万亿元,增长了 10.8%,这个数字高出外贸整体增速 7.4 个百分点,占进出口总值将近 30%,占进出口总值的比重比 2018 年提升了 2 个百分点。我国与"一带一路"沿线国家的贸易呈现非常良好的发展势头。截至 2019 年,中国海关已经与 15 个经济体的 42 个国家(地区)签订了 AEO 互认安排,互认国家(地区)数量居全球首位,其中包括 18 个"一带一路"沿线国家,拓展国际贸易"单一窗口"功能和应用场景,与 25 个部委系统对接、数据共享,提供货物申报、税费支付等16大类近600项企业服务事项,与哈萨克斯坦、越南、蒙古国等国相继开通了7条边境口岸农副产品快速通关“绿色通道”,推动开行“一带一路”中欧运邮班列,与“一带一路”沿线接壤国家联合开展病媒生物监测,共同推动健康“丝绸之路”建设。

随着“一带一路”经济带的不断建设,该区域内的人员、商品、资本、技术和服务的流动加剧,各国之间、地区之间、企业之间以及国民之间都将面临不断增加的经济纠纷和贸易冲突。“一带一路”发展已不简单的只是一个经济问题,现今更加突出地表现为一个法律问题。如何构建“一带一路”沿线国家所普遍接受的贸易纠纷解决机制,已成为更好地推动“一带一路”倡议可持续发展的重要保障。2019年12月,最高人民法院举行新闻发布会,发布一个司法解释和两个司法意见,分别是《最高人民法院关于适用〈中华人民共和国外商投资法〉若干问题的解释》以及最高人民法院《关于人民法院进一步为“一带一路”建设提供司法服务和保障的若干意见》和《关于人民法院为中国(上海)自由贸易试验区临港新片区建设提供司法服务和保障的意见》。这些文件的出台,更加促使我探索建立一套多元化的纠纷解决机制来处理“一带一路”中的贸易问题。

2019年伊始,我着手将以往的研究成果进行整理,把研究成果体系化地表达出来。写作过程的艰难程度,在开始之后就超出了预想。首先,2019年后国内学者对“一带一路”的研究已经非常多,成果也呈现井喷的状态,特别是各研究机构对国别的研究已经非常细化和精准,起初我形成的几万字国别研究手稿,在2014年是少有的研究成果,但如今却显得比较粗糙。其次,我构建了“一带一路”贸易纠纷非诉讼解决机制,但是一直没有找到一个平台开展模拟和试验,这让人充满遗憾。法学的生命在于实践,目前太多的研究成果,研究结束了也就结束了短暂的生命,让人总是恋恋不舍。再次,“一带一路”沿线国家有着不同的经济、政治和法律文化,即使同样是大陆法系的国家法律也有很多不同,再加上受到语言背景的困扰,研究过程难上加难。最后,2020年新冠肺炎疫情暴发,我爱人作为防控组成员将近五个月在一线工作,我独自隔离在家带孩子,写作过程一度中断,多次想放弃,但幸好有学生的鼓励和帮助,最终才算完成,算是对7年的“一带一路”研究有一个总结。

我要特别感谢在“一带一路”研究中众多学者对我的启迪和帮助,感谢多年来支持自己的师长、同学、同事、朋友和家人,感谢陕西省科技厅、陕西省哲学社会科学规划办和西北政法大学经济法学院的资助,感谢法律出版社沈小英老师、程王刚编辑的理解、包容和支持!

倪　楠

2020年8月26日